롯데
학술
총서

003

사기, 2천 년의 비밀

일러두기

• 본문에 나오는 중국 인명 및 지명 등은 한자음으로 표기했다.
• 전집이나 단행본, 정기간행물은 『 』로 표기했다.

사기, 2천 년의 비밀

이덕일 지음

사마천이 만든 중국사

만권당

머리말

　비단 불교 신자가 아니더라도 어떤 일들에는 분명 연기(緣起)라는 것이 있다는 것을 느끼는데 내게는 『사기(史記)』가 그렇다. 연기는 인연(因緣)이라고도 하는데 모든 현상은 원인인 '인(因)'과 결과인 '연(緣)'의 상호작용으로 생긴다는 뜻이다. 지금으로부터 10여 년도 훨씬 전 한 겨울에 하얼빈 답사를 갔다. 일행들이 유명한 하얼빈 빙등(氷燈)축제에 간 틈을 타서 서점을 찾았다. 그곳에서 뜻밖에도 일본인 다키가와 가메타로우[瀧川龜太郎, 1865~1946], 곧 다키가와 스케노부[瀧川資言]가 주석한 『사기회주고증(史記會注考證)』을 발견했다. 다키가와의 『사기회주고증(史記會注考證)』은 전 세계에서 가장 방대한 사기 주석서였는데, 도쿄대[東京大]를 나와서 도호쿠대[東北大]에서 박사학위를 받은 일본인 학자의 사기주석본을 하얼빈의 한 서점에서 구매하게 되었으니 인연이라면 인연이었다.

　『사기』는 사마천이 쓴 본문도 중요하지만 '삼가주석(三家注釋)'으로 대표되는 주석도 본문 못지않게 중요하다. 『사기』가 세상에 나온 이래 수많은 학자들이 그 의미와 음운, 지명에 대해 여러 주석을 달았는데, 주석들을 집대성한 것이 삼가주석이다. 삼가(三家)란 『사기』에 배인(裵駰)이 주석을 단 『집해(集解)』와 사마정(司馬貞)이 주석을 단 『색은(索

隱)』그리고 장수절(張守節)이 주석을 단『정의(正義)』를 뜻한다. 중국 남북조시대 남조 송(宋)[420~479]의 학자 배인은『삼국지』에 주석을 단 부친 배송지(裴松之)와 손자 배자야(裴子野)와 함께 사학3배(史學3裴)라고 불리는 저명한 학자 집안 출신으로 방대한『사기집해』를 지었다.『사기색은』의 편찬자 사마정과『사기정의』의 편찬자 장수절은 모두 당나라 때 학자였으니『사기』에 대한 주석의 집대성이 당나라 때 완성되었음을 뜻한다. 이 또한 세계 제국 당나라의 융성함을 보여주는 지표의 하나다.

세 주석서는 따로 돌아다니다가 북송(北宋)[960~1127] 때부터『사기』의 해당 구절 아래 삼가주석을 열거하는 식으로 합편되었으니『사기 삼가주석본』만 따져도 1천 년 이상된 장구한 역사이다. 일본의 다키가와는 삼가주석 밑에 자신의 고증(考證)을 덧붙여 더욱 방대한『사기회주고증』을 간행했는데, 이는 일본 제국주의의 옳고 그름을 떠나 당시 일본이 국운상승기에 있었음을 말해주는 징표의 하나였다. 하얼빈에서 다키가와의『사기회주고증』을 보고 삼가주석까지 포함된『사기』를 번역하고 우리 관점의 주석을 달고 싶다는 생각이 들었으니 이 또한 인연이 아니겠는가?

『신주 사기』의 가치를 알다

몇 년의 세월이 흐른 후 한가람역사문화연구소가 마포 합정동에 있던 시절, 매주 목요일 삼가주석까지 포함한『사기』를 강독하기 시작했다. 중화서국(中華書局)에서 세로체로 인쇄해서 발간한『사기』를 파워포인트로 띄워놓고 강독하기 시작한 것이다. 원문을 한 자 한 자 강독하면서 비로소 『사기』의 세계에 본격적으로 입문하게 되었다. 코로나 19가 창궐하기 전까지 약 8년 정도 진행된 이 강독을 함께 한 이들의 상당수가 『신주 사기』의 번역 및 연구진의 일원이 되었다. 황순종 선생과 김명옥 박사, 정암 박사는 초기부터 함께 사기를 강독했던 사이이고, 최원태 선생은 비교적 늦게 합류한 편이었다. 보통 30여 명 정도가 함께 강독했는데 한자 원문을 직접 강독한다는 원전(原典)에 대한 접근성 때문인지 거의 90%에 가까운 재수강률을 기록했다. 어려서부터 서당에서 한문을 공부했다는 이시율 선생과 고전문학으로 박사학위를 받은 송기섭 선생을 제외한 『신주 사기』 연구진의 거의 대부분이 『사기』 원전 강독 일원이었다. 행자부 장관을 지냈던 허성관 전 장관의 학구열이 특히 높아서 3~4년 후에는 혼자서도 원전 강독을 할 수 있을 정도로 일취월장했다. 이 강독 과정에서 『사기 삼가주석』까지 번역하고 우리 관점의 주석을 다는 것은 중국사뿐만 아니라 한국사의 바른 길을 밝히는 데 대단히 중요하다는 사실을 체득했고, 그 결과 롯데장학재단 이사장으로 취임하면서 『사기 삼가주석』에 우리 관점의 주석을 단 『신주 사기』가 간행될 수 있게 연구비 및 출판비를 지원했다. 사맹화(史盲化)가 심각한 우리 사회가 아직 『신주 사기』의 가치를 알아차리지 못하지만 우리 다음 세대들은 『신주 사기』 간행을 우리 시대 정신사의 한 획을 그은 사건으로 자리매김할 것으로 생각한다.

역사를 저술한 것이 아니라 만들어진 역사

내가 『사기』 원전을 강독하면서 사마천이 특정한 의도를 가지고 『사기』를 저술했다고 느낀 것은 「오제본기」의 다음 구절이었다.

> 누조는 황제(黃帝)의 정비(正妃)가 되어 두 명의 아들을 낳았다. 그의 후
> 손들은 모두가 천하를 얻었다. 그 첫째가 현효(玄囂)인데, 이이가 청양
> (靑陽)이다.
> [嫘祖爲黃帝正妃 生二子 其後皆有天下 其 ·曰玄囂 是爲靑陽]

사마천은 황제의 정비 누조가 두 아들을 낳았는데, 그 첫째를 현효라
고 적었다. 현효 청양에 대해 사마정은 『사기색은』에서 "상고해 보니 황
보밀(皇甫謐)과 송충(宋衷)은 모두 현효와 청양은 곧 소호(少昊)라고 말
했다."고 덧붙였다. 황제의 맏아들 현효가 소호 김천씨라는 뜻이다. 그런
데 소호 김천씨는 『삼국사기』 「김유신 열전」에 나오는 인물이다.

> 신라인들은 스스로 소호 김천씨(少昊金天氏)의 후손이므로 성을 김씨라
> 고 했다. 김유신의 비문에도 또한 "헌원(軒轅)의 후예요, 소호(少昊)의 후
> 손이다."라고 했으니 즉 남가야 시조 수로는 신라와 더불어 같은 성이다.
> [羅人自謂少昊金天氏之後, 故姓金, 庾信碑亦云, 軒轅之裔, 少昊之胤 則南加
> 耶始祖首露, 與新羅同姓也]

신라 사람들은 스스로를 소호 김천씨의 후예로 인식한다는 것이고,
김유신의 선조들인 가락국 사람들은 헌원(황제)과 소호 김천씨의 후예
라고 인식한다는 것이다. 그런데 사마천은 소호라는 잘 알려진 이름 대
신에 현효라는 알려지지 않은 이름을 썼다. 왜 그랬을까? 소호 김천씨는
너무나 유명한 동이족이었기 때문이라는 생각이 든 것이다. 또한 황제

의 맏아들인 소호를 제위에서 지워 버렸다. 황보밀(皇甫謐)[215~282]은 이에 동의하지 않고 『제왕세기(帝王世紀)』에서 소호를 오제의 첫 번째 인물로 수록했다.

그러자 사마천이 왜 삼황(三皇)을 지웠는지에 대한 의문으로 연결되었다. 많은 중국인들은 삼황오제를 중국사의 시작으로 이해하는데 사마천은 삼황을 지우고 오제부터 시작했다. 그래서 사마정은 따로 『대대례(大戴禮)』 등에서 삼황의 사적을 가져와 「삼황본기(三皇本紀)」를 작성해 「오제본기」에 앞에 수록하기도 했다. 삼황은 본래 복희(伏羲), 신농(神農), 황제(黃帝)를 꼽는데 사마천이 「오제본기」를 황제부터 시작했기에 사마정은 복희, 여와(女媧), 신농을 삼황으로 꼽았지만 사마정이 「삼황본기」를 작성한 것은 당나라 때까지도 사마천이 삼황을 삭제한 것에 대해 의문을 가졌던 학자들이 많음을 말해주는 것이다.

그러나 사마정은 사마천이 특정한 의도를 가지고 삼황의 사적을 일부러 삭제했음은 알지 못했다. 삼황 또한 소호의 경우처럼 동이족이 아주 명백했기에 사마천이 일부러 삭제한 것이었다. 그러면서 삼황의 세 번째였던 황제를 떼어내 「오제본기」의 첫머리로 삼았다. 황제와 치우(蚩尤)의 싸움은 동이족 내부의 다툼이었지만 동이족임이 널리 알려진 치우와 싸운 황제를 하화족(夏華族)의 시조로 만들어 하화족의 천하사인 『사기』를 저술한 것이었다. 이는 역사를 저술한 것이 아니라 역사를 만든 것, 즉 저사(著史)가 아니라 작사(作史)의 한 형태였다.

사마천의 이 의도는 그 자신도 예상하지 못했을 정도로 성공을 거두었다. 반고(班固)의 『한서(漢書)』가 한나라의 역사만을 서술한 단대사(斷代史)라면 사마천의 『사기』는 중국사의 시작부터 자신이 살던 한나라 때까지를 저술한 천하사였다. 따라서 중국사의 시작부터 이해하려면 최초의 체계적 천하사인 『사기』를 통하지 않을 수 없었다.

사마천이 만들어낸 하화족의 역사

그렇게 2천 년의 세월이 흘렀다. 나도 삼가주석까지 포함한 『사기』 원전 강독을 하지 않았다면 사마천의 특정한 의도를 알아채지 못했을 것이다. 사마천의 특정한 의도를 설정하고 꼼꼼하게 들여다본 『사기』의 세계는 동이족의 역사를 하화족의 역사로 바꾸어 놓은 것이었다. 오제가 모두 동이족인 것은 말할 것도 없고, 하·은·주(夏殷周) 삼대도 모두 동이족의 역사였다. 뿐만 아니라 「세가」도 대부분 동이족의 역사였다. 『사기』를 강독하고 여러 연구자들과 『신주 사기』를 연구하면 연구할수록 과연 하화족(夏華族)의 역사는 존재하는가에 대해 깊은 의문을 가지게 되었다. 그 후 중국 답사 때마다 서점에 들러 중국인 학자들이 쓴 중국 상고사에 대한 책을 여러 권 샀는데, 한결같이 하화족이 언제, 어떻게 생겨났는지에 대해서는 모호하게 서술하고 있었다. 하화족의 역사란 사마천이 창작해 낸 개념이었기 때문이다.

현재 중국은 이른바 역사공정을 계속하고 있다. 우리는 동북공정만 알고 있지만 동북공정은 중국이 국가 차원에서 진행하는 역사공정의 한 부분에 불과하다. 중국이 역사공정을 진행하는 가장 큰 목적은 현재 중화인민공화국 내에서 발생한 모든 역사를 중국의 역사로 만들기 위한 것이었다. 그러나 중국공산당의 이런 의도는 사마천의 『사기』만 제대로 읽어도 성립될 수 없는 개념에 불과하다. 사마천이 비록 여러 방식으로 은폐했지만 그가 쓴 『사기』도 조금만 제대로 연구하면 동이족의 역사이기 때문이다.

『사기, 2천 년의 비밀』은 사마천이 그토록 지우려고 애썼던 동이족의 관점에서 『사기』를 바라본 최초의 저작일 것이다. 『신주 사기』와 『사기, 2천 년의 비밀』을 통해 역사는 아무리 오랜 세월이 흘러도 그 스스로의 목소리로 진실을 증거한다는 사실을 다시 확인할 수 있었다. 『사기』 「은본기」를 이해해야 『삼국지』 「오환선비동이열전」에 부여가 왜 은(殷)나라 정월에 영고라는 제천행사를 여는지 이해할 수 있다. 부여와 은[상]나라는 같은 동이족으로 동이 문화를 공유했기 때문이다.

동이족의 관점으로 『사기』를 바라본 『사기, 2천 년의 비밀』은 시작에 불과하다. 이를 계기로 『신주 사기』와 함께 사기의 새로운 면을 연구하는 기풍이 일어나기를 바라 마지않는다. 대한민국은 앞선 세대의 노력 덕분에 어느덧 세계 10위권 경제대국으로 성장했지만 그 정신세계까지 성장했는지는 의문이다. 아직도 일본 제국주의 시절 일본인 식민사학자들이 만든 식민사학의 미망에 빠져 헤매다 보니 정신세계는 오히려 후퇴한 듯한 느낌이 든다. 이제 우리 사회는 급속도로 성장한 외형 못지않게 내면세계를 풍부하게 해야 할 때다. 그 시작은 우리의 원뿌리를 찾는 것, 곧 우리 선조들의 역사를 찾는 데서 시작해야 함은 물론이다.

차례

4장 하·은·주 삼대의 시조들

1장

史記

기전체 역사서의 탄생

1
역사서의 형식

편년체와 기전체

역사서는 대부분 편년체다. 편년체는 역사 사실을 연·월·일 순으로 기록하는 체제로 가장 일반적인 역사서 체제이다. 현재 전하는 역사서 중에서는 공자(孔子)가 편찬한 『춘추(春秋)』가 가장 오래된 편년체 사서다. 그리고 현재 지구상에 존재하는 가장 방대한 편년체 역사서는 『조선왕조실록』이다. 『조선왕조실록』은 역대 군주와 신하들 사이의 대화가 날짜별로 수록되어 있다. 대학 시절 번역본 『조선왕조실록』의 일부만 읽고도 압도당했던 기억이 난다. 한 임금에 대한 내용만 해도 두꺼운 책으로 수십 권에 이르렀다. 이 많은 기록을 언제 다 읽고 내용까지 파악할 수 있을까 엄두가 나지 않았던 기억이 새롭다. 개국군주 태조부터 25대 철종에 이르기까지 25대 472년간의 역사를 날짜별로 내용을 수록했으니 방대할 수밖에 없다. 『고종실록』과 『순종실록』은 일제가 편찬했다는 이유로 『조선왕조실록』의 범주에 넣지 않는데, 두 임금에 대한 기록을 제외하고도 모두 1,893권 888책이니 어마어마한 규모에 입을 다물 수 없다. 조선왕조는 실록 편찬에 관한 한 세계 최고의 왕조였다고 해도 과언이 아니다.

한문에 좀 익숙해지고 난 후 중국의 『원사(元史)』, 『명사(明史)』, 『청사고(淸史稿)』를 보고 크게 실망했던 기억이 난다. 내용은 둘째 치고 『조선왕조실록』에 비해서 너무 간략했기 때문이다.

『조선왕조실록』이 시디롬(CD-ROM)으로 나왔을 때 누구나 쉽게 조선사를 접할 수 있게 되었다고 반기던 사람들이 많았다. 이후 『조선왕조실록』은 온라인(on-line)으로, 그것도 무료로 누구나 접속할 수 있는 시대가 열린 지 한참 되었다. 그러나 『조선왕조실록』을 통해 조선사를 이해하는 것은 학자들에게도 아주 어려운 일이다. 그날그날 발생한 여러 사건들에 대해 임금과 신하들의 대화를 나열해 놓은 것이 실록이기 때문이다. 특정 사건에 대해서 정리한 것이 아니라 어떻게 보면 두서없어 보이는 많은 내용을 나열했기 때문에 한 사건에 대한 전반적 내용을 파악하려면 수많은 내용을 검색하면서 스스로 정리하는 수밖에 없다. 한 사건이 하루에 끝나지 않고 한 달, 혹은 두 달, 세 달 이상 걸쳐 계속된다면 모든 기록들을 다 뒤져서 사건의 요체를 파악해야 한다. 이처럼 편년체는 특정 사건에 대해서 자세하게 반복적으로 서술할 수 있다는 장점은 있지만 그런 사건에 대한 체계적인 인식은 온전히 독자의 몫이다.

사마천(司馬遷)이 『사기(史記)』 편찬을 구상했을 때 참고할 수 있는 성격의 역사서는 대부분 편년체 사서였다. 먼저 사마천이 존경해 마지 않았던 공자가 편찬한 『춘추』가 편년체 사서였고, 공자가 『춘추』를 편찬할 때 참고했던 노(魯)나라 사관들이 쓴 역사서도 편년체 사서였다. 사마천은 공자는 존경했지만 편년체 사서를 편찬할 생각은 없었다. 편년

체 사서에는 편찬자의 생각을 반영할 수 있는 방법이 제한적이기 때문
이다.

『조선왕조실록』의 경우 특정 사건이나 특정 인물이 세상을 떠난 줄기
(卒記) 뒤에 '사신은 말한다'라는 형식으로 논평을 했는데 이런 방식은
사마천이 구상하는 역사서와는 맞지 않았다. 사마천은 '태사공은 말한
다'라는 항목으로 자신의 비평을 직접 수록했지만 그보다는 자신이 편
찬하는 역사서 전부에 자신의 관점을 담고 싶어 했다.

사마천은 특정한 왕조에 한해서 편찬하는 단대사(斷代史)를 편찬하려
고 하지도 않았다. 사마천이 편찬하려던 것은 천하사였다. 역사의 시작
부터 자신이 살던 한(漢) 무제(武帝) 태초(太初) 연간(서기전 104~서기전
101)까지 수천 년 역사를 역사서로 편찬하려고 구상했다. 천하사는 장
구한 시기 때문에도 편년체 사서로 서술할 수 없었다. 그가 역사의 시
작으로 설정한 황제(黃帝)부터 무제 때까지 수천 년 간의 역사를 편년
체로 기술한다면 아마 절반도 기술하기 전에 그의 수명이 다하고 말
것이다. 게다가 황제를 비롯한 상고시대의 황제들은 재위 연대가 불분
명해서 편년체 사서로 쓸 수도 없을뿐더러 수많은 사건과 인물들 중
어느 사건과 인물은 넣고, 어느 사건과 인물은 뺄 것인가도 결정하기
어려웠다.

사마천은 이런 고민을 해결하면서 자신의 관점을 담을 수 있는 역사
서 서술 체제를 고민하게 되었고, 그 결과 기전체(紀傳體)라는 역사 서
술 체제를 찾았다. 역사상 최초의 기전체 역사서 『사기』가 2,100여 년
전에 탄생한 것이다.

사마천이 만든 기전체

사마천은 역사 사실을 연·월·일 순으로 기록하는 편년체 대신, 「본기(本紀)」·「표(表)」·「서(書)」·「세가(世家)」·「열전(列傳)」의 다섯 항목으로 나누어 서술하는 기전체를 만들었다. 「본기」는 황제들의 사적을 기록한 것이고, 「표」는 각종 연표이고, 「서」는 천문(天文)·경제 등 각종 전문 분야를 서술한 것이고, 「세가」는 제후들의 사적을 기록한 것이고, 「열전」은 신하들의 사적을 기록한 것이다.

그럼 사마천은 왜 기전체라는 형식을 만들었을까? 사마천은 제후가 아닌 공자를 제후 반열에 올려 「공자세가」를 썼을 정도로 공자를 존경했다. 「공자세가」는 공구(孔丘)라는 한 사상가가 짧은 현실에서는 패배했지만 긴 역사에서는 승리했음을 적고 있다. 그러나 사마천은 공자가 편찬한 『춘추』의 체제를 따르지 않았다.

사마천이 편년체 사서가 마음에 들지 않았다면 참고할 만한 다른 서술 체제도 있었다. 좌구명(左丘明)이 쓴 『국어(國語)』 같은 역사서 체제이다. 『국어』는 여덟 나라의 역사를 서술했는데 주어(周語) 3권, 노어(魯語) 2권, 제어(齊語) 1권, 진어(晉語) 9권, 정어(鄭語) 1권, 초어(楚語) 2권, 오어(吳語) 1권, 월어(越語) 2권으로 구성되어 있다. 『국어』는 각 나라별로 나누어 서술했다고 해서 국별체(國別體)라고 부른다. 훗날 진수(陳壽)[233~297]는 위·촉·오(魏蜀吳) 삼국의 역사서인 『삼국지』를 국별체로 서술했다. 그러나 사마천은 공자가 『춘추』에서 선택한 편년체도, 좌구명이 『국어』에서 선택한 국별체도 따르지 않고 새로운 역사 서술 체제를 만들었다. 편년체나 국별체로는 자신이 나타내려는 뜻을 제대로 드러낼 수 없다고 판단했기 때문일 것이다.

고심 끝에 사마천이 고안한 기전체는 황제들의 사적인 「본기」가 중심인 사서였다. 물론 편년체나 국별체의 다른 사서들도 황제의 사적이 중심인 것은 맞지만 기전체 사서와는 체제가 달랐다. 기전체 사서는 황제의 사적인 「본기」가 「표」·「서」·「세가」·「열전」의 내용까지 관장한다. 황제의 사적이 중심 기둥이 되어 우산을 펼치면 그 우산 아래 「세가」·「열전」·「서」·「표」 등이 종적, 횡적 연결관계를 갖고 움직이는 체제인데, 그 정점에는 항상 「본기」가 있다. 반고(班固)가 『한서(漢書)』를 편찬할 때 같은 기전체를 채택했으면서도 「열전」만 남기고 「세가」를 삭제해 버린 이유가 여기에 있었다. 해 아래 모든 사람은 황제의 신하지 일정한 독자성을 갖는 제후는 존재할 수 없다는 뜻이었다.

하지만 사마천은 기전체 사서를 고안하고, 한 왕조의 역사만을 서술하는 단대사 대신 황제(黃帝)부터 자신이 살던 한(漢) 무제 때까지를 서술하는 천하사(天下史)를 선택했다. 그 이유는 중국사의 시조(始祖)를 세우기 위함이었다. 사마천은 자신이 사는 한(漢)나라를 뛰어넘어서 중국사 전체의 시조를 세우고자 했기 때문에 사마천에게 천하의 시조, 곧 천하의 첫 제왕은 대단히 중요했다.

사마천이 가장 고민한 부분은 '누구를 중국사의 시조로 삼을 것인가?'였다. 이 시조를 계승하는 제왕에게 역사의 정통성이 있었다. 이를 부여할 권한은 임금이 아니라 역사가에게 있었다. 그래서 사마천은 「본기」를 중심으로 천하가 움직이는 기전체를 만든 것이다. 그런데 여기에 큰 고민이 있었다. 바로 화(華)와 이(夷)의 문제, 곧 민족문제였다.

2
사마천의 큰 고민, 이(夷)

'민족'이라는 용어에 담긴 상반된 의미

요즈음 '민족(民族)이 근대에 생겼다', 또는 '민족은 상상의 공동체다' 같은 말들을 하는 학자들이 있다. 한마디로 역사의 기초를 모르는 무지한 주장들이다. '민족'이란 용어 자체는 일본에서 만든 용어다. 일본은 메이지(明治) 이후 서구에서 들어온 여러 정치·철학·사회학 용어들을 한자(漢字)로 만들었는데 이것이 '화제한어(和製漢語)', 즉 '와세이칸고'이다. '일본에서 만든 한자용어'라는 뜻이다. 일본의 법학자 가토 히로유키(加藤弘之)가 1872년 스위스의 법학자인 블룬칠리(Johann Kaspar Bluntschli)의 저서 『일반국가법학(Allgemeines Staatsrechts)』을 번역하면서 'Staat(state)'를 국가, 'Volk'를 국민, 'Nation'을 민족으로 번역한 것이 '민족'이라는 '화제한어'가 등장한 시초이다. '민족'이라는 '화제한어'가 1872년 등장했다고 해서 민족이 이때 생겼다고 하는 주장이야말로 무식의 극치가 아닐 수 없다. 더구나 가토 히로유키가 '민족'이라고 번역한 'Nation'을 영어사전에서 찾아보면 '국가'나 '국민' 등으로 나와 있다는 점에서 그 번역이 정확한 것도 아니다. 마르크스는 가토가 '국민'이라고 번역한 'Volk'를 정치적 주체로서의 '인민'이나 '민중'이라는 의미로 사용했다. 가토의 번역이 원래의 의미에서 얼마나 벗어나 있는지를 잘 알 수 있다.

여기서 주목해야 할 점은 현재 사용하는 '민족'이라는 용어가 지역에 따라 아주 다른 의미로 사용된다는 것이다. 같은 '민족'이라는 용어를 쓰지만 근대 유럽 사회의 민족과 아시아·아프리카 각국의 민족은 전혀 다른 개념이다. 유럽에서는 중세 코스모폴리탄 사회가 무너지고 민족국가가 들어서면서 자본주의 사회가 형성되고, 곧바로 다른 나라를 침략하기 때문에 민족주의와 제국주의가 동일한 의미였다. 동양에서는 일본만 이런 경로를 거쳤다. 그러나 아시아·아프리카 국가들에게 민족주의는 제국주의가 아니라 제국주의에 저항하는 의미였다.

한국에서 '민족'은 1900년 1월 12일 『황성신문(皇城新聞)』에 '동방민족(東方民族)'이라는 용어가 나오면서 처음 등장했다. 여기에서 말하는 동방민족은 곧 한민족(韓民族)을 뜻했다. 중국에서는 청나라 말기의 사상가 양계초(梁啓超)[1873~1929]가 1902년 「민족경쟁의 대세를 논한다[論民族競爭之大勢]」라는 논문을 썼는데, 양계초가 말하는 민족이란 중국 민족을 뜻하는 한민족(漢民族)이었다.

『황성신문』이 '동방민족'이라고 표현했을 때 '동방'은 서구에 맞서는 개념이었다. 처음부터 서양의 민족주의와 대립되는 개념으로 '민족'이란 용어가 사용된 것이다. 단재 신채호는 1909년 『대한매일신보』에 「제국주의와 민족주의」라는 글을 썼는데, 글의 요지는 제국주의가 밀려들어오고 있는데 이에 맞설 무기는 민족주의라는 것이었다. 『황성신문』이나 양계초, 신채호 등이 사용하는 '민족'이라는 용어는 'nation'의 뜻이 아니었다. 이때 '민족'의 의미에 해당하는 우리말은 '겨레'이고 한자로는 '족류(族類)' 또는 '아족류(我族類)'이다. 『조선왕조실록』 등에 이 용어는 국가 대 국가를 지칭하는 용어로는 사용되지 않는다. 즉 일본이라는 국가와 조선이라는 국가를 지칭할 때는 '족류', '아족류'라는 용어가 사용되지 않는다. 일본 겨레 대 우리 겨레, 만주 겨레 대 우리 겨레를 표현할 때 이 용어들이 사용되었다. 그래서 같은 '민족'이라는 용어를 사용하지만 사용하는 사람들에 따라서 의미는 사뭇 달라진다.

현재 한국에서는 주로 일본의 사주를 받거나 일본 민족주의를 추종하는 반민족세력들이 자신들의 정체성을 감추고 한국 민족주의가 마치 서구의 제국주의처럼 침략주의인 듯 호도하고 있다. 한국 내 서구 사대주의자들도 한국 민족과 한국 민족주의를 폄하하고 있다. 반민족세력들과 서구 사대주의자들은 모두 한국 민족주의가 서구 민족국가의 '제국'과 같은 의미인 것처럼 말한다.

그러나 『황성신문』이나 양계초, 신채호 등이 사용했던 '민족'이란 용어는 자국 겨레를 식민지 백성으로 전락시키려는 제국주의에 맞서는 '저항 공동체', '겨레 공동체'를 뜻하는 것이었다. 그러므로 한국의 일부 세력들과 이에 부화뇌동하는 언론들이 비판의 개념으로 사용하는 '민족'은 국민들을 호도하는 것이라 할 수 있다. 이들이 '상상의 공동체'니 '근대에 생긴 개념'이라고 비판하는 '민족'은 가해자인 서구 제국주의나 일본 제국주의에 맞선 '저항 공동체'를 같은 선상에 놓고 비난하는 셈이다. 모르고 그랬다면 스스로 무지함을 드러낸 것이고, 알고 그랬다면 악의적인 의도가 담긴 것이다.

화(華)의 역사는 만들어진 것이다

민족을 뜻하는 한자는 크게 이(夷)와 화(華)로 나눌 수 있다. 이(夷)는 이민족, 화(華)는 중국 민족, 곧 한족(漢族)을 뜻한다. 이와 화는 모두 민족을 뜻한다. 이(夷)에서 파생한 글자들로 동이(東夷)·서융(西戎)·남만(南蠻)·북적(北狄) 등이 있다. 이(夷)를 먼저 든 것은 '이(夷)' 자가 '화(華)' 자보다 먼저 민족이란 개념으로 사용되었기 때문이다. 이 순서가 의미하는 바는 작지 않다. 이가 화보다 먼저 생겼다는 뜻이기 때문이다. 화(華)는 『설문』에서 '꽃이 핀다'는 뜻의 영(榮)으로 설명되고 있다. 고대 자전(字典)인 『이아(爾雅)』「석초(釋草)」에서는 "나무를 화라고 하고, 풀을 영이라고 한다.[木謂之華 草謂之榮]"라고 설명하고 있다. 『이아』의 저편자(著編者)는 분명하지 않지만 전국시대(戰國時代)[서기전 403~서기전 221]와 전한(前漢)[서기전 202~서기 8] 사이에 만들어진 것으로 추정된다. 전국시대와 한나라 때 만든 사전에도 화(華) 자에는 한족(漢族)의 의미가 없었다는 뜻이다.

반면 이(夷) 자는 은(殷)[서기전 1600~서기전 1046]에서 만든 갑골문에도 나오고, 주(周)[서기전 1046~서기전 256]에서 만든 청동기에 새긴 금문(金文)에 여러 번 나타나고 있다. 이(夷) 자는 '큰 화살을 쓰는 사람'이라는 뜻과 평(平)이라는 뜻을 갖고 있는데, 평(平)은 평정(平定)한다는 뜻이다. 후한(後漢)의 허신(許愼)[약 58~약 147, 또는 약 30~약 121]이 편찬한 자전(字典)인 『설문해자(說文解字)』(『설문(說文)』이라고도 함)에 이(夷)에 대한 내용이 있다.

이는 평이다. 대(大)와 궁(弓)[활]을 따른다. 동방의 사람이다.[夷平也 从

그림1 이(夷) 자의 변화

勤苦也又契契寤嘆傳曰契契
憂苦也皆取提挈勤苦之意也
从大㓞聲
苦計切
十五部
易曰後
世聖人易之㠯書契
世各本作代避唐諱
也今正易𣪘辭傳文
夷 東方之人
各本作平也从大从弓東方之人也淺人所
改耳今正𣃔會正如是羊部曰南方蠻閩从
也从大从弓
虫北方狄从犬東方貉从豸西方羌从羊西南僰人焦僥
从人蓋在坤地頗有順理之性惟東夷从大大人也夷俗
仁仁者壽有君子不死之國按天大地大人亦大大象人
形而夷篆从大則與夏不殊夏者中國之人也从弓者肅
愼氏貢楛矢石砮之類也以脂切十五部出車節南山桑
柔召旻傳皆曰夷平也此與君子如夷有夷之行降福孔
夷傳夷易也同意夷卽易之叚借也易亦訓平故叚夷爲
易也節南山一詩中平易分釋者各依其義所近也風雨
傳曰夷悅也者平之意也皇矣傳曰夷常也者謂夷卽彝
之叚借也凡注家云夷傷也者謂夷卽痍之假借也周禮
注夷之言尸也者謂夷卽尸之叚借
也尸陳也其他訓釋皆可以類求之
十篇下
七

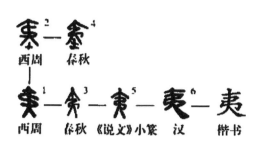

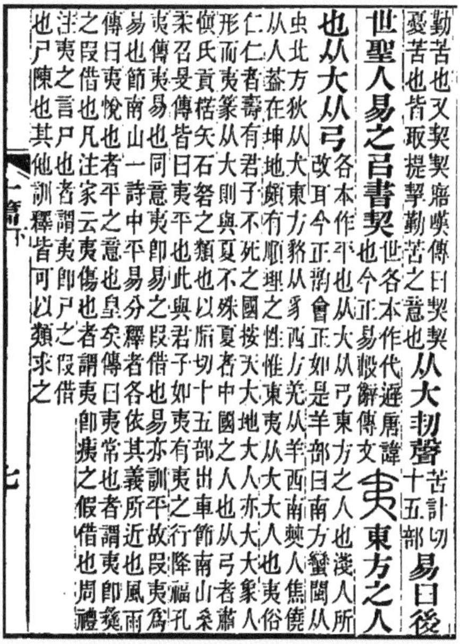

그림2 『설문해자』의 이(夷) 관련 내용

大从弓 東方之人也]

대(大)와 궁(弓)을 따른다는 말은 이 두 글자가 합쳐져서 만들어진 글자가 이(夷)라는 뜻이다.

『설문해자주(說文解字注)』는 동이(東夷)를 긍정적으로 설명하고 있다.

오직 동이만 대(大)를 따르는데, 대(大)는 사람이다. 이(夷)의 풍속은 어진데(仁), 어진 자는 장수한다. 군자가 죽지 않는 나라가 있다. 생각건대 하늘은 크고, 땅도 크고, 사람 또한 크다. 크다는 것은 사람의 형상을 본뜬 것이다.[惟東夷从大 大 人也 夷俗仁 仁者壽 有君子不死之國 按天大 地大 人亦大 大象人形]

『설문해자주』는 청나라 단옥재(段玉裁)가 지은 것이니 한참 후대의 것이지만 그때 창작한 것이 아니라 이전부터 전해 내려오던 내용을 정리한 것이다. 『논어(論語)』「옹야(雍也)」에 "지혜로운 자는 즐기고, 어진 자는 장수한다.[知者樂 仁者壽]"는 구절도 한 예이다. 주(周)나라 때 일을 주로 기록한 『일주서(逸周書)』「명당(明堂)」 조에는 "주공(周公)이 무왕(武王)을 도와 은(殷)나라 주(紂)의 이(夷)를 정벌해 천하를 평정했다."라고 쓰고 있다.

은(殷)나라 갑골문의 이(夷) 자는 여러 학자들이 활 모양을 표현한 것으로 이해하고 있다. 그래서 이(夷) 자가 은나라 때는 이민족이라는 뜻으로 사용하지 않고, 주(周)나라 때 비로소 이민족이라는 뜻이 생겨났을 것으로 추측된다. 주나라의 핵심을 이루는 주족(周族)들이 자신들을 이(夷)와 다른 겨레로 인식하며 자신들과 이(夷)를 달리 보는 개념을 만들

그림3 갑골문(하남성 은허)

어 냈을 것이다.

주나라는 은나라를 꺾고 중원을 차지한 후 자신들을 특별한 존재로 여기고 주나라를 천하의 중심이라고 인식하기 시작했다. 여기에서 중요한 것이 하락(河洛)이라는 개념이다. 하락은 고대 주나라의 수도로 성주(成周)라고 불렸던 지금의 하남성 낙양(洛陽) 일대를 뜻한다. 황하(黃河)는 해발 4,200미터가 넘는 청해성 마다현(瑪多縣)의 청해고원에서 발원해 5,464킬로미터를 흘러간다. 황하는 북부로 흘러가다가 태항산(太行山)과 여량산(呂梁山)에 가로막히면서 남쪽으로 방향을 급격히 틀어서 낙양 북부로 내려왔다가 다시 동쪽으로 흘러가다가 산동 반도 위에서 바다로 들어간다. 낙양 북쪽까지 내려와서 흐르는 황하에서 하(河) 자를 따고, 낙양(洛陽)에서 낙(洛) 자를 딴 것이 '하락(河洛)'인데, 이곳이 주나라의 중심부였다. 주족들이 이 지역을 중국(中國)이라고 부른 것이 중국의 탄생이다.

정통계보를 만드는 작업의 시작

중국인들의 지리 역사는 후대로 갈수록 고대의 지리 개념을 크게 확대시켜온 역사라고 해도 과언이 아니다. 그래서 주나라 하락의 크기가 어느 정도인지 정확하지는 않지만 주나라 자체가 그리 크지는 못했기 때문에 하락도 마찬가지였을 것이다. 하락은 동쪽의 하남성(河南省), 산동성(山東省) 지역의 제로(齊魯)문화와 남쪽으로 지금의 호북성(湖北省)

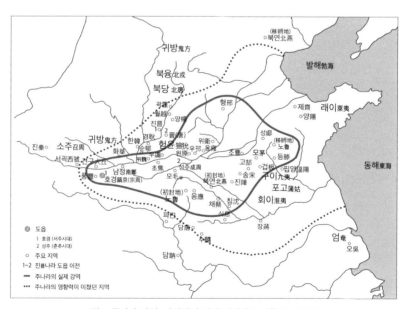

그림4 주나라 강역. 파란색이 실제 지배력이 미쳤던 지역이다

일대의 초(楚)문화, 서북쪽으로 지금의 섬서성(陝西省)과 산서성(山西省) 일대의 진진(秦晉)문화로 둘러싸인 섬 같은 존재였다. 지금의 중국 개념의 수십 분의 일에 불과한 지역이었다.

주족(周族)은 처음에는 이(夷)의 한 갈래에 지나지 않았다. 그중에서도 동이족이었다. 『시경(詩經)』 「대아(大雅)」 '생민(生民)'편에 주나라 시조 후직에 대한 시가 실려 있는데, 한 구절을 보면 주족이 왜 동이족인지 쉽게 알 수 있다.

아이를 좁은 골목에 버렸으나
소와 양이 덮어주고
넓은 수풀에 버렸으나
마침 넓은 수풀의 나무가 다 베였고
찬 얼음 위에 버렸으나
새가 날개로 덮어주었네
[誕寘之隘巷 牛羊腓字之 誕寘之平林 會伐平林 誕寘之寒冰 鳥覆翼之]

마치 고구려 시조 추모왕의 이야기와 흡사하다. 『삼국사기』 「고구려본기」의 추모왕은 알로 태어난 난생사화(卵生史話)이다. 『시경』 '생민'편의 후직은 난생사화는 아니지만 갓 낳은 아기를 짐승과 새가 보호한다는 점에서 동일한 서사구조이다.

주족들은 은나라를 무너뜨리고 주나라를 중원의 중심으로 만든 후 하락 지구를 중국(中國)으로 인식하면서 화(華)라는 개념을 만들어 냈다. 화(華) 자에 대해서 지금 중국의 학자들은 그 기원을 신석기 시대의 여러 문화까지 소급하지만 이는 현대에 만들어진 것이고, 일반적으로 화

(華) 자는 섬서성 서안(西安)시 동쪽으로 120킬로미터 정도 떨어진 곳의 위남(渭南)시와 화양(華陽)시에 걸쳐 있는 화산(華山)에서 딴 것으로 여겨져 왔다. 화산은 중국의 오악(伍岳) 중 서악(西岳)으로 태화산(太華山)이라고도 불리는데, 해발 2,154미터로 하락 일대에서 가장 우뚝한 산이다. 지금의 한족(漢族)들은 하(夏)나라에서 하(夏) 자를 따고 화산에서 화(華) 자를 따서 자신들을 하화족(夏華族)이라고 자칭했지만 하나라 때는 화이(華夷) 개념 자체가 없었다.

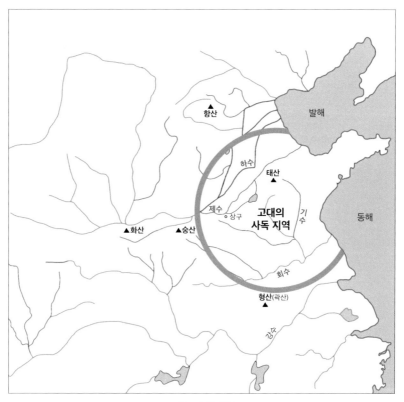

그림5 **오악 사독**

화이(華夷)라는 용어를 직접 사용한 용례는 『진서(晉書)』에 처음 등장한다. 『진서』는 당나라 방현령(房玄齡)[579~648] 등이 편찬한 진(晉)나라의 역사서이다. 진나라 건국의 기틀을 잡았던 위(魏)나라 권신 사마의(司馬懿)[179~251]부터 유유(劉裕)가 진 공제(恭帝)를 폐위시키고 자립한 서기 420년까지의 역사를 서술했는데 중국의 정사 24사 중 하나로 꼽힌다. 『진서』「원제(元帝)본기」에 "하늘과 땅이 서로 교제하고, 화와 이의 정은 진실로 흡족하다.[天地之際既交 華夷之情允洽]"라는 구절이 나온다. 원제 사마예(司馬睿)[재위 317~323]의 덕을 칭송하는 구절인데, 물론 화이라는 개념이 진(晉)나라 때 생겼다는 것이 아니라 주(周)나라 때부터 중국의 개념이 생겨나서 오랜 세월이 흐른 후에 화이관이라는 사상으로 정착했음을 뜻한다.

중(中)은 갑골문에서 깃대를 상징한다. 주족들은 자신들이 사는 하락지구를 천하의 중심이라고 자부하면서 중(中)의 개념을 차용해 자신들의 나라를 중국이라고 인식했다. 그리고 사방의 겨레들을 동이(東夷), 서융(西戎), 남만(南蠻), 북적(北狄)으로 부르기 시작했다. 그런데 주족 자체가 동이의 한 갈래였기 때문에 동쪽의 겨레에 이(夷) 자를 사용해서 동이라고 불렀던 것은 자기모순이기도 했다.

사마천이 『사기』를 편찬할 때 가장 큰 고민이 바로 이 지점이었을 것이다. 사마천은 중국 고대로부터 한나라에 이르는 정통계보를 만들어 한족(漢族)의 중국사, 하화족(夏華族)의 중국사를 서술하려고 했는데, 한족의 실체를 찾을 수가 없었던 것이다. 역사를 아무리 살펴봐도 이(夷)의 역사, 특히 동이의 역사이지 한족(漢族)의 역사를 찾을 수가 없었다. 그래서 그는 한족의 역사를 창조하려고 마음먹었다.

양계초는 사마천을 "사학계의 조물주"라고 불렀다. 이 말은 과장이 아

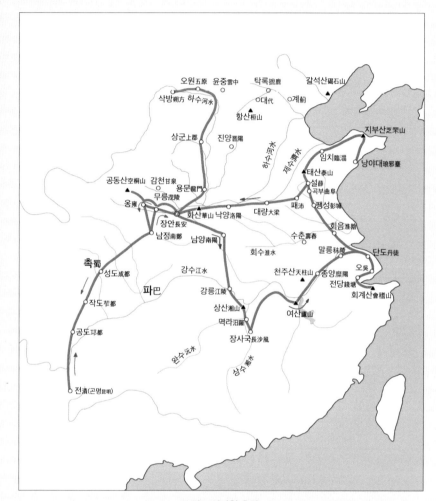

오원五原　윤중雲中　　탁록涿鹿　　갈석산碣石山

삭방朔方　하수河水　　　○대代　　○계蓟

상군上郡　진양晉陽　　　　항산恒山　　　　　지부산芝罘山

공동산空桐山　감천甘泉　　　　　　　임치臨淄　　낭야대琅邪臺

용문龍門　　　　　　태산泰山
무릉茂陵　　　　　　　설薛
옹雍　　　　　　　　　곡부曲阜
　　　장안長安　화산華山 낙양洛陽　대량大梁　패沛　팽성彭城
남정南鄭　　　남양南陽　　　　　　　　회음淮陰
촉蜀　　　　　　　　　　수춘壽春　　말릉秣陵　단도丹徒
　　성도成都　강수江水　　회수淮水
파巴　　　　　　　천주산天柱山　종양樅陽　오吳
작도莋都　　강릉江陵　　　　　　전당錢塘
　　　　　　상산湘山　　여산廬山　　회계산會稽山
공도邛都　　멱라汨羅
　　　　　장사국長沙國

전청(곤명昆明)

그림6　사마천 유력

니다. 사마천은 황제가 아니었던 항우(項羽)의 사적을 「항우본기」로 편성해 황제의 반열에 올려놓았고, 제후가 아니었던 공자를 「공자세가」로 편성해 제후의 반열에 올려놓았다. 반면 반고는 『한서』에서 항우를 본기는커녕 일종의 반란자들의 사적인 「진승 항적열전(陳勝項籍傳第)」[항우의 이름이 적(籍), 자가 우(羽)다]에 수록했다. 반고로서는 항우를 본기에 상재하는 것은 상상하기도 힘든 파격이었다.

그러나 사마천이 '조물주'라는 평가를 받을 수 있는 진정한 이유는 황제가 아니었던 항우를 「항우본기」에 넣고 제후가 아니었던 공자를 「공자세가」에 넣었기 때문이 아니다. 그야말로 실체가 없었던 한족(漢族)을 만들고 그 한족들의 중국사를 창조했기 때문이다. 그렇게 만든 한족들의 천하사가 바로 『사기』다.

2장

史記

중국 고대사는 동이족의 역사

1
『사기』에서 사라진 삼황

사마천과 다른 삼가주석의 견해

그림7 황제(黃帝) 초상

사마천은 중국사를 「오제본기」로 시작했다. 1대 황제(黃帝)→2대 제전욱(帝顓頊)→3대 제곡(帝嚳)→4대 제요(帝堯)→5대 제순(帝舜) 순서로 오제를 기록했다. 중국사의 시작을 연 첫 번째 군주가 황제라는 것이다. 그런데 사마천의 계보에 의문을 제기한 학자들이 적지 않았다. 대표적인 인물이 당나라의 사마정(司馬貞)이었다. 사마정은 사기에 주석을 단 『사기색은』을 편찬했는데, 『사기색은』은 배인(裵駰)의 『사기집해(史記集解)』, 장수절(張守節)의 『사기정의(史記正義)』와 함께 삼가주석(三家註釋)으로 불린다.

사마정은 당 현종 개원(開元)[713~741] 연간에 조산대부(朝散大夫)와

굉문관학사(宏文館學士)를 역임하면서 광범위한 서적을 섭렵했고, 그 결과 『사기색은』 30권을 편찬했다. 사마정은 두 주석가들의 주석과 달리 사마천이 삼황을 삭제한 것을 끝내 납득하지 못하고 사마천의 「오제본기」 앞에 자신이 수집한 「삼황본기(三皇本紀)」를 서술했다. 오제 앞에 복희·여와·신농 삼황(三皇)이 있었는데, 사마천이 누락시켰다는 것이다.

사마천이 삼황을 삭제한 것에 대해서는 사마정뿐만 아니라 『사기정의』의 장수절도 의문을 제기했다. 다만 그는 사마정처럼 「오제본기」 앞에 「삼황본기」를 수록해 사마천의 오류를 드러내는 대신 중국사의 시작에 대한 여러 서적을 조사

그림8 복희·여와씨

했다. 그리고 사마천이 왜 「오제본기」를 중국사의 시작으로 작성했는지 『사기정의』 「오제본기」의 첫머리에 이런 주석을 달았다.

토덕(土德)의 상서로움은 흙의 빛깔이 황(黃)색에 있는 것이다. 그러므로 황제(黃帝)라고 칭하는 것은 신농씨가 화덕(火德)으로 왕이 되어 염제(炎帝)라고 일컫는 것과 같다. 이로써 황제를 오제(伍帝)의 첫머리로 삼았는데 대개 『대대례(大戴禮)』의 「오제덕(伍帝德)」 편에 의한 것이다. 또한 초주(譙周)와 송균(宋均)도 그러하다고 여겼다. 그러나 공안국(孔安國), 황보밀(皇甫謐)의 『제왕대기(帝王代紀)[제왕세기]』 및 손씨(孫氏)가 주석한

『계본(系本)』에는 모두 복희(伏犧), 신농(神農), 황제(黃帝)를 삼황(三皇)으로 삼고 소호(少昊), 고양(高陽), 고신(高辛), 당(唐), 우(虞)[순]를 오제(伍帝)로 삼았다.

장수절은 사마천이 중국상고사에 대한 여러 서적 중에서 『대대례』를 기준으로 황제를 중국사의 시작으로 삼았다고 했는데, 이후 초주와 송균도 황제를 중국사의 시작으로 보았다. 『대대례』와 초주, 송균에 대해서 간략하게 살펴보자.

『대대례』는 한(漢)나라의 대덕(戴德)이 편찬한 책으로 정식 이름은 『대대례기(大戴禮記)』이다. 대덕은 춘추시대 송(宋) 군주 대공(戴公)의 22세 후손으로 지금의 하남성 상구(商丘)시인 휴양(睢陽) 사람이다. 「사기세가」에 따르면 송나라의 초대 군주는 미자(微子) 계로 상(商)나라 제을(帝乙)의 맏아들이자 상나라 마지막 임금 주왕(紂王)의 서형(庶兄)이었다. 상나라는 동이족 국가이니 그 왕족의 후예들이 세운 송나라의 후손인 대덕 역시 동이족이다.

『대대례』는 공자와 그 제자들 및 주나라 말에서 한나라 초의 여러 학자들의 예(禮)에 관한 200여 편의 설을 중복을 피해 85편으로 정리한 것이다. 이를 대덕의 조카 대성(戴聖)이 다시 49편으로 간추린 것이 지금 전하는 『예기(禮記)』로 『소대례기』라고도 한다. 『대대례기』의 「오제덕(伍帝德)」 및 「제계(帝繫)」 편에서는 사마천의 「오제본기」처럼 황제(黃帝)·전욱(顓頊)·제곡(帝嚳)·제요(帝堯)·제순(帝舜) 순서로 오제를 서술하고 하(夏)나라의 시조라는 우(禹)에 대하여 서술했다.

사마천보다 후대의 학자인 초주(譙周)[201~270]는 중국의 삼국시대 인물인데 『고사고(古史考)』 등의 저서를 편찬했다. 송균(宋均)[?~76]은 후한 때 구강(九江)태수 등을 역임한 정치가이자 유학자이다. 두 사람은 황제를 오제의 첫머리로 삼았다.

오제 이전에 삼황이 있었다

그러나 사마천이 삼황을 수록하지 않은 데 반발하는 학자들도 많았다. 공안국, 황보밀과 손씨가 주석한『계본』등은 모두 삼황을 오제 앞에 수록했다. 삼황을 오제 앞에 배치한 인물들은 사마천 못지않게 저명한 학자들이었다. 공안국(孔安國)[서기전 156~서기전 74]은 사마천과 비슷한 시기에 활동했던 학자로 한(漢) 무제 때 간관대부(諫官大夫), 임회태수(臨淮太守) 등을 역임했는데, 특히 공자의 11세손으로 유학의 정통을 계승한 인물이다. 공안국은 신공(申公)에게『시경(詩經)』을 배우고, 복생(伏生)에게『상서(尚書)』를 배웠다.

신공은 이름이 신배(申培)[서기전 약 219~서기전 135]로 공(公)은 존칭이다. 그는 전한 때 노(魯)라고 불렸던 공자의 고향인 산동성 곡부(曲阜) 출신으로 전한(前漢) 때의 유학자인데,『시경』에 조예가 깊어서 '노시학(魯詩學)'의 창시자로 불렸다. 복생은 지금의 산동성 빈주(濱州)시 산하 추평(鄒平)시 한점진(韓店鎭) 출신인데 전한 때로는 이례적으로 100세까지 장수한 인물이다. 그는 진(秦)나라 때 이미 박사를 역임했는데,『상서』에 밝아서『금문상서(今文尚書)』학자들은 대부분 그의 문하에서 나왔다. 공자의 후예인 공안국의 스승들도 당대 최고의 학자들이었다는 뜻이다.

그런데『상서』에는『금문상서』가 있고『고문상서(古文尚書)』가 있다.

그림9　복생수경도(伏生受經圖)

『금문상서』는 공안국이 사사했다는 복생이 전수받아서 당시 문자인 예서(隷書)로 기록한 29편의 글을 뜻한다. 이후 공자의 옛집에서 여러 경서들이 발견되면서 '고문' 경서들이 등장하게 된다. 공안국은 『고문효경전』에서 고문 경서의 발견 경위에 대해서 이렇게 말했다.

> 후에 노(魯) 공왕(恭王)이 사람을 시켜 공부자께서 강의하던 강당(講堂)을 헐게 했는데, 그 벽 속의 돌로 된 함에서 『고문효경』 22장(章)이 들어 있었다. 죽간에 글씨가 쓰여 있었는데 죽간의 길이는 1척 2촌이었고, 글씨는 올챙이[과두(蝌蚪)] 형태였다.

노 공왕은 한 경제(景帝)의 다섯째 아들이자 무제의 동생인 유여(劉

余)를 뜻하는데, 지금의 산동성 지역을 다스리는 노왕(魯王)에 봉해졌다. 공왕 유여는 공자가 강의하던 강당을 수리하다가 벽 속에서 과두문자 (蝌蚪文字)로 된 『고문상서』, 『예기』, 『논어』, 『효경』 등을 얻었다. 공안국은 이를 바탕으로 『고문효경전』과 『논어훈해(論語訓解)』 등을 저술했다.

공안국 또한 공자의 후예이니 옛 노나라 사람인데 산동성과 하남성 일대가 삼황오제가 활동했던 본거지였으므로 자라면서 오제뿐만 아니라 삼황에 대해서도 들었을 것이다. 그래서 공안국은 사마천과 달리 삼황을 오제 앞에 두었다.

후한(後漢)의 황보밀(皇甫謐)[215~282]도 그런 인물 중의 한 명이다. 황보밀은 대대로 고위직을 역임한 명문세족(名門世族) 출신이었지만 어릴 때 어머니를 잃고 가세가 기울어 숙부의 도움으로 생계를 이었다. 그는 어릴 때부터 독서에 뜻을 두었는데 많은 문헌을 섭렵하며 한나라 이전의 기년(紀年)들이 누락된 것이 많다는 사실을 알고 고대 기년에 대해 연구했다. 또한 백가(百家)의 학설을 두루 연구해서 『제왕세기(帝王世紀)』와 『연력(年歷)』 등을 저술했다. 황보밀의 『제왕세기』는 제왕들의 계보와 약력에 대해서 체계적으로 저술한 책으로 꼽히는데, 역시 오제

표1 삼황오제에 대한 중국 사서의 기록들

저서 및 편찬자	삼황	오제	비고
사마천의 『사기』	서술 안 함	황제 · 전욱 · 곡 · 요 · 순	사마천은 삼황을 배제한 설 채택 오제의 시작이 황제와 소호로 각각 다름
세본 · 『대대례』 초주 · 응소	서술 안 함	황제 · 전욱 · 곡 · 요 · 순	
공안국 · 황보밀 · 손씨	복희 · 신농 · 황제	소호 · 전욱 · 곡 · 요 · 순	

앞에 복희·신농·황제를 삼황으로 꼽는 삼황을 서술했고 오제의 첫 번째로 황제의 아들인 소호를 꼽았다. 사마천의 인식과는 달랐다.

손씨가 주석한 『계본』은 『세본(世本)』을 뜻한다. 당나라 이후 당 태종 이세민(李世民)의 이름 세(世) 자를 휘(諱)[꺼리다]해서 『계본』이라고 불렀다. 중국은 고대 문헌의 경우 진(秦) 통일을 기준으로 이전과 이후로 나누는데, 이전을 선진(先秦) 시기라고 부른다. 『세본』은 선신 시기 사관이 편찬한 것으로 알려져 있는데 황제(黃帝)부터 춘추 때의 제왕, 제후, 경대부 등의 세계(世系) 및 씨성(氏姓) 등과 제왕의 도읍, 시호법 등을 기록한 책이다. 이 책에도 오제 앞에 삼황을 서술해 사마천과는 다른 역사관을 갖고 있음을 드러냈다.

이처럼 많은 역사가들은 오제 앞에 삼황이 있었다고 여겼기 때문에 사마천이 삼황을 수록하지 않은 것에 대한 의문은 계속되었다. 그 대표적인 학자가 앞서 말한 사마정이다. 사마정은 「삼황본기」에 스스로를 '소사마씨(小司馬氏)'라고 칭하며 '소사마씨가 편찬했다'고 썼다. 사마천에 빗대어 자신을 낮춘 것이지만 그는 사마천이 삼황을 수록하지 않은 것은 잘못이라고 생각했다. 황보밀도 마찬가지였다. 그들은 '삼황'을 추가한 자신들의 저서를 편찬했지만 사마천이 왜 '삼황'을 삭제했는지, 그 이유까지 파고들지는 않았다. 즉, 삼황이 누구인지, 특히 삼황의 민족귀속성이 어떻게 되는지를 살펴보지 못했다. 그렇다면 중국사의 시조부터 한(漢)나라 때까지의 천하사를 서술하는 것이 목표였던 사마천은 왜 '삼황'을 삭제했을까? 그 수수께끼를 푸는 길이 바로 사마천이 궁형의 치욕을 딛고 『사기』를 쓴 해답을 얻는 길일 것이다.

2
삼황과 동이족

황제 이전에 신농씨의 세상이

고대에도 대다수 중국학자들은 오제 이전에 삼황이 있었다고 생각했다. 그러나 삼황에 대해서는 여러 사료가 일치하지 않는다. 삼황에 대해서 기록한 주요 문적들은 다음과 같다.

표2 중국 사료에 등장하는 삼황 기록

서적	삼황에 대한 기록
『상서 · 서』, 『제왕세기』	복희, 신농, 황제
『사기색은』, 「삼황본기」(사마정)	복희, 신농, 여와(女媧)
『상서대전(尙書大傳)』	복희, 신농, 수인(燧人)
『백호통』	복희, 신농, 축융(祝融)
『통감외기(通鑑外記)』	복희, 신농, 공공(共工)

삼황은 보통 복희, 신농, 황제를 꼽는 경우가 많다. 황제 대신에 수인, 축융, 공공을 꼽는 경우도 있다. 또한 삼황을 천황(天皇)·지황(地皇)·인황(人皇)으로 분류하기도 하는데 이는 하늘과 땅과 사람이 하나로 연결되어 있다는 천·지·인(天地人)사상의 발로이기도 하다. 현재 중국의 하북성, 요녕성, 내몽골 등지에 광범위하게 퍼져 있는 신석기~청동기 문명을 요하문명(遼河文明)이라고 하는데, 그 핵심이 홍산문화(紅山文化)이다. 이들 유적에는 제사 유적이 많은데 하늘을 가리키는 원형(圓形) 제단과 땅을 가리키는 사각형의 방형(方形) 제단을 볼 수 있다. 이 제단 위에 제사장이 올라가 제사를 올리면 그것이 곧 천지인의 완성이다. 이런 유적들이 모두 동이족의 유적이라는 점에서 한국인 고유의 핵심사상인 천지인사상의 뿌리를 짐작할 수 있는 한편, 삼황의 뿌리를 유추할 수 있고, 나아가 사마천이 왜 삼황을 삭제했는지도 짐작할 수 있다.

『사기』「진시황본기」에도 '천황(天皇), 지황(地皇), 태황(泰皇)'이 나온다. 중원을 통일한 진왕(秦王) 정(政)이 자신에게 올릴 호칭을 의논하라

그림10 **고대 동이인의 모습 재현**

고 명령하자 승상 왕관(王綰), 어사대부 풍겁(馮劫), 정위(廷尉) 이사(李斯) 등이 이렇게 아뢰었다.

> 옛날 오제(伍帝)는 땅이 사방 천리였고 그 밖의 지역에는 후복(侯服), 이복(夷服) 같은 제후들이 있었는데, 혹은 조회에 들어오고 혹은 들어오지 않았어도 천자께서 제재하지 못했습니다. 지금 폐하께서는 의로운 군사를 일으켜 잔적(殘賊)을 처벌하고 천하를 평정했습니다. 온 천하를 군현으로 삼으시고 법령을 하나로 통일하셨으니 상고 이래로 일찍이 없었던 것으로 오제께서도 미치지 못했던 일입니다. 신 등이 삼가 박사들과 함께 의논했는데 '옛날에는 천황(天皇), 지황(地皇), 태황(泰皇)이 있어 (그중) 태황이 가장 존귀했다.'라고 했습니다. 신 등이 죽기를 각오하고 존호(尊號)를 올리니 왕은 '태황'이라고 하고 명(命)은 '제(制)'라고 하고 영(令)은 '조(詔)'라고 하고 천자께서 자신을 칭함은 '짐(朕)'이라고 하소서.
> [昔者伍帝地方千里 其外侯服夷服諸侯或朝或否 天子不能制 今陛下興義兵 誅殘賊 平定天下 海內爲郡縣 法令由一統 自上古以來未嘗有 伍帝所不及 臣等謹與博士議曰 古有天皇 有地皇 有泰皇 泰皇最貴 臣等昧死上尊號 王 爲泰皇 命爲制 令爲詔 天子自稱曰朕]

왕관·풍겁·이사 등은 천황·지황을 말하고 인황 대신에 태황을 들었다. 태황에 대해 사마정은 『사기색은』에서 "상고해 보니 천황과 지황 아래를 곧 태황이라고 이르니 인황(人皇)이 이에 해당한다."라고 말했다. 태황이 곧 인황이라는 뜻이다.

진나라의 왕관·풍겁·이사 등이 삼황에 대해서 알았는데 사마천이 이를 몰랐을 리는 없을 것이다. 게다가 사마천은 『사기』 「오제본기」에서 황제 전에 신농씨(神農氏)가 있었다는 사실도 써 놓았다.

> 헌원시대에 신농씨의 세상이 쇠약해져서 제후들이 서로 침략해서 죽이
> 고 백성들에게 포학했지만 신농씨는 정벌하지 못했다. 이에 헌원씨가 방
> 패와 창을 쓰는 방법을 익혀서 천자에게 조회(朝會)하지 않고 공물을 바
> 치지 않는 자들을 정벌하니 제후들이 다 와서 복종하고 따랐다.

황제 헌원이 일어서기 전에 신농씨가 세상을 지배했다고 쓴 것이다.
신농씨에 대한 삼가주석을 보면 주석자들은 물론 사마천도 삼황에 대해
서 알고 있었음을 알 수 있다. 신농씨에 대해서 배인은 『사기집해』에서
이렇게 말했다.

> 황보밀은 "『역경』에 일컫기를 포희씨(庖羲氏)[태호씨]가 몰(沒)하자 신농
> 씨가 일어났는데 이가 염제(炎帝)이다."라고 말했다. 반고는 "백성을 가
> 르쳐 농사를 짓게 했으므로 호를 신농이라고 했다."고 말했다.

배인은 황보밀의 말을 인용하며 신농씨 이전에 포희씨가 있다고 말했
는데, 포희씨는 태호 복희씨를 말하는 것이다. 이는 삼황의 계보가 태호
복희씨 → 신농 염제씨로 이어졌다는 뜻이다. 반고는 신농씨가 백성들에
게 농사를 가르쳤으므로 호가 신농(神農)이라고 설명했다. 장수절은 『사
기정의』에서 신농씨에 대해서 긴 해설을 붙여 놓았는데 이를 풀이하면
한국과 중국의 상고사에 대한 많은 수수께끼가 풀린다.

『제왕세기』에는 "신농씨의 성은 강씨(姜氏)이다. 어머니는 임사(任姒)이

그림11 신농씨

그림12 헌원씨

며 유교씨(有蟜氏)의 딸인데 소전의 비(妃)가 되었다. 화양(華陽)에서 노
는데 신룡(神龍)의 머리가 있어서 그에 감응해 염제를 낳았다. 사람의 몸
에 소의 머리를 가졌는데 강수(姜水)에서 자랐다. 성스런 덕이 있었는데
화덕(火德)으로 왕이 되었으므로 염제(炎帝)라고 불렀다. 처음에 진(陳)
땅에 도읍했다가 또 노(魯) 땅으로 옮겼다. 또 괴외(魁隗)씨라고도 하고
또 연산(連山)씨라고도 하고 또 열산(列山)씨라고 한다.”고 말했다.

장수절의 『사기정의』 주석은 신농씨에 대해서 많은 사실을 알려주고
있다. 첫째 신농씨의 성이 강(姜)씨라는 것이다.

한중(韓中)고대사를 이해하려면 고대 성씨(姓氏)를 알아야 한다. 지금
은 성(姓)과 씨(氏)를 같은 개념으로 사용하지만 고대에는 성과 씨가 달
랐다. 성이 씨보다 큰 개념으로 여러 씨들을 포괄한다. 성에서 여러 씨
가 갈라져 나왔다는 뜻이다. 『사기』 「제순(帝舜)본기」에는 주나라의 시
조 기(棄)의 성이 희씨(姬氏)라고 나오는데, 이 구절에 대해서 배인은
『사기집해』에서 이렇게 설명했다.

정현(鄭玄)이 허신(許慎)의 『오경이의(伍經異義)』를 논박해서 이렇게 말했다.
“『춘추좌전』에는 무해(無駭)가 세상을 떠나자 우보(羽父)가 시호와 족명
(族名)을 내려 달라고 청했다. 공(公)[노나라 은공]이 족명을 중중(衆仲)에
게 물으니 중중이 대답하기를, ‘천자는 덕이 있는 사람을 제후로 삼을 때
출생한 지명으로 성(姓)을 하사하고, 내려준 토지[胙之土]로써 씨(氏)의
이름을 명합니다. 제후는 자(字)를 씨(氏)로 삼는데 이를 따라 족명(族名)
으로 삼습니다. 관직으로 대대로 공로가 있으면 벼슬 이름으로 족명을
삼기도 하는데 고을 이름도 또한 이와 같습니다.’라고 말했다.”

이에 은공(隱公)이 그의 자(字)로 족명을 삼아 전씨(展氏)로 하라고 명했
다. 이런 것으로 말한다면 천자는 성을 하사하고 씨를 명하고 제후는 족
명을 명하는 것이다. 족명이란 씨의 별명이다. 성이란 백세(百世)를 거느
리고 묶어서 나누어지지 않는 것이다. 씨란 자손이 나온 바를 분별하는
것이다. 그러므로 『세본(世本)』의 편(編)에는 "성씨를 말하면 위에 두고
씨를 말하면 아래에 두는 것이다."라고 했다.

　성(姓)은 천자가 하사하고, 씨(氏)는 제후가 하사한다는 뜻으로 역시
성에서 씨가 나왔다고 보았다. 그래서 성(姓)이 씨(氏)보다 큰 개념이다.

표3　삼황오제의 성과 성에서 파생된 성씨

군주명	성(姓)	파생된 성씨
태호 복희씨	풍(風)	임(任)·숙(宿)·수구(須口)·전유(顓臾) 등(『춘추좌전』 희공(僖公) 11년조에 의거)
염제 신농씨	강(姜)	여(呂)·사(謝)·제(齊)·고(高)·노(盧)·최(崔) 등
황제 헌원씨	희(姬)	희(姬)·유(酉)·기(祁)·기(己)·등(滕)·침(葴)·임(任)·순(荀)·희(僖)·길(姞)·환(儇)·의(衣) 등
소호 김천씨	희성(姬姓) 김천(金天)씨	김(金)·영(嬴)·조(趙)·기(己)·사(巳)·강(江)·황(黃)·양(梁)·서(徐)·비(費)·장(張) 등
제전욱(顓頊)	희성(姬姓) 고양씨(高陽氏)	곤오(昆吾)·마복(馬服)·염(廉) 등
제곡(嚳)	희성(姬姓) 고신씨(高辛氏)	운(妘)
제요(堯)	희성(姬姓) 기(祁)씨	이기(伊祁)·이(伊)·형(衡)·기(祁)·요(堯)·도(陶)·당(唐)·도구(陶丘)·방(房)·항(向)·계(薊)·유(劉)·어룡(御龍)·위(韋)·두(杜)·사(士)·수(隨)·체(彘)·범(范)·기(冀) 등
제순(舜)	요성(姚姓)	요(姚)·규(嬀)·유우(有虞)

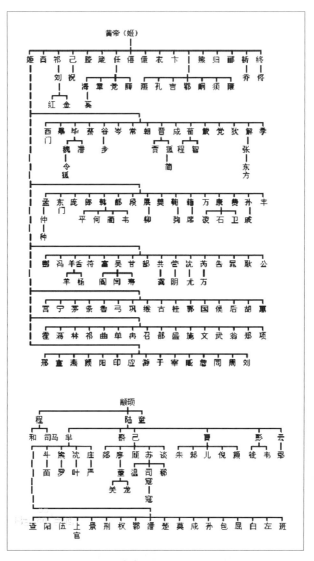

그림13 희(姬)성에서 갈라진 성씨도표

성씨 연구 학자들은 성씨가 토템에서 생긴 것으로 생각한다. 『설문해자』에 성(姓)의 뜻을 "사람이 낳은 바인데, 옛날에 신성한 어머니가 하늘과 감응해서 아들을 낳아서 천자라고 한다.[人所生也 古之神聖母 感天而生子 故稱天子]"고 적고 있다. 성(姓) 자의 부수가 '여자 여(女)'인 것은 성이 모계사회에서 나왔음을 말해준다.

모계사회가 부계사회로 전환되면서 성(姓)이 나누어져 씨(氏)가 다시 나타나는데, 하상주(夏商周) 3대 때 씨(氏)는 귀족 종족제도의 대표적 칭호가 되었다. 그러나 하상주 3대 때에도 여자는 성(姓)을 칭했고, 남자는 씨(氏)를 칭했다. 이후 모계사회에서 부계사회로 나아가면서 성도 아버지의 것을 따르게 되었고, 같은 성을 가진 가족구성원들이 각지에 퍼져 살게 되면서 성(姓) 외에 씨(氏)를 갖게 되었다. 성(姓)이 한 가족이 후대에 공동으로 사용하는 칭호라면 씨(氏)는 성(姓) 중에서 갈라져 나간 일부가 사용하는 것으로 나누어졌다. 그래서 나라 이름이나 읍의 이름, 또는 관직이나 직업의 이름을 씨(氏)로 삼게 된 것이다.

중국에는 8대성(八大姓)이 있는데, 모든 성씨의 뿌리라고 말하고 있다. 신농씨의 강성(姜姓)도 그중 하나이다. 중국의 모든 씨는 이 8대성에서 갈라져 나왔다. 8대성은 희(姬)·요(姚)·규(嬀)·사(姒)·강(姜)·영(嬴)·길(姞)·운(妘)이다. 한자 자전에서 글자를 찾는 길잡이 역할을 하는 글자가 부수인데 중국 8대성의 부수는 모두 '여자 여(女)' 자이다. 이는 중국의 고대 성이 모두 모계사회의 유산이라는 뜻이다. 모계사회는 어머니 쪽의 혈연관계를 중심으로 구성된 사회조직을 뜻한다. 씨족사회의 첫 번째 단계로 신석기 시대부터 시작하는데 현생 인류의 직접적 조상들이 영위했던 사회제도이다. 씨족구성원이 공동으로 생산하고 균등하게 분배하는 원시공산제 사회로 공동의 선조를 모시는 혈연공동체이기도 했다. 원시농업이 출현하고 가축을 기르기 시작했으며, 사후에 함께 묻히는 공동씨족묘가 있었다. 동양사회에서 모계사회는 동이족에서 먼저 출현했는데, 이는 중국의 8대성씨가 동이족에서 나왔음을 시사한다.

염제 신농씨는 강수(姜水) 근처에서 살아서 강(姜)을 성으로 삼았다. 강수는 지금의 섬서성(陝西省) 보게(寶鷄)시 기산(岐山)현 위빈(渭濱)구를 흐르는 청강하(清姜河)로 비정하는데, 위수(渭水)의 지류이다. 보게시는 "염제[신농]가 태어난 곳이고 청동기의 고향"이라고 불리고 있다. 강(姜)성에서 여(呂)·사(謝)·제(齊)·고(高)·노(盧)·최(崔)가 갈라졌다.

신농씨의 후손 강태공

중국의 여러 학자들은 오제 앞에 삼황이 있었다고 보았다. 사마천이 황제를 중국의 시조라고 설정했지만 그 앞에 신농씨가 있었고, 그 앞에 복희씨가 있었다고 생각했다. 한나라 때의 학자들은 물론 당나라의 여러 학자들도 그렇게 생각했다. 그럼에도 사마천은 삼황을 계보에서 삭제했는데, 신농씨가 강성(姜姓)이라는 사실이 의문을 푸는 단초가 될 수 있다.

강성의 후손 중 유명한 인물이 강태공(姜太公)이라고 불린 강자아(姜子牙)이다. 강자아는 성이 강(姜), 씨가 려(呂)이고 이름이 상(尙)이고 자(字)가 자아(子牙), 호가 비웅(飛熊)이다. 중국의 『백도백과(百度百科)』에서는 강자아에 대해서 이렇게 설명하고 있다.

그림14 **강태공**

강자아는 본명이 강상(姜尙)인데, 곧 동해 바닷가의 동이족 출신 사람이다. 상(商)나라 사람들과 같은 혈통 연원을 갖고 있다.

'동해 바닷가 사람이다'라는 말은 『사기』 「제태공세가(齊太公世家)」에서 따온 말이다. '동이족 출신'이라는 말은 배인이 『사기집해』에서 "『여씨춘추(呂氏春秋)』에서 말하기를 '동이의 땅이다'라고 했다"는 것에서 따온 말이다. 『백도백과』의 이 짤막한 설명은 우리에게 많은 사실을 알려주고 있다. 첫째 강태공 강상이 동이족이라면 그 시조인 신농씨 역시 동이족일 수밖에 없다. 둘째 상(商)나라, 곧 은(殷)나라 사람들 역시 동이족이라는 사실이다.

강자아는 주(周)나라 개국 원훈이기도 하다. 병법에 능했지만 상나라는 그를 쓰지 않았다. 그래서 위수가에서 낚시하면서 시간을 낚다가 서백후(西伯侯) 희창(姬昌)을 만났는데, 희창이 나중 주 문왕으로 추존되는 무왕의 아버지다. 문왕의 성 희(姬) 역시 '여자 여(女)' 자를 부수로 쓴다는 점에서 동이족인데, 이는 뒤에서 자세히 서술할 것이다. 주 문왕 희창은 강자아가 병법에 재능이 있음을 알고 군사를 관장하는 태사(太

師)로 등용했다.

문왕은 그를 선군(先君) 태공(太公)이 바라던 인물이라는 뜻에서 '태공망(太公望)'이라고 높였고, 무왕 역시 아버지와 버금간다는 뜻에서 '사상보(師尙父)'라고 높였다. 무왕은 강자아에게 군사를 총괄하게 했는데, 강자아는 무왕을 도와 은나라 주왕(紂王)을 꺾고 주(周)나라를 중원의 패자로 만들었다. 그 덕분에 그는 제(齊)나라 제후로 봉함을 받고 영구(營丘)를 수도로 삼았다. 강자아가 제나라 도읍으로 정한 영구가 지금 어디인지는 분명하지 않다. 대략 산동성 치박(淄博)시의 임치(臨淄)구나 유방(濰坊)시 산하 현인 창락(昌樂)현, 또는 유방시 산하 수광(壽光)시 등으로 비정하지만 정확하지는 않다.

사마천은 『사기』 「세가」의 두 번째 순서로 「제태공세가」를 서술했는데, 이렇게 시작한다.

태공망(太公望) 여상(呂尙)은 동해(東海) 바닷가 사람이다. 그의 선조는 일찍이 사악(四嶽)이 되어서 우(禹)임금이 홍수와 토지를 평정하는 데 보좌해 많은 공로가 있었다. 우(虞)나라와 하(夏)나라의 시대에는 여(呂)에 봉해졌는데 혹은 신(申)에 봉해졌다고 하며 성은 강씨(姜氏)였다. 하(夏)나라와 상(商)나라 때에는 신(申)이나 여(呂)에 혹은 지서(支庶)의 자손들을 봉했다고 했다. 어떤 이는 서인(庶人)이 되었다고 했는데 여상은 그들의 후예라고도 했다. 본성은 강씨(姜氏)였는데 그 봉한 곳의 성(姓)을 따랐으므로 여상(呂尙)이라고 했다.
[太公望呂尙者 東海上人 其先祖嘗為四嶽 佐禹平水土甚有功 虞夏之際封於呂 或封於申 姓姜氏 夏商之時 申呂或封枝庶子孫 或為庶人 尙其後苗裔也 本姓姜氏 從其封姓 故曰呂尙]

사악이란 요임금 때의 벼슬 이름이다. '동해 바닷가[東海上]'란 구절에 대해 삼가주석 중 배인은 『사기집해』에서 "『여씨춘추(呂氏春秋)』에는 '동이(東夷)의 땅이다'라고 했다."라고 말했다. '동해'란 산동반도 동쪽의 바다, 즉 우리의 서해를 뜻한다. 『여씨춘추』는 진나라의 재상인 여불위(呂不韋)가 빈객(賓客) 3천여 명을 모아서 서기전 239년경에 편찬한 백과사전인데, 이는 전국시대 때 산동반도 동북쪽의 땅을 동이족의 땅으로 여겼음을 말해준다.

사마정은 『사기색은』에서 태공망에 대해서 이렇게 설명했다.

> 초주(譙周)는 "성(姓)은 강(姜)이고 이름은 아(牙)이다. 염제(炎帝)의 후예이고 백이(伯夷)의 후손이며 사악(四嶽)을 맡은 공로가 있어서 여(呂)에 봉해졌다. 자손들이 그 봉지의 성(姓)을 따른 것으로 상(尙)이 그의 후손이다."라고 했다.

태공망이 염제 신농씨의 후손이자 백이의 후손이라는 것이다. 여기에서 말하는 백이는 고죽국(孤竹國)의 왕자 백이를 말하는 것이 아니다. 백이는 염제 신농씨의 14세 후손으로 강성(姜姓)이고, 공공(共工)의 현손(玄孫)이다. 중국 학계는 근래 상고 인물들에 대해서도 적극적으로 생몰연대를 추정하는데, 백이는 대략 서기전 2300년 전후의 인물이라고 추정한다. 『통감외기(通鑑外記)』를 비롯해서 중국의 여러 고대 사료들은 삼황의 첫 번째를 복희씨, 두 번째를 신농씨로 보고 있는데, 신농씨가 바로 동이족이고, 강태공의 선조인 공공 역시 동이족임을 알 수 있다.

사마정은 이런 내용들을 서술한 다음에 자신이 직접 연구한 바에 대해서 "상고해 보니[按]"라면서 이렇게 말했다.

상고해 보니 뒤에 문왕(文王)이 위수(渭水)의 물가에서 얻었다고 하고 이르기를 "우리의 선군(先君)이신 태공(太公)께서 그대를 바란[望] 지가 오래이다."라고 했다. 그러므로 태공망(太公望)으로 불렀다. 아마도 아(牙)는 자(字)가 옳고 상(尙)이 그의 이름이며 뒤에 무왕이 사상보(師尙父)로 삼아 불렀다.

사마정은 주(周) 서백, 즉 문왕이 위수의 물가에서 강자아를 만나 "우리 선군 태공께서 그대를 바란지가 오래이다."라고 말하면서 선군 '태공(太公)'과 '바랄 망(望)' 자를 따서 '태공망'으로 불렀다는 것이다. 문왕이 위수가에서 강자아를 만난 것은 문왕의 선조인 태공이 오래전부터 바라던 바가 실현되었다는 것인데, 이는 다시 말해 주나라가 은나라를 대신해서 중원을 다스리게 될 것이라는 하늘의 명을 받았다고 주장하는 말이기도 하다.

그럼 사마천이 서술한 『사기』 「제태공세가」를 조금 더 살펴보자.

여상은 대개 일찍이 곤궁했으며 나이가 들어 늙어서는 낚시질을 하면서 주(周)나라 서백(西伯)에게 쓰이기를 바랐다. 서백이 장차 사냥을 나가려고 점을 쳤다. 그 점괘에서 말했다.

"얻는 것은 용(龍)도 아니고 이무기도 아니고 호랑이도 아니고 말곰도 아니다. 얻는 것은 패왕(霸王)의 보좌이다."

이에 주나라의 서백이 사냥을 나갔는데 과연 태공(太公)을 위수(渭水)의 북쪽에서 만나 함께 이야기를 해보고 크게 기뻐해 말했다.

"나의 선군(先君)인 태공께서 말씀하시기를 '마땅히 성인(聖人)이 있어서 주(周)나라로 가면 주나라를 흥성하게 한다.'라고 했습니다. 그대가 참으로 이 사람입니까? 우리의 태공께서는 그대를 기다린 지가 오래입니다."

그러므로 '태공망(太公望)'이라고 부르게 되었다. 이에 수레에 태우고 함께 돌아와 세워서 스승으로 삼았다.

[呂尚蓋嘗窮困 年老矣 以漁釣奸周西伯 西伯將出獵 卜之曰 所獲非龍非彲 非虎非羆 所獲霸王之輔 於是周西伯獵 果遇太公於渭之陽 與語大說曰 自吾先君太公曰 當有聖人適周 周以興 子真是邪 吾太公望子久矣 故號之曰 太公望 載與俱歸 立為師]

위의 "낚시질을 하면서 주나라 서백에게 쓰이기를 바랐다.[以漁釣奸周西伯]"는 구절에 대해서 장수절은 『사기정의』에서 여러 문헌을 인용해서 다양하게 설명했는데, 그중 『설원(說苑)』의 주석이 상황을 잘 설명하고 있다.

『설원』에는 "여망(呂望)이 나이 70세에 위수의 물가에서 낚시를 하는데 3일 동안 밤낮으로 해도 고기가 낚시에 물리지 않았다. 태공망은 곧 분노하고 그의 의복과 관을 벗었다. 위에는 농사를 짓는 사람이 있었는데 옛날의 특이한 사람이었다. 태공망에게 이르기를 '그대가 다시 낚시를 한다면 반드시 그 낚싯줄을 가늘게 하고 그 낚싯밥을 향기롭게 해서 서서히 던지면 물고기가 놀라는 일이 없을 것이다.'라고 했다. 태공망이 그의 말과 같이 하자 처음에는 붕어를 잡았고 다음에는 잉어를 잡았다. 고기를 갈라 뱃속에서 글을 얻었는데 그 글의 내용에 '여망(呂望)을 제(齊)에 봉한다.'라고 했다. 태공망은 그가 특이한 사람이라는 것을 알았다."라고 했다.

이는 태공망이 나중에 제나라에 봉해질 것을 예견했다는 내용이다. 그러나 왕이 아니라 대신이 될 사람에게 천명이 내리는 것은 아주 특이한 경우이다. 그래서 "얻는 것은 용(龍)도 아니고 이무기도 아니고 호랑이도 아니고 말곰도 아니다. 얻는 것은 패왕(霸王)의 보좌이다."라는 예언이 있었다는 것이다. '용도 아니고 이무기도 아니다'라는 말은 천명을 받은 왕[용]은 아닌데, 용이 되지 못한 수많은 이무기 중의 하나도 아니라는 것이다. 즉 중원을 차지하지는 못하지만 중원을 차지하는 왕을 도와 제나라의 제후가 될 수 있다는 내용이다.

강자아가 중요한 인물이 된 것은 단순히 무왕을 도와 주나라 천하를 만들었기 때문만은 아니었다. 무왕이 죽고 어린 성왕(成王)이 즉위한 후 무왕의 동생인 주공(周公)이 섭정하자 무왕의 다른 동생들인 관숙(管叔), 채숙(蔡叔) 등이 군사를 일으켜 내전이 발생했다. 이때 태공망은 주공 희단(姬旦)을 도와 이를 평정했고, '성강지치(成康之治)'라고 불리는 주나라 태평성대를 만들어 냈다.

태공망의 민족귀속성 하나를 살펴본 결과 신농씨가 동이족이라는 사실과 제나라에 봉함을 받은 태공망도 동이족이라는 사실을 알게 되었다. 사마천이 황제 이전에 신농씨의 시대가 있었다는 사실을 알았으면서도 왜 신농씨의 시대를 삭제하고 황제부터 시작했는지를 짐작하게 해주는 사례이다. 그럼 여러 사료들에서 신농씨보다 앞서 삼황의 첫 번째로 꼽는 태호(太昊) 복희(伏羲)는 누구인지 살펴보자.

삼황의 첫 번째 복희는 동이족

삼황의 첫 번째인 복희에 대해서 중국의 『백도백과』는 이렇게 설명하고 있다.

> 복희는 하화민족(夏華民族) 인문의 앞선 시조[先始]로서 삼황의 한 명인데 여와(女媧)와 함께 사직의 복을 비는 정신(正神)이다. 『초백서(楚帛書)』에는 세상을 창조한 창세신(創世神)으로 기록되어 있는데, 이는 중국에서 가장 이른 문헌에 기록된 창세신이다. 성(姓)은 풍(風)이고 또 이름은 복희(宓羲), 포희(庖犧), 포희(包犧), 복희(伏羲)인데, 또한 희황(羲皇), 황희(皇羲) 등으로 칭했고, 『사기』에서는 복희(伏羲)라고 칭했다. 후세에 조정과 관방(官方)에서 "태호 복희씨"라고 불렀는데, 또한 청제(青帝) 태호복희(太昊伏羲)[즉 동방 상제]라는 일설이 있다.

『백도백과』는 복희를 크게 두 가지로 설명하고 있다. 하나는 지금의 중국 한족(漢族)을 뜻하는 하화민족의 인문시조로 창세신이라는 것이다. 『초백서』는 『초증서(楚繒書)』라고도 하는데 천상(天象)과 재변(災變)과 사시(四時)의 운행 및 월령(月令)과 금기 등에 관한 책이다. 호남(湖南)성 장사(長沙)시 자탄고(子彈庫)의 초묘(楚墓)에서 발견되었는데, 지은이는 모르지만 전국시대(戰國時代)[서기전 475(또는 서기전 403)~서기전 221] 중·후기에는 존재했던 것으로 추측한다. 이것이 중원의 창세신에 대한 가장 이른 시기의 문헌 기록인데, 여기에 창세신으로 복희가 기록되었다는 것이다. 또한 후대에는 태호(太昊)와 함께 "태호 복희씨"라고 불렸다는 것이니 태호나 복희가 동일인물로 취급받았다는 것이다. 그런

그림15 **복희 초상**

데 『백도백과』에서 복희와 태호에 대한 내용은 서로 다르다. 복희는 하화민족의 시조라고 설명하고 있는데 태호 설명에서는 내용이 달라진다.

> 태호[서기전 4354~서기전 4239]는 동이부족(東夷部族) 및 화하부족(華夏部族)의 조상이자 수령으로 동방의 시조신이고, 이는 동방 천제인 청제(青帝)이다. 또한 대호(大皡), 태호(太皞)로도 쓰는데, 목덕(木德)으로 왕이 되었으니 이이가 춘왕(春王)이다. 한(漢) 왕조 이후 그것은 때때로 『초백서』의 창세신인 복희씨(伏羲氏)와 합병되었다.

그림16 초백서

『백도백과』의 설명에서 주목할 만한 것은 복희의 생몰연대를 연 단위까지 정확하게 적고 있다는 점이다. 태호가 태어난 해를 서기전 4354년, 사망한 해를 서기전 4239년이라면서 태호가 115세나 살았다는 것이다. 지금으로부터 6,300여 년 전에 살았다는 인물의 생몰연대를 정확하게 특정하는 것은 불가능하다. 다시 말해서 이는 중국이 국가 차원에서 역사를 만들어 나가고 있음을 보여주는 사례 중 하나이다.

그런데 복희를 하화민족의 시조라면서 태호는 동이부족 및 하화부족의 공동조상이라고 설명하니 내용이 상호모순임은 말할 것이 없다. 바로 이런 점에서 국가 차원에서 역사를 만들 수밖에 없는 중국의 고민이 엿보인다. 이는 2,200여 년 전 한족(漢族)의 역사를 만들려고 고심했던 사마천의 고민과 같다.

현재 중국에서는 복희(伏羲)의 성을 풍(風)이라고 주장하는데, 그렇다면 6,300여 년 전에 성이 있었다는 것이니 검증이 필요하다. 중국에서는 풍성(風姓)을 중국에서 가장 오래된 성씨라고 본다. 풍성은 복희 부모의 성이다. 황보밀의 『제왕세기(帝王世紀)』와 『죽서기년(竹書紀年)』

등에 복희씨의 아버지 수인(燧人)씨의 성이 풍이라고 나오므로 복희씨의 성이 풍이고, 어머니 여와씨(女媧氏)의 성 또한 풍이라는 것이다. 여와씨는 중국에서 창세 여신(女神)으로 불린다.

『죽서기년』은 춘추 때 진국(晉國)의 사관과 전국 때 위국(魏國)의 사관이 지은 편년체 사서이다. 서진(西晉) 함녕(咸寧) 5년(279) 지금의 하남성(河南省) 위휘(衛輝)시 지역이었던 급군(汲郡)에서 위(魏) 양왕(襄王)[안리왕(安釐王)]의 무덤이 도굴되면서 글씨가 적힌 대량의 죽간(竹簡)이 나왔는데, 그중 하나가 『죽서기년』이다. 죽간에 기록되어 있었기 때문에 『죽서기년』이라고 불렀다. 『급총기년(汲冢紀年)』, 『고문기년(古文紀年)』이라고도 불린다.

『죽서기년』에는 사마천의 『사기』와 다른 내용들이 다수 실려 있는데. 이를 명나라 때 저명한 수장가 범흠(范欽)이 여러 사료를 참고해 정리한 것이 『금본 죽서기년(今本竹書紀年)』이다.

수인씨의 성을 풍이라고 부른 것은 수인을 풍뢰왕(風雷王)이라고 불렀기 때문이라고 주장한다. 강성(姜姓)이 강수(姜水)에 살아서 붙여진 성이라는 것에 비교하면 작위적이라는 생각이 든다. 『고삼분(古三墳)』이라는 책에는 "복희씨는 수인의 아들인데, 바람으로 인하여 낳았기 때문에 성이 풍이다"라고 나온다고 한다. '삼분(三墳)'이라는 명칭은 『춘추좌전』에 나오지만 한(漢)나라는 물론 당(唐)나라 때까지 저서의 목록에 들어있지 않기 때문에 수수께끼의 저작이기도 하다. 여기에서 삼분은 복희, 신농, 황제를 뜻한다. 공안국은 『상서(尚書)』 서문에서 "복희, 신농, 황제의 책[書]을 삼분이라고 이른다."고 말했다. 분(墳) 자는 무덤이라는 뜻도 있고, 언덕, 제방, 높은 곳이라는 뜻도 있고, 크다는 뜻도 있다. 그러므로 삼분은 무덤이라는 뜻과 크다는 뜻이 함께 사용된 개념으로 이

해된다.

또한 삼분오전(三墳伍典)이라는 말이 있는데, 삼분은 삼황, 오전은 오제를 뜻한다. 그런데 공안국은 같은 책에서 오전을 '소호, 전욱(顓頊), 고신(高辛), 당(唐)[요], 우(虞)[순]'이라고 설명했다. 사마천은 삼황을 삭제하면서 오제의 시작을 황제로 삼고 황제의 큰아들인 소호를 지우고, 황제의 손자인 전욱이 제위를 이었다고 설정했는데, 공안국은 황제를 삼황의 세 번째로 삼고 소호를 오제의 시작으로 삼았다. 소호에 다다르면 사마천과 다른 학자들의 서술이 아주 달라진다. 사마천은 소호를 삭제했지만 다른 학자들은 이에 동의하지 않고 소호가 제위에 있었다고 서술했다. 그 이유를 추적하면 사마천이 왜 삼황을 삭제하고 오제를 설정하면서 소호를 지웠는지 알 수 있다.

『금본 죽서기년』「오제(伍帝)」조는 여섯 제왕을 설명하고 있다. 각각 황제 헌원씨(黃帝軒轅氏), 제지 소호씨(帝摯少昊氏), 제전욱 고양씨(帝顓頊高陽氏), 제곡 고신씨(帝嚳高辛氏), 제요 도당씨(帝堯陶唐氏), 제순 유우씨(帝舜有虞氏)이다. 사마천이 삭제한 소호가 제위를 이은 것으로 설정하다 보니 오제가 육제가 된 것이다. 그만큼 소호는 중국상고사에서 뜨거운 감자였다.

『금본 죽서기년』에 나오는 소호에 대한 내용을 보자.

제지 소호씨는 어머니가 여절(女節)이다. 별이 무지개처럼 화저(華渚)에 흐르는 것을 보았는데, 꿈에서 그 기운에 감응해서 소호를 낳았다. 소호는 제위에 올랐는데, 봉황이 날아오는 상서로움이 있었다. 혹 이름을 청(淸)이라고도 하는데 제위에 있지 않았고, 조사(鳥師)를 통솔하면서 서방에 거주했는데, 새로써 관직명을 삼았다.

『금본 죽서기년』은 소호에 대해서 두 가지 설을 싣고 있다. 하나는 소호가 제위에 올랐다는 설이고, 다른 하나는 제위에 오르지는 않고 조사를 통솔했다는 설이다. 『금본 죽서기년』은 소호가 제위에 올랐다는 설과 오르지 못했다는 두 설을 모두 써주었지만 소호가 제위에 올랐다는 설에 더 방점을 두었음을 알 수 있다.

앞서 중국의 『백도백과』가 대호 복희씨를 하화민족의 시조라면서도 동이부락의 수령으로도 서술했다는 점에서 태호 복희씨의 민족귀속성은 명확해진다. 중국공산당이 주도하는 역사 만들기는 중국사가 처음부터 하화족의 역사로 시작되었다는 것인데, 이런 와중에 동이부락의 수령이기도 하다는 내용을 써 주었다는 것은 태호 복희씨가 동이부락의 수령이라는 사실을 짐작할 수 있다.

그러나 태호 복희씨의 보다 정확한 계보를 찾기 위해 복희의 어머니도 추적해보자.

양사영이 제창한 삼첩층문화

복희의 아버지는 수인씨이고, 황보밀의 『제왕세기』는 어머니를 화서(華胥)씨라고 썼다. 현재 중국에서는 화서에 대해 상고시대 모계 씨족사회의 여성 수령이라면서 풍성(風姓)이라고 말한다. 또한 중국에서는 섬서성 서안시 남전현(藍田縣) 화서진(華胥鎭)을 화서씨의 고향이라고 말한다. 그런데 화서씨가 세웠다는 화서국의 중심지는 하남성 중부에 있는 신정(新鄭)시 곽점진(郭店鎭) 화양채촌(華陽寨村)의 화양고성(華陽故城)이라고 다르게 적고 있다. 화서국은 7,000여 년 전에 존재했다는 앙

표4 삼황의 출자

	부친	모친	근거
태호 복희(伏羲)	수인(燧人)	화서(華胥)	
염제 신농(神農)	소전(少典)	유교(有蟜)씨의 딸	「국어」「진어(晉語)」
황제 헌원	소전	부보(附寶)	

소(仰韶)문화와 대지만(大地灣)문화시기에 존재했던 성방(城邦)국가라는 것이다.

화서국에 대한 이야기는 『열자(列子)』「황제(黃帝)」편에 나온다. '화서지몽(華胥之夢)', 곧 '화서의 꿈'이라는 사자성어를 만든 고사성어이다. 황제는 천하가 그를 추대하자 즉위 15년 동안 온갖 쾌락을 누려서 정신이 흐려졌고, 또 다음 15년 동안은 천하가 잘 다스려지지 않아서 정신이 흐려졌다. 그래서 이를 반성하면서 석 달 동안 정사에 관여하지 않았다는 것이다. 그러다 꿈을 꾸게 되었다.

> 어느 날 낮에 잠을 자다가 꿈을 꿨는데, 화서씨의 나라에서 노닐게 되었다. 화서국은 엄주(弇州)의 서쪽, 태주(台州)의 북쪽에 있었는데 이 나라까지 거리가 몇천만 리인지 알 수 없어서 배나 차나 다리로는 갈 수 없었고 신령만이 가서 놀 수 있었다.

화서국이 고대인들이 꿈꾸던 이상사회였다는 것인데, 그 모습을 이렇게 묘사하고 있다.

화서국은 우두머리가 없이 자연대로 살고, 백성들도 욕심 부리지 않고 자연대로 살면서 삶을 즐길 줄도 모르고, 죽음을 싫어할 줄도 모르자 일찍 죽는 일이 없었다. 자기를 사랑할 줄도 모르고, 물건을 멀리할 줄도 몰라서 애증(愛憎)이 없었고, 은혜를 저버리고 배신할 줄도 모르고 공손히 따를 줄도 몰라서 이롭고 해로움이 없었다. 모두 사랑하거나 애석해하는 것도 없고, 두려워하거나 꺼리는 것도 없어서 물에 들어가도 빠져 죽지 않고, 불에 들어가도 뜨겁지 않았다.

화서국 사람들은 자연대로 살면서 현실을 초월한 사람들이어서 애증도 없고 죽음도 없었다는 것이다. 황제가 잠에서 깨어 크게 깨닫고 천로(天老), 역목(力牧), 태산계(太山稽) 등을 불러서 자신이 꾼 꿈에 대해서 설명하고는 28년 동안 천하를 크게 다스려서 나라를 거의 화서씨의 나라와 비슷하게 만들어 놓고 세상을 떠났다. 그래서 백성들은 200년 동안 황제를 칭찬하기를 그치지 않았다는 것이다. 이것이 『열자』 「황제」 편에서 말하는 화서국과 황제의 관계다.

화서국을 만든 화서를 중국에서는 복희와 여와(女媧)의 어머니이자 염제(炎帝)와 황제(黃帝)의 먼 직계 조상이라고 말한다. 심지어 화서를 '인간의 조상', '중화문명의 모체', 중화민족의 '시조모(始祖母)'라고도 말한다.

화서국의 민족귀속성에 대해서 살펴보면 현 중국인의 뿌리에 대해서 유추할 수 있다. 그런데 현재 중국에서는 화서국이 '앙소문화(仰韶文化)'에서 나왔다고 설명하고 있다. 이는 중국 문명의 뿌리라는 화서국의 민족귀속성을 살펴볼 때 대단히 중요한 단서가 된다.

앙소문화는 서기전 5000~서기전 3000년 황하 중류지구의 신석기 채도문화이다. 앙소문화라는 이름은 1921년 덴마크 고고학자 앤더슨이 하

남성 삼문협(三門峽)시 민지(澠池)현 앙소촌
(仰韶村)에서 고고유적을 발견한 데서 따온
이름이다. 하남성 앙소촌뿐만 아니라 산서성,
섬서성, 감숙성 일대에 광범위하게 퍼져 있는
문화이다.

그림17 앤더슨

일찍이 앙소문화의 민족귀속성에 대해서
주목했던 학자가 중국 전야(田野)고고학의 선
구자라고 불리는 양사영(梁思永)[1904~1954]
이었다. 양사영은 '삼첩층(三疊層)문화'로 불
리는 세 문화 사이의 문화계승 관계를 정리했
는데, 시작이 앙소문화였다. 양사영은 청나라
말기 변법자강(變法自疆) 운동의 중심인물이
던 양계초(梁啓超)의 둘째 아들로 청화(淸華)

그림18 **양사영**

대학을 거쳐 하버드대학교에서 고고학과 인류학을 전공했다. 그는 1930
년에 하버드대학교에서 석사학위를 취득하고 귀국한 후 중국 중앙연구
원 역사어언연구소(歷史語言硏究所)에 근무하면서 이른바 '전야고고학'
을 발전시켰다. 중국이 비로소 중국인의 손으로 첨단 고고학 이론의 바
탕 위에서 발굴을 할 수 있게 된 것이었다.

양사영은 1934년 '삼첩층문화'이론을 제창하는데 핵심은 앙소문화, 용
산(龍山)문화, 상(商)문화가 서로 계승관계에 있다는 것이었다. 고대 중원
지구의 핵심문화가 어떤 상호연결성과 민족귀속성을 갖고 있는지 흐름
을 설명한 탁월한 이론이다. 서기전 5000~서기전 3000년의 앙소문화는
서기전 2500~서기전 2000년의 용산문화로 이어지고, 이것이 다시 서기
전 약 1600~서기전 약 1046년의 상문화로 이어진다는 것이다.

그림19 앙소문화 토기

그림20 앙소문화 채도

그림21 용산문화 도자

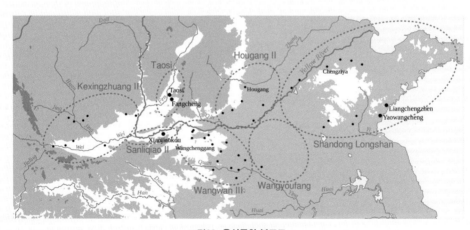

그림22 용산문화 분포도

표5 양사영이 제창한 삼첩층문화이론의 시기와 분포 지역

	시기	분포 지역
앙소문화	서기전 5000~서기전 3000년	하남성, 산서성, 섬서성, 감숙성
용산문화	서기전 2500~서기전 2000년	하남성, 산동성, 산서성, 섬서성, 강소성
상문화	서기전 약 1600~서기전 약 1046년	하남성, 산동성, 산서성, 섬서성, 강소성

용산문화는 황하 중류 지역의 하남성, 산동성, 산서성, 섬서성, 강소성 등지에 널리 분포하고 있는데 검은 토기인 흑도(黑陶)가 주요 특징이다. 용산문화가 앙소문화를 이었다는 것인데, 용산문화는 그동안 중국에서 세계 4대문명이라는 황하(黃河)문명의 핵심문화였다.

양사영은 앙소문화를 계승한 용산문화가 다시 상문화에 계승된다고 보았다. 양사영이 말하는 상문화는 하남성 안양(安陽)현의 후강(后岡)유 적이 중심이다. 후강유적은 서기전 4000~서기전 1100년경에 존재했던 유적인데, 상나라, 곧 은나라 후기 도읍지 유적인 은허(殷墟)의 중심 유 적 중 하나이다.

원래 중국인들은 20세기 초까지만 해도 하은주(夏殷周) 3대 중 주(周) 만을 실존 국가로 인정하고, 하·은은 전설상의 왕조로만 생각했다. 그러 다가 20세기 초에 하남성 북부 안양(安陽)시에서 수많은 갑골문(甲骨文) 이 발견되면서 은나라가 실존했던 왕조라는 사실을 인정하지 않을 수 없게 되었는데, 이곳이 바로 은허이다.

은허는 상(商)의 19대 군주이자 중흥군주인 반경(盤庚)과 깊은 관계 가 있다. 반경은 지금의 산동성 곡부(曲阜)에 있던 상의 수도 엄(奄)을 재위 15년에 북몽(北蒙)으로 천도하는데, 북몽이 곧 하남성 안양이다.

반경은 천도 이후 북몽의 이름을 은(殷)으로 바꾼다. 이것이 이른바 '반경이 은으로 천도했다'는 '반경천은(盤庚遷殷)'이자 상나라가 은나라로도 불리게 되는 이유다. 은(殷)은 반경 이후 소신(小辛), 소을(小乙), 무정(武丁), 조경(祖庚), 조갑(祖甲), 름신(廩辛), 경정(庚丁), 무을(武乙), 문정(文丁), 제을(帝乙), 제신(帝辛)[주]까지 열두 명의 왕 273년 동안 도읍이었다.

은허는 하남성 안양시 은도구(殷都區) 소둔촌(小屯村) 주위의 길이 약 6킬로미터, 면적 약 36제곱킬로미터에 이르는 유적인데, 수많은 유물들이 쏟아져 나왔다. 그중 가장 유명한 것이 갑골문인데 은허에서 출토된 갑골문 중 글씨가 쓰여 있는 것만 무려 15만 편(片)이나 된다.

상(商)이 동이족 신정국가(神政國家)라는 것은 일찍이 중국학자들도

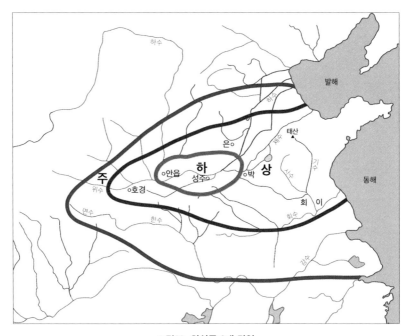

그림23 하상주 3대 강역

모두 인정하는 사실이다. 중원의 고대 문화가 앙소문화→용산문화→상문화로 연결된다는 양사영의 '삼첩층문화이론'이 중원 중심 문화의 민족귀속성에 어떤 의미를 갖는지 알게 해주는 사실이다. 즉 중원 고대 문화의 중심은 모두 동이문화라는 말과 같다.

현재 중국은 중국공산당이 직접 주도하는 국가 차원의 여러 역사공정을 진행하고 있다. 그 핵심은 현재 '중화인민공화국 내에서 발생했던 모든 역사는 하화족의 역사'라는 것이다. 이 논리에 따라서 자신의 선조들이 쓴 『사기』, 『한서』, 『후한서』, 『삼국지』 등의 고대 사사(四史)는 물론 이후의 모든 정사에서 외국 열전에 서술된 고조선, 고구려 등의 역사도 중국사라고 우기고 있고, 심지어 만주족이 세운 금(金), 청(淸)까지도 중국사라고 강변하고 있다. 중국의 역사공정은 실존했던 국가뿐만 아니라 국가가 수립되기 이전에 존재했던 고대문명, 문화까지도 하화족의 문화라고 우기고 있다. 중요한 사례 중 하나가 과거 이(夷)의 문화로 여겼던 동이문화까지 하화(夏華)문화로 끌어들이는 역사공정이다. 이때 핵심 논리는 동이문화가 주(周)나라 때 하화문화로 편입되었다는 것이다.

중국사회과학원은 "동이문화는 하화문명의 중요한 발원지 중 하나"라면서 동이문화를 하화문화로 편입시키고 있다. 중국이 이렇게 과감한 주장을 할 수 있게 된 배경에는 한국의 대학 사학과와 여러 역사 관련 국가기관을 장악한 이른바 강단사학자들이 애써 자국사의 시간과 공간을 축소하는 것을 보고 자신감을 얻은 덕분으로 보인다. 한국의 강단사학자들이 동이문화를 한(韓)민족의 문화가 아니라고 주장하는 것을 보고 중국 문화로 편입시켜도 반발이 없을 것이라는 계산을 했을 것이다.

그 상징적인 표현 중 하나가 산동성 남부 임기(臨沂)시에 세운 '동이문화박물관(東夷文化博物館)'이다. 산동성 남부의 임기시는 산동성 중북부의 곡부(曲阜)시와 함께 동이문화의 중심 지역이다. 곡부는 은나라 사람들의 후예로 역시 동이족이었던 공자(孔子)의 고향이기도 하다.

동이문화박물관에는 '동이 영웅(東夷英雄)'이라는 제목 아래 네 명의 동이족 출신 군주들을 벽면에 크게 그려 놨다. 태호 복희씨, 소호 김천씨, 치우(蚩尤), 제순(帝舜)[순임금]이다. 중국 스스로가 삼황의 첫머리인 태호 복희씨가 동이족이라는 사실을 인정하고 있다. 과연 중국이 국가 차원에서 진행하는 역사공정의 끝이 어딜지 자못 궁금하다. 국가 권력으로 과거 역사를 바꾸려는 시도는 계속 있어 왔지만 이런 역사조작이 성공했던 경우는 그리 많지 않다. 다만 한국은 지금도 일제 식민사관을 추종하는 역사학자들이 대학 강단을 장악하면서 자국민의 시각이 아니라 일본과 중국의 시각으로 자국사를 바라보기 때문에 상황이 조금 다르기는 하다. 하지만 궁극적인 역사조작이 성공할 확률은 그리 높지 않다. 진실은 비록 소수가 주장한다고 해도 그 자체로 힘을 갖고 확대·재생산되기 때문이다. 그러므로 민족귀속성 자체가 다른 동이족을 하화족의 일부로 편입시키는 역사공정이 중국공산당의 의도대로 결실을 맺을 가능성은 그리 높지 않다.

중국에서 하화문화의 일부로 편입시키고 있는 동이문화는 산동성 임치구(臨淄區) 제릉가(齊陵街)의 후리문화(后李文化)가 필두인데, 지금으로부터 7500~8500년 전의 유적이다. 산동성 등주(滕州)시 북신(北辛)지구의 7000년 전의 북신문화(北辛文化), 산동성 태안(泰安)시의 4500~6500년 전의 대문구문화(大汶口文化), 산동성 제남(濟南)시 용산진(龍山鎭)에서 명명된 4000~4500년 전의 용산문화(龍山文化)[현 장구(章丘)시 용산가], 산동성 평도(平度)시 악석촌(岳石村)에서 명명한

그림24 **악석문화 유물**

그림25 **북신문화 유물과 북신문화 흑도**

3600~3900년 전의 악석문화(岳石文化)를 모두 동이족의 문화라고 인정하고 있다.

임기시의 동이문화박물관은 『도설동이(圖說東夷)』라는 책을 출간했는데, 인상적인 부분이 고고유적을 삼황오제에 맞추어 설명하고 있는 점이다. 동이족 고고유적이 후리문화[서기전 6500~서기전 5500]에서 비롯되어 북신문화[서기전 5500~서기전 4300]를 거쳐 대문구문화[서기전 4300~서기전 2600]를 거쳐 용산문화[서기전 2600~서기전 2000]로 이어진다고 설명하고 있다. 양사영의 '삼첩층문화이론'과 그 이후의 발굴결과를 보면 동이문화의 흐름이 '후리문화→북신문화→앙소문화→대문구문화→용산문화→악석문화→상문화'로 이어진다는 사실을 알 수 있다.

중국은 국가 차원에서 역사 만들기에 나서며 삼황오제를 비롯한 여러 상고문화를 중원 상고사의 여러 인물들과 연결시켜 설명하고 있다. 북신문화와 대문구문화 후기까지는 태호 복희씨 및 소호 김천씨의 유적이고, 대문구문화 후기와 용산문화는 치우(蚩尤)·전욱(顓頊)·제곡(帝嚳)·우순(虞舜)시대까지라는 것이다. 우리나라 고대사학자들이 애써 국조 단군과 단군조선의 실재를 부인하는 것과는 아주 상반된 태도라고 볼 수 있다.

중국은 과거 동이문화라는 사실을 애써 감추었지만 이제는 동이문화도 하화문화라는 용광로 속에 집어넣어 용해시킬 수 있다는 자신감을 가진 것이다. 그러나 이런 자신감은 양날의 검일 수밖에 없다. 자칫하면 중국공산당이 강조하고 싶은 뿌리 자체가 흔들릴 수 있기 때문이다. 한국의 역사학계 전체가 일본 제국주의 역사학과 중국의 현재 패권주의 역사학을 추종하지 않는 한 자칫 이는 중국 문화의 뿌리 자체를 상실하게 하는 결과를 낳을 수 있는 것이다. 그중 가장 폭발력을 지닌 것은 용산문화의 민족귀속성이다. 중국은 용산문화를 중심으로 하는 황하문명을 세계 4대 문명의 하나라고 자랑해왔는데, 이 황하문명이 하화족의 문명이 아니라 동이족의 문명으로 귀결될 경우 그 여파는 작지 않을 것이다. 그 동이족의 민족귀속성이 현재의 중국인들이 아니라 현재의 한국인들에게 있다는 사실은 현 중국인의 조상들이 쓴 『후한서』·『삼국지』 등의 「동이열전」이 말해주기 때문이다.

『후한서』 「동이열전」은 부여(夫餘), 읍루(挹婁), 고구려(高句驪), 동옥저(東沃沮), 예(濊), 삼한(三韓), 왜(倭)를 이른바 하화족과 다른 동이족 국가라고 설정하고 있으며, 『삼국지』도 같은 내용을 기술하고 있다. 현재 중국은 고구려가 중국의 지방봉건정권이라고 주장하고 있지만 이는 현재의 일본인이 중국인이라고 주장하는 것만큼 억지스런 주장에 지나지 않는 것으로 설득력이 전혀 없다.

대문구문화→용산문화→악석문화의 순서로 동이문화가 계승된다고 하였는데, 흑도(黑陶)로 대표되는 용산문화는 산동성뿐만 아니라 산서(山西)·하남(河南)·섬서(陝西)성에 널리 분포하는 동이족 문화다. 용산문화 중 산동성 일조(日照)시 양성진(兩城鎭)유적에 대해서 영국 옥스퍼드대학의『세계사편람』은 "서기전 2800~서기전 2000년 전의 양성진은 아시아에서 가장 이른 성시(城市)였다."라고 말하고 있다. 아시아의 가장 이른 도시를 만든 주역이 동이족이라는 것이다.

양사영이 동이문화라고 인정했던 앙소문화의 하나가 화서국(華胥國) 유적인데, 이 역시 동이족 유적이다. 화서국 유적이 동이족 유적이라면 화서씨의 아들 복희가 동이족이라는 사실은 군이 설명할 필요도 없을 것이다. 복희가 동이족이라면 이미 동이족임을 살펴본 신농과 함께 삼황 중에서 이미 두 인물이 동이족인 것이 밝혀졌다. 또한 복희는 중국이 세운 동이문화박물관에서 스스로 동이족 영웅이라고 밝히고 있다.

중국뿐만 아니라 고려의 이승휴(李承休)가『제왕운기(帝王韻紀)』에서 서술한 '삼황오제'는 고려인의 인식을 보여준다는 점에서 흥미롭다. 이승휴는『제왕운기』권상(卷上) "아래 삼황을 묻는 자 누구인가[下三皇者問誰歟]"라는 대목에서 '복희·신농·황제'를 삼황으로 서술하고, '소호·전욱·제곡·당요(唐堯)[요]·우순(虞舜)[순]'을 오제로 서술했다. 삼황의 세 번째에 황제를 넣고, 오제의 첫 번째에 소호를 넣은 것이다. 이는 황보밀 등의 역사 인식과 같은데, 이승휴가 삼황오제의 민족귀속성이 동이족이라는 사실을 알고 썼는지는 분명하지 않지만 사마천의『사기』「오제본기」와는 다른 역사 인식인 것은 분명하다. 사마천은 황제를 오제의 첫 번째로 설정했지만 이런 설정은 중국은 물론 한국의 이승휴도 거부한 것이다.

그럼 사마천은 왜 논란을 무릅쓰고 삼황을 지웠고, 황제를 천하사의 첫 군주로 설정했을까? 좀 더 구체적으로 답을 찾아보자.

史記

3장

오제를 찾아서

1
황제는 하화족인가?

황제의 민족귀속성

중국은 최근 산동반도를 중심으로 중원의 고고유적들이 대부분 동이문화임을 인정하는 추세이다. 그러나 동이문화는 후대에 하화문화로 편입되어 사라졌다고 주장한다. 그런데 문제는 하화문화가 언제 시작하는지 즉, 하화족(夏華族)이 언제 시작하는지 알 수 없다는 점이다. 이는 중국 역사공정의 가장 큰 딜레마라고 할 수 있다. 동이문화가 언제 어디에서 시작되어 발전했고, 하화문화가 언제 어디에서 시작되어 발전했는지를 먼저 규명해야 한다. 이후 동이문화가 하화문화에 융합되어 가는 중간 과정의 문화유적과 유물을 제시한 후 동이문화가 하화문화로 편입되었다고 해야 하는데, 그런 중간 과정을 생략한 채 동이문화가 하화문화에 편입되어 사라졌다고 우기는 것이다.

또한 중국에서 현재 동이문화를 인정한다고 해도 절대 인정하지 않는 부분, 아니 인정할 수 없는 부분이 여럿 있다. 그중 하나가 황제(黃帝)의 민족귀속성이다. 간단하게 말해서 황제는 하화족이라는 것이다. 앞서 살펴본 것처럼 복희, 신농이 동이족임이 드러났는데 황제까지 동이족이라고 하면 하화족이 동이족을 편입한 것이 아니라 하화족 자체가 뿌리내리지 못한 부평초 신세가 되기 때문이다. 사마천이 삼황을 삭제하고 오제부터 시작하는 하화족의 『사기』를 서술한 이유도 이 때문인 것으로 짐작된다. 사마천의 『사기』 「오제본기」는 이렇게 시작한다.

> 황제(黃帝)는 소전(少典)의 아들이다.
> [黃帝者 少典之子]

이에 대해서 배인은 『사기집해』에서 이렇게 설명했다.

> 초주(譙周)는 "유웅국(有熊國) 군주인 소전(少典)의 아들이다."라고 말했다. 황보밀은 "유웅국은 지금의 하남(河南) 신정(新鄭)이 이곳이다."라고 말했다.

황제는 유웅국 임금 소전의 아들이고 유웅국은 하남성 중부에 있는 신정(新鄭)에 있었다는 것이다. 하남성 신정시는 앞서 양사영이 설명한 '삼첩층문화이론'의 첫 번째인 앙소문화 유적지가 있는 지역이다. 앙소문화는 지금으로부터 서기전 3000여 년부터 7000여 년의 유적이다.

하남성 중부의 신정시는 정주시(鄭州市) 산하의 현급시로 화북평원 서쪽 가장자리와 정주시의 동남쪽에 있는데, 인구가 약 100만 명이니 중국에서는 그리 크지 않은 도시이다. 신정시는 '황제의 고향[黃帝故里]'이라고 자칭하고 있다. 신정시에서는 수많은 역사 유적이 분포되어 있는데, 앙소문화 중·후기에 유웅국이 있었다고 한다. 앙소문화는 동이족 유적이니 유웅국 역시 동이족 국가일 수밖에 없다. 즉, 유웅국 임금 소전은 동이족이고 그 아들인 황제 역시 동이족이다.

표6 사마천이 설정한 오제 및 하은주 시조계보도

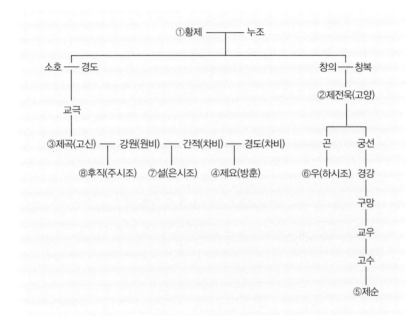

또한 하남성 신정시는 산동성 임기시 및 곡부시와 함께 동이문화의 중심지이기도 하다. 신정시에는 용산문화 중기에는 축융씨(祝融氏)의 나라가 있었다고 한다. 축융씨는 사마천이 오제의 두 번째로 설정한 제전욱(顓頊)의 증손[현손이라고도 함]으로 불을 다루는 화정(火正)이었다고 한다. 축융족이 살던 중심 지역은 지금의 하남성 신밀(新密)시 곡량향(曲梁鄉) 고성채(古城寨) 일대로 추정된다. 중국에서는 축융국이 존재하

던 시기를 지금부터 약 3,000~5,000년
전 용산문화 후기로 비정하면서 하남성
숭산(嵩山)과 신정시 일대에 분포했다고
보고 있다. 『춘추좌전』「노(魯) 소공(昭
公) 17년」 조에는 "정(鄭)[현 신정]은 축
융의 터전이다."라는 기록이 있고, 『한서
(漢書)』「지리지」에는 "지금 하남의 신
정은 본래 고신씨(高辛氏)의 화정(火正)

그림26 축융

이었던 축융의 터전이다."라는 구절이 있다. 모두 지금의 하남성 신정시
가 축융씨가 살던 지역이라는 뜻이다.

또한 신정은 하(夏)나라 도읍지였으며, 상(商)나라 때는 임금이 직접
다스리는 경기 지역이었다. 서주(西周) 때는 회(鄶=郐)나라가 있었고, 동
주(東周), 곧 춘추 때는 정(鄭)나라가 있었다. 전국(戰國) 때 한국(韓國)
이 신정으로 천도했다.

그런데 사마천이 황제를 '소전의 아들'이라고 단정한 것에 대해서 사
마정은 『사기색은』에서 의문을 제기했다.

소전은 제후국의 호칭이지 사람의 이름이 아니다. 또 상고해 보니 『국
어』에서는 "소전이 유교씨(有蟜氏)의 딸에게 장가들어 황제와 염제를 낳
았다."라고 했다. 그렇다면 염제도 또한 소전의 아들이다. 염제와 황제
두 제왕이 비록 서로 계승했지만 『제왕대기』는 중간에 무릇 8대 제왕의
500여 년 사이가 비어 있다. 만약 소전이 그의 아버지 이름이라면 어찌
황제가 500여 년을 거친 후에야 처음으로 염제를 대신해서 뒤에 천자가
될 수 있었겠는가. 어찌 그 연대가 이리 장구한가?

중원의 고대 기록들은 연대가 혼동되어 있는 경우가 종종 있다. 워낙 오래된 시기이기도 하고, 전해지는 기록이나 구전들이 서로 다르기 때문이기도 하다. 사마정이 인용한 『국어』는 「진어(晉語)」에 나오는 말인데 소전이 유교씨의 딸과 혼인해 염제와 황제를 낳았다고 했다. 그런데 『제왕대기』 곧, 『제왕세기』에는 "염제와 황제 사이는 형제가 아니다. 8대 제왕 500년의 차이가 난다."고 기록했다는 것이다. 사마정은 "그 후대 자손을 아들이라고 칭한 것으로 보아야 옳을 것"이라면서 황제가 소전의 아들이 아니라 그 후예라고 주장했다. 사마정은 20세기 들어서 신정시에서 앙소문화가 발굴되고 이것이 축융국의 나라로 비정될 사실을 알지 못했다. 그러나 문헌을 가지고 염제와 황제의 대수가 크게 차이가 난다는 점에 의문을 품고 황제는 소전의 아들이 아니라 그 후예라는 결론을 낸 것은 합리적인 추론이라고 볼 수 있다. 황제는 화서씨의 후예이고, 소전씨의 후예라는 말이다.

　후대에 황제에 대한 기록이 크게 증가하면서 매우 신격화된다. 황제에 대해 기록한 최초의 문헌은 공자와 동시대 인물이었던 좌구명(左丘明)의 『좌전(左傳)』과 『시자(尸子)』인데, 시자는 춘추 때 진(晉)나라 사람 시교(尸佼)를 뜻한다. 제자백가의 한 사람으로 꼽히기 때문에 시자라고 불렀다. 시자가 지은 책 또한 『시자』라고 부른다. 시교는 진(秦)나라 위앙(衛鞅)[상앙]의 식객으로 함께 일을 도모하다가 위앙이 형벌을 받게 되자 촉(蜀)나라로 도주한 인물이다. 『한서 예문지(漢書藝文志)』 「잡가(雜家)」편과 『수당(隋唐) 예문지』에는 20편이 있다고 되어 있는데, 현재는 2권만 전한다. 『시자』에 자공이 공자에게 "옛날 황제(黃帝)는 사면이 모두 얼굴이었다고 하는데, 믿을 수 있습니까?"라고 묻는 대목이 나온다. 공자는 이렇게 대답했다.

"황제는 자신과 같은 사람 네 명을 취해서 사방을 다스리게 했다. 그들은 사방에서 서로 짝을 이루지 않았고, 약속하지 않았는데도 큰 성공을 거두었다. 이를 네 면의 얼굴이라고 하는 것이다."[1]

황제는 네 면이 모두 얼굴이었던 것으로 신격화되는데, 합리주의를 추구하는 유학의 공자가 얼굴이 네 면이 아니라 네 사람의 신하를 얻어 사방을 다스리게 했다고 해석한 것이다.

황제의 성과 출생지

황제라는 명칭은 주로 오덕종시설(伍德終始說)로 설명하는 경우가 많다. 오덕종시설은 전국시대 음양가(陰陽家)인 추연(鄒衍)이 제창한 개념으로 오덕이란 오행(伍行) 중의 목(木), 화(火), 토(土), 금(金), 수(水)로 대표되는 다섯 종의 덕성(德性)을 뜻한다. 이것이 순환한다는 논리인데, 황제는 토덕(土德)에 해당한다. 오덕은 상생(相生)과 상극(相剋)이 있는데, 상생의 순환은 목(木)→화(火)→토(土)→금(金)→수(水)→목(木)의 순서이다. 반면 목(木)이 토(土)를 이기고, 토는 수(水)를 이기고, 수는 화(火)를 이기고, 화는 금(金)을 이기고, 금은 목(木)을 이기는 것이 상극(相剋)이다. 황제 앞의 염제는 화덕(火德)이고, 화덕 다음이 토덕(土

---

1 이 대목은 『시자』의 잃어버린 문장 중에 나오는 것이라 판본마다 내용이 조금씩 다르다. 위 해석의 원문은 "古者黃帝四面 信乎 孔子曰 黃帝取合己者四人 四方不計而耦 不約而成 此之謂四面也"이다. 다른 판본에서는 "그들은 사방에서 서로 짝을 이루지 않았다.[四方不計而耦]"는 구절이 "그들은 꾀하지 않아도 친해졌다.[不謀而親]"로 나오기도 한다.

그림27 **오행의 상생과 상극**

德)인데 토덕은 땅의 색인 황색을 숭상하므로 '누른 빛 황(黃)' 자를 써
서 황제라고 칭했다는 것이다.

그러나 갑골문 학자인 허진웅(許進雄)은 『고사잡담(古事雜談)』의 「황
제는 왜 옥패를 찼는가?[黃帝爲什麼服戴玉珮]」에서 "황(黃) 자는 원래
갑골문에서 옥돌의 한 종류인 '서옥 황(璜)' 자에서 나왔다."고 말했다.
전국시대 이전에는 황색을 숭상하는 습관이 없었다는 것이다. 황제의
'황(黃)' 자가 오덕의 '토(土)'의 색에서 나왔는지, '서옥'의 색에서 나왔
는지는 아직 정확하게 결론이 나지 않았다.

그럼 황제의 성은 무엇일까? 『사기』 「오제본기」에서는 이렇게 말하고
있다.

(황제의) 성(姓)은 공손(公孫)이고 이름은 헌원(軒轅)이다.

[姓公孫 名曰軒轅]

황제의 성은 공손이고, 이름은 헌원이라는 것이니 황제의 성명은 '공손헌원(公孫軒轅)'인 셈이다. 그런데 공손이라는 성씨가 어디에서 나왔는지는 모른다. 청나라의 양옥승(梁玉繩)은 사기 주석에 관한 한 배인, 사마정, 장수절의 삼가주석에 필적할 만한 저작인 『사기지의(史記志疑)』를 저술한 학자인데, 공손은 성이 아니라고 했다. 황제는 소전국군(少典國君), 즉 소전국 군주의 후예이기 때문에 공족(公族)의 후손이라는 뜻에서 공손(公孫)씨라고 불렀을 것이라는 주장이다. 청나라 때 학자 최술(崔述)[1740~1816]도 『최동벽유서(崔東壁遺書)』「보상고고신록지상(補上古考信錄之上)」의 '황제씨(黃帝氏)'에서 공손은 제후의 후손을 뜻하는 칭호이지 성이 아니라고 말하고 있다.

양옥승은 "그러면 황제의 성은 무엇인가? 희성(姬姓)이다."라고 했다. 황제의 성에 대해서 사마정은 『사기색은』에서 이렇게 말했다.

상고해 보니 황보밀은 "황제는 수구(壽丘)에서 태어나고 희수(姬水)에서 자라서 이를 성(姓)으로 삼았다. 헌원 언덕에서 살아서 이를 이름으로 삼았고, 또 호(號)로도 사용했다."고 말했다. 이는 본래의 성(姓)은 공손(公孫)인데, 희수(姬水)에서 오래 살아서 성을 희(姬)로 바꾸었음을 말해준다.

사마정은 황보밀이 『제왕세기』에서 황제가 수구에서 태어나고 희수에서 자랐기 때문에 희를 성으로 삼았다고 말했다고 했다. 그러니까 원래 성은 공손인데 희수에서 오래 살면서 성을 희로 바꾸었다는 해석이다. 황제의 성이 공손으로도 나오고 희로도 나오는 데 대한 해석인 셈인데, 일리가 있다.

그럼 황제의 출생지라는 수구는 어디일까? 수구에 대해서 장수절은 『사기정의』에서 이렇게 썼다.

> (황제의) 어머니는 부보(附寶)인데 기(祁) 들판에 가서 큰 번개가 북두추성(北斗樞星)[북두칠성의 추성(樞星, 첫 번째)]을 감싸는 것을 보고 감응해서 임신해 24개월 만에 수구(壽丘)에서 황제를 낳았다. 수구는 노나라 동문의 북쪽인데, 지금 연주(兗州) 곡부현(曲阜縣) 북쪽 6리에 있다.

황제의 탄생지는 장수절이 살던 당나라 때 산동성 연주 곡부현 북쪽 6리에 있었다는 것이다. 배인은 『사기집해』에서 "황보밀은 수구는 노(魯) 동문 북쪽에 있다."라고 전하고 있다. 두 증언이 모두 곡부 북쪽에 있다는 점이 일치하는데 이 지역을 현재 중국에서는 곡부성 동쪽 4킬로미터 지점으로 보고 있다. 이 지역은 송(宋) 진종(眞宗)이 경령궁(景靈宮)을 지어서 황제에게 제사를 지낸 곳이기도 하다. 그런데 한가람역사문화연구소 연구진 및 일행들과 함께 답사를 갔을 때 사각형의 돌로 만든 피라미드형 구조물이 있었는데, 황제의 탄생지인 수구라고 했고, 그 뒤에 황제의 맏아들이라는 소호의 소호릉이 있었다. 소호는 동이족임이 너무 명확한 군주이기에 답사 일행이 술을 부어 올렸는데, 아마도 소호가 동이족이라는 정체성을 가지고 술을 올린 최초의 사례가 아닌가 한다.

황제가 희성(姬姓)인 것에 대해서 좌구명은 『국어』 「진어」에서 이렇게 말했다.

> 옛날에 소전이 유교씨를 아내로 맞이하여 황제와 염제를 낳았는데, 황제는 희수(姬水)에서 자라서 성공하고 염제는 강수(姜水)에서 자라서 성공

했다. 성장해서 덕이 달랐으므로 황제는 희성(姬姓)이 되고 염제는 강성(姜姓)이 되었다.

고대에는 주로 자라서 성공한 곳을 성으로 삼는 경우가 많은데 황제는 희수에서 자라 성공해서 희성이 되었고, 염제는 강수에서 자라 성공해서 강성이 되었다는 것이다. 희수가 어디인지는 분명하지 않지만 희(姬)나 강(姜) 모두 부수가 '여자 여(女)' 자라는 점에서 동이족 거주지일 가능성이 높다. 희수는 하남성 신정시 이수(渼水)나 섬서성 무공(武功)현 칠수하(漆水河) 등으로 비정한다. 하남성과 섬서성은 거리가 꽤 되지만 신정시나 무공현은 모두 황제가 자란 희수가 자신들의 행정구역에 있다고 주장한다. 이수는 하남성 신정시 신점진(辛店鎮) 대외산(大隗山)에서 발원해 각지를 흐르다가 영하(潁河)로 들어가고, 칠수(漆水)라고도 불리는 칠수하는 위하(渭河)의 지류이다. 둘 다 옛 이름이 희수(姬水)였다는 주장이다.

황제의 탄생지라고 주장되는 곳도 여러 곳이다. 하남성 신정도 황제의 고향이라고 주장하고 있고, 감숙성 천수(天水)시도 황제의 탄생지라고 주장하는데, 『수경주(水經注)』 「위수(渭水)」 조에 "황제는 천수에서 났는데, 상규현(上邽縣) 동쪽 70리 헌원 계곡에 있다."라고 기록되어 있는 것을 근거로 삼았다.

그런데 『사기』 「오제본기」의 '제순' 조에는 "(제순이) 여러 가지의 기물을 수구(壽丘)에서 만들었고 때마다 부하(負夏)로 나아가기도 했다.[作什器於壽丘 就時於負夏]"는 구절이 있다. 맹자는 『맹자(孟子)』 「이루하(離婁下)」에서 "순은 제풍(諸馮)에서 나서 부하(負夏)로 천도하고 명조(鳴條)에서 세상을 떠났으니 동이 사람이다."라고 말했다. 순임금이

나서 자라고 세상을 떠난 곳이 모두 동이족의 지역이기 때문에 순임금
이 동이족이라는 뜻이다. 그러므로 『사기』 '제순' 조 구절 또한 황제가
동이족이라는 사실을 시사한다.

그런데 황제에 대해서는 중국에서 하화족이라고 굳게 못박아 놨기 때
문에 그 민족귀속성에 대해서 보다 정확한 근거를 찾을 필요가 있다. 이
를 위해서는 황제의 조상과 자손들을 살피는 것으로 민족귀속성을 살피
는 것이 가장 효과적일 것이다.

황제의 부인과 맏아들 소호

『사기』「오제본기」는 황제의 부인에 대해서 이렇게 설명하고 있다.

> 황제는 헌원(軒轅) 언덕에 살면서 서릉(西陵)의 딸을 맞이했으니 그가
> 바로 누조(嫘祖)였다.[黃帝居軒轅之丘 而娶於西陵之女 是爲嫘祖]

장수절은 『사기정의』에서 서릉을 나라 이름이라고 말했다.
또한 사마천은 누조가 낳은 아들들에 대해서 『사기』「오제본기」에서
이렇게 설명했다.

> 누조는 황제의 정비(正妃)가 되어 두 명의 아들을 낳았다. 그의 후손들은
> 모두가 천하를 얻었다. 그 첫째가 현효(玄囂)인데, 이이가 청양(靑陽)이
> 다.[嫘祖爲黃帝正妃 生二子 其後皆有天下 其一曰玄囂 是爲靑陽]」

누조(嫘祖)는 누조(累祖)라고도 쓰는데 양잠(養蠶)을 가장 먼저 시작했다고 해서 '누조시잠(嫘祖始蠶)'이라고도 불린다. 황제는 정비 누조와의 사이에 두 아들을 낳았는데, 그 후손들이 모두 천하를 얻었다는 것이다. 첫째 아들이 현효 청양인데, 이 현효 청양이 중원 상고사 최대의 수수께끼의 인물인 소호(少昊)이다. 사마정은 『사기색은』에서 현효 청양에 대해 이렇게 말했다.

> 현효는 제곡(帝嚳)의 할아버지이다. 살피건대 황보밀과 송충(宋衷)은 모두 현효와 청양이 곧 소호라고 말했다. 지금 이 본기 아래 "현효는 제위(帝位)에 오르는 것을 얻지 못했다."라고 말했는데 곧 태사공의 뜻은 청양이 소호씨가 아니라는 것이 분명하다. 그런데 이곳에 또 이르기를 "현효가 바로 청양이다."라고 했으니 이것은 마땅히 잘못된 것이다. 두 사람을 모두 황제의 아들이라고 이르고 나란히 그 이름을 열거했는데 앞의 사(史)의 잘못으로 인한 까닭이며 현효와 청양은 한 사람일 뿐이다. 송충이 또 이르기를 "현효와 청양이 바로 소호이다. 황제를 계승해 즉위했다. 사(史)에서 차례대로 쓰지 않은 것은 아마도 소호씨는 금덕(金德)으로 왕(王)이 되었는데 오운(伍運)[오행]의 순차가 아니어서 오제(伍帝)를 차례로 서술할 때 헤아리지 않은 것이다."라고 말했다.

현효 청양은 두 사람이 아니라 한 사람인데 그가 곧 소호라는 것이다. 이 점에 대해서는 황보밀과 송충이 모두 동의한다는 것이다. 그런데 사마천은 마치 청양이 소호가 아닌 것처럼 썼는데, 이는 잘못이라는 것이다. 사마천이 일부러 잘못 쓴 것이 아니라 그가 참고한 역사서가 잘못되었기 때문이라는 것이다.

그러나 사마천이 본 역사서가 잘못되어서 청양이 소호가 아니라고 썼는지 아니면 의도적으로 청양이 소호가 아니라고 썼는지는 알 수 없다. 사마천이 일부러 청양이 소호가 아니라고 썼을 가능성이 더 크다. 자신이 한족(漢族)의 시조로 설정한 황제의 큰아들이 누구인지 몰랐을 수는 없기 때문이다.

앞서 살펴본 것처럼 공안국, 황보밀, 손씨가 주석한『계본(系本)』등은 모두 소호가 제위에 올랐다고 썼다.『사기색은』에서 말하는 것처럼 송충도 "소호가 황제를 계승해서 즉위했다."고 썼는데, 이렇게 많은 학자들이 아는 사실을 사마천이 몰랐을 가능성은 아주 희박하다. 결국 사마천이 소호가 제위에 오른 사실을 어떤 이유로 삭제했을 개연성이 더 크다. 황제를 이어 제위에 오른 소호를 삭제한 것에 대해서 송충은 소호씨가 금덕으로 왕이 되었지만 오행의 순서가 아니기 때문에 오제의 순서에 넣지 않았다고 해석했다. 이 해석 역시 의문이다. 오행이 서로 사는 상생 순서는 목(木)→화(火)→토(土)→금(金)→수(水)→목(木)이니 염제[신농씨]가 화덕(火德)으로 제위에 올랐으니 그 뒤를 황제가 토덕(土德)으로 이었고, 다시 소호가 금덕(金德)으로 제위를 잇는 것이 맞다. 그러니 송충이 오운[오행]의 순서가 아니라고 말한 것은 오행 순환과 맞지 않다.

황보밀은『제왕세기』에서 삼황에 이어서 소호가 오제의 첫 번째로 제위에 올랐다고 말했다.

소호제(少昊帝)의 이름은 지(摯)이고 자(字)는 청양(靑陽), 성은 희(姬)다. 어머니는 여절(女節)이다. 황제 때 큰 별이 무지개다리가 되어 아래로 흘러 화려한 물가에 닿았다. 여절이 꿈에 뜻이 감응해서 소호를 낳았는데,

그림28 **소호릉(산동성 곡부)**

이이가 현효(玄囂)다. 아래로 내려가서 강수(江水)에 거주했는데, 성덕
(聖德)이 있어서 궁상(窮桑)에 도읍했다가 제위에 올라서는 곡부에 도읍
했다. 그래서 혹은 궁상제(窮桑帝)라고도 한다. 금(金)이 토(土)를 계승했
기에 금천(金天)이라고 한다.

　황보밀은 소호를 소호제라고 표현하며 분명하게 제위에 올랐다고 말
하고 있다. 그런데 소호의 어머니에 대해서는 사마천과 달리 말하고 있
다. 사마천은 『대대례기(大戴禮記)』를 근거로 누조라고 했으며, 황제와
누조 사이의 큰아들이 현효 청양이라고 말했다. 현효가 소호이고 그 어
머니는 누조라는 것이다. 하지만 『제왕세기』는 소호의 어머니를 '여절
(女節)'이라고 했다. 『금본 죽서기년』도 "제지 소호씨는 어머니가 여절

이다."라고 말하고 있다. 이 모순에 대해서 사마정은 『사기색은』에서 이렇게 설명했다.

　　상고해 보니 황제는 4명의 비(妃)를 세웠는데 후비(后妃)는 4개의 별을 상징했다. 황보밀은 "원비(元妃)는 서릉씨(西陵氏)의 딸이며 누조(累祖)라고 하는데 창의(昌意)를 낳았다. 다음 비(妃)는 방뢰씨(方雷氏)의 딸이며 여절(女節)이라고 하는데 청양(靑陽)을 낳았다. 다음 비(妃)는 동어씨(肜魚氏)의 딸이며 이고(夷鼓)를 낳았는데 일명 창림(蒼林)이라고 한다. 다음은 모모(嫫母)이며 반열이 3인의 아래에 있었다."라고 했다.

　황제에게는 네 명의 비가 있었는데 첫째가 서릉씨의 딸 누조, 둘째가 방뢰씨의 딸 여절, 셋째가 동어씨의 딸, 넷째가 모모라는 것이다. 이에 대해서 반고(班固)는 『한서(漢書)』「고금인표 제8」에서 황제 헌원씨는 상상성인(上上聖人)으로 분류하고, 그의 왕비들은 상중인인(上中仁人)으로 분류하며 이렇게 말하고 있다.

　　방뢰씨는 황제의 비로서 현효를 낳았는데 이이가 청양이다. 류조(㶪祖)는 황제비인데, 창의를 낳았다. 동어씨(肜魚氏)는 황제비인데, 이고(夷鼓)를 낳았다. 모모(嫫母)는 황제의 비인데, 창림(倉林)을 낳았다.

　반고는 황제의 비를 방뢰씨, 류조, 동어씨, 모모의 네 명을 꼽고, 방뢰씨를 가장 먼저 꼽았다. 반고가 두 번째로 언급한 류조가 사마천이 첫 번째 왕비로 꼽은 누조이다. 네 번째 왕비 모(嫫) 자는 잘 사용하지 않는 글자로 모(嫫) 자와 같은데 황제의 네 번째 왕비를 가리키는 단어이다.

사마천은 누조를 황제의 첫 번째 원비로 보았는데 반고는 소호의 어머니인 방뢰씨의 딸 여절을 첫 번째 왕비로 보았다. 소호가 황제의 뒤를 이어 제위에 올랐다면 여절이 황제의 원비라는 반고의 서술이 더 설득력이 있다.

위진(魏晉) 남북조 때 역사학자인 초주는 『고사고(古史考)』25권을 편찬했다. 이 책은 송(宋)나라와 원(元)나라 사이에 대부분 없어지고, 여러 책들에 그 내용이 조금씩 전하는데, 청나라 때 장종원(章宗源)이 남은 사료를 한 권으로 정리했다. 『고사고』는 주로 사마천이 『사기』에서 인용한 고대 사료들 중 오류가 있는 것에 대해서 서술했는데, "소호는 금덕으로 왕이 되었기 때문에 호를 김천씨(金天氏)라고 했다."는 내용이 나온다. 소호가 제위에 올랐다는 것이다. 이처럼 소호가 제위에 올랐다는 기록은 많이 있다.

소호가 제위에 올랐음을 말해주는 보다 구체적인 기록이 『춘추좌전』「노 소공 17년(서기전 525)」 조이다.

이해 가을에 담국(郯國)의 제후인 담자(郯子)가 내조했는데, 연회 때 노국(魯國)의 제후인 소자(昭子)가 물었다.

"소호씨(少暤氏)가 새를 관직의 이름으로 삼은 것은 무슨 까닭입니까?"

담자가 말했다.

"(소호씨는) 나의 선조이므로 내가 그 까닭을 압니다. 옛날 황제(黃帝)께서는 구름으로 기틀을 삼으셨으니[雲紀] 백관의 사장(師長)을 운(雲) 자로 지으셨고, 염제씨는 불로써 기틀을 삼으셨으니 백관의 사장을 모두 화(火) 자로 지으셨고, 공공씨(共工氏)는 물로써 기틀을 삼으셨으니 백관의 사장을 모두 수(水) 자로 지으셨고, 태호씨(大暤氏)는 용(龍)으로 기틀

그림29 산동성 여러 국가들. 중산국(中山國), 거국(莒國), 서국(徐國), 담국(郯國) 등은
확실한 동이족 국가들이다

을 삼으셨으니 백관의 사장을 용(龍) 자로 지으셨습니다.

우리 고조(高祖) 소호(少皞)씨가 즉위하셨을 때 봉조(鳳鳥)[봉황]가 마침
이르렀으므로 조(鳥)를 기틀로 삼아 백관의 사장을 모두 조(鳥) 자로 지
으셨으니, 봉조씨는 역정(曆正)[역법을 맡은 장관]이고, 현조(玄鳥)씨는 사
분(司分)[춘분과 추분을 맡은 관직]이고 …… 구호(九扈)는 아홉 가지 농사
를 맡은 장관으로 백성들을 안정시켜 음란하지 않게 하는 관직입니다.
전욱(顓頊) 이후로는 기틀로 세울 것이 멀어서 가까운 것을 기틀로 삼아
서 백성의 일을 가지고 관직명을 삼으니 이는 인간 밖의 것을 부릴 수가
없어서 그런 것입니다."

담국은 지금의 산동성 임기시 담성(郯城) 일대에 있었는데 소호의 후예들이 세운 나라이다. 임기시의 동이문화박물관에서 발간한 『도설동이(圖說東夷)』에서는 담국이 동이족 국가라고 서술하고 있다. 담국은 상나라 무정(武丁)이 그 아들을 지금의 담성 일대에 제후로 봉해서 세워졌는데, 작위는 자작(子爵)이었다. 담국은 기성(己姓)인데, 중국에서는 소호를 기성이라고 보니 기성 또한 동이족 성씨다. 청동기의 명문(銘文), 즉 금문(金文)에는 비성(妃姓)으로 나오는데, 부계제가 확립된 후 '여자 여(女)' 자가 사라져 기성(己姓)이 된 것으로 본다.

『금본 죽서기년』에서는 소호의 어머니가 여절이라면서 소호에 대해서 이렇게 서술했다.

소호는 제위에 올랐는데, 봉황이 날아오는 상서로움이 있었다. 혹 이름을 청(淸)이라고도 하는데, 제위에 있지 않았고, 조사(鳥師)를 통솔하면서 서방에 거주했는데, 새로써 관직명을 삼았다.

공안국, 황보밀 등은 물론 『춘추좌전』과 『금본 죽서기년』 등은 모두 소호가 제위에 올랐다고 말하고 있으니 사마천의 서술과 달리 소호가 제위에 올랐던 것은 확실하다고 볼 수 있다. 『춘추좌전』 「노 소공 17년」조는 위 기록 다음에 공자가 이 대화를 듣고 담자를 찾아간 이야기를 싣고 있다. 공자는 당시 스물여덟 살이었는데 담자에게 옛 관제에 대해서 배우고 나서는 어떤 사람에게 이렇게 말했다는 것이다.

"내 듣건대 천자가 옛 관직을 잃으면 학문이 사방의 이민족[四夷]에게 있다고 했는데, 이 말이 믿을 만하다."

'학문이 사방의 이민족에게 있다'는 말은 학문이 동이족 담자에게 있

그림30 **소호 김천씨**

다는 말이다. 이는 또한 공자가 담자의 조상 소호가 제위에 올랐다는 사실을 알고 있었거나 아니면 이때 담자와의 대화를 통해서 알게 되었다는 사실을 뜻한다. 그래서 공자의 후손 공안국도 『상서』 서문에서 소호가 제위에 올랐다고 쓴 것이다.

위진(魏晉)시대 벼슬아치이자 학자인 두예(杜五)[222~285]는 "소호 김천씨는 황제의 아들인데, 사성(巳姓)의 시조다."라고 말했다. 『사기』「진본기(秦本紀)」는 "진의 선조는 제전욱의 후예다."라고 말했는데, 이 구절에 대해 사마정은 『사기색은』에서 "진(秦)과 조(趙)의 조상은 마땅히 소호씨다."라고 설명하고 있다. 중원을 통일한 진(秦)나라는 물론 진에 맞서 장평대전(長平大戰)이라는 거대한 전쟁을 치렀던 조(趙)나라 역시 동이족 국가라는 뜻이다. 『사기』「봉선서」에 "진나라는 소호의 제사를 주관한다."고 말하고 있는데 진나라에서 소호의 제사를 주관하는 것은 물론 진나라 왕실이 소호의 후손이기 때문이다.

앞서 제(齊)나라 시조 강자아가 이미 동이족인 것을 보았고 전국(戰國)시대 7웅 중 제(齊)·진(秦)·조(趙) 세 나라가 동이족 국가임을 알 수 있다. 나머지 연(燕)·위(魏)·한(韓), 초(楚) 중에서 연(燕)·위(衛)·한(韓)은 국성(國姓)이 모두 희(姬)에서 나왔다. 여자 여(女) 자를 부수로 쓰는 성은 대부분 동이족이라는 점에서 중원의 전국시대 역시 동이족들이 주도한 역사임을 알 수 있다.

사마천은 『사기』「오제본기」에서 현효 청양, 곧 소호의 거주지에 대해서 이렇게 말했다.

청양은 강수(江水)로 내려가 살았다.[靑陽降居江水]

이 기록의 강수에 대해 장수절은 『사기정의』에서 이렇게 말했다.

『괄지지』에는 "안양(安陽) 고성(故城)은 예주(豫州) 신식현(新息縣) 서남
현 80리에 있다."고 했다. 응소는 "옛날 강국(江國)이다."라고 했다. 『지
리지』에도 "안양은 옛날 강국(江國)이다."라고 했다.

강수에 대해 현재 중국에서는 양자강(揚子江)이라고 말하지만 이는
나중에 생긴 개념이고 당시의 강수는 산동성 기하(沂河)를 뜻한다. 기하
는 바로 동이족 국가 담국을 흐르는 강이다. 황제의 큰아들 소호는 그
어머니가 누조, 또는 여절로 기록에 따라 다르지만 『도설동이』에서 '동
이 영웅'으로 꼽고 있는 것처럼 동이족이 분명하다. 현재 중국의 공식
견해를 주로 담는 『백도백과』는 소호에 대해서 "하화(夏華)의 인문시조"
라고 써놓고 "최종적으로 동이부락의 수령이 되었는데, 호는 김천씨다."
라고 적고 있다. 하화족의 인문시조인데, 최종적으로 동이부락의 수령이
되었다는 상호 모순된 서술에서 국가 차원에서 역사공정에 나서는 중국
의 고민이 잘 읽힌다. 이런 고민을 먼저 한 역사가가 바로 사마천이었
다. 그래서 그는 제위에 오른 소호를 삭제해서 하화족의 역사를 서술하
려고 했던 것이다.

그런데 『신당서』「재상세계(宰相世系)」조는 소호의 후예에 대해서 흥
미로운 이야기를 싣고 있다.

장씨(張氏)는 희성(姬姓)에서 나왔다. 황제의 아들 소호 청양씨의 다섯 번째 아들 휘(揮)는 궁정(弓正)인데, 처음 궁시(弓矢)[활과 화살]를 만들어서 그 자손에게 장씨의 성을 하사했다. 주(周) 선왕(宣王) 때 경사(卿士) 장중(張仲)이 있고, 그 후예들이 대부(大夫)로써 진(晉)나라를 섬겼다.

소호의 다섯 번째 아들이 처음으로 활과 화살을 만들어서 후손들에게 '활 궁(弓)' 자 부수를 쓰는 장씨(張氏)를 내렸다는 것이다. 즉 장씨 또한 동이족이라는 설명이다.

소호의 어머니 누조는 서릉씨(西陵氏)인데, 서릉씨는 그 뿌리를 찾기가 쉽지 않지만 유교씨(有蟜氏)의 후예라고도 한다. 유교씨는 여와씨(女媧氏)라고도 하는데, 여와씨의 출생지는 현재 하남성 상구시(商丘市) 휴양구(睢陽區) 승광고성(承匡故城)이다. 상구시는 동이족의 중심지 중 하나이다.

소호의 어머니가 여절(女節)이라는 설도 있는데, 여절은 방뢰씨(方雷氏)다. 방뢰씨 또한 뿌리를 찾기가 쉽지 않지만 여절의 아들 소호가 동이족으로 분류되는 것으로 봐서는 동이족일 가능성이 크다. 황제의 맏아들 소호가 동이족이라면 황제가 하화족일 수는 없다.

2
소호의 제위를 이은 전욱과 곡

조카 전욱이 제위에 오르다

그림31 제전욱

사마천은 『사기』「오제본기」에서 황제의 둘째 아들에 대해 이렇게 말하고 있다.

그 둘째가 창의(昌意)인데, 약수(若水)로 내려가 살았다. [其二曰昌意 降居若水]

창의가 중요한 이유는 사마천이 황제의 뒤를 이어 제위에 오른 것으로 설정한 제전욱(顓頊)이 창의의 아들이기 때문이다. 사마천은 소호와 창의가 아버지와 어머니가 같은 동부동복(同父同腹) 형제라고 말했다. 그래서 소호가 동이족이면 창의 역시 동이족일 수밖에 없다. 사마천이 소호 김천씨라는 알려진 이름 대신에 알져지지 않은 현효 청양이라는 이름을 쓴 이유가 소호의 민족귀속성을 감추기 위한 것이었겠지만 소호가 동이족이라면 창의가 한족일 수 없다. 사마천은 「오제본기」에서 제전욱에 대해서 이렇게 설명하고 있다.

제전욱 고양씨(高陽氏)는 황제의 손자이고 창의의 아들이다.
[帝顓頊高陽者 黃帝之孫而昌意之子也]

현재 역사 만들기가 한창인 중국에서는 전욱을 서기전 2342년부터 서기전 2245년까지 생존했다며 태어난 해와 사망한 해까지 특정하고 있다. 물론 이렇게 특정할 수 있는 믿을 만한 사료가 있을 리가 없지만 전욱이 대략 어느 시대쯤 살았던 인물인지 짐작하는 데 도움은 준다.

사마천은 황제의 장남 소호를 삭제하고 차남 창의의 아들인 전욱 고양씨가 황제의 뒤를 이었다고 썼다. 또한 창의의 부인을 창복(昌僕)이라고 했는데[경복(景僕)이라고도 한다.] 창복은 촉산씨(蜀山氏)의 딸로 전욱의 어머니이다. 촉산씨는 옛 촉국(蜀國)을 세웠다는 잠총(蠶叢)으로 촉산은 지금의 사천성(四川省) 민강(岷江) 상류의 민산(岷山)이라고 한다. 그런데 사천성 민강 출신이면 황제 일족의 활동지였던 산동성과 너무 멀다는 문제점이 있다. 현재 중국에서는 앙소문화를 만든 앙소인들의 일부가 사천지구로 이주해서 촉산씨 집단이 형성되었다고 보고 있는데, 일리가 있는 해석이지만 그 먼 곳의 촉산씨 딸과 황제의 둘째 아들 창의가 실제로 혼인했다는 것을 설명하려면 더 많은 사료가 제시되어야 한다.

사마천은 창의의 아들이 어떻게 할아버지의 제위를 이었는지에 대해서 아무런 설명을 하지 않고 있지만 황보밀은 『제왕세기』「오제」에서 전욱이 제위를 이을 수 있었던 이유에 이렇게 말한다.

> (전욱의) 아버지 창의는 비록 황제의 적자이지만 덕이 많지 않아서 내려
> 가 약수(若水)에 거주하며 제후가 되었다. 전욱에 이르면 열 살 때 소호
> 를 보좌하고, 열두 살 때 관(冠)을 쓰고, 스무살 때 제위에 올랐다.

『제왕세기』는 황제의 뒤를 이어 제위에 오른 소호가 조카 전욱이 덕
이 있자 자신을 보좌하게 시켰다가 제위를 잇게 했다는 것이다. 이 내용
은 황제의 맏아들 소호가 왜 제위를 잇지 못했는지, 황제의 손자 전욱이
왜 할아버지 황제의 제위를 이을 수 있었는지 아무 설명도 없는 사마천
의『사기』「오제본기」보다 황보밀의『제왕세기』의 설명이 훨씬 설득력
이 있다.

하지만 소호가 황제의 제위를 이었고, 소호를 도왔던 조카 전욱이 제
위를 계승한 것으로 서술하면 하화족의 천하사를 쓰려는 사마천의 구상
이 무너질 것이었다. 그래서 사마천은 소호를 지운 것은 물론 소호를 보
좌한 공으로 전욱이 제위를 이었음에도 불구하고 그런 사실을 삭제했다.

앞서 사마천이 제전욱을 고양씨라고 적었는데, 고양씨로 불리는 것은
고양(高陽)을 봉지로 받았기 때문이다. 전욱은 소호를 보좌한 공으로 고
양 땅을 봉지로 받은 것이다. 고양에 대해서 현재 하남성 기현(杞縣) 고
양진(高陽鎭)이라고 비정하고 있다.

사마천은 전욱이 어떻게 제위에 오르게 되었는지 설명하지 않고 있지
만『열자(列子)』「탕문(湯問)」은 "공공씨(共工氏)가 전욱과 제위를 다투
다가 화가 나서 부주산(不周山)을 들이받아 하늘기둥[天柱]이 부러졌
다."고 썼다. 전욱이 공공씨와 제위를 다투어 승리했기 때문에 즉위할

수 있었다는 것이다. 『국어』「초어(楚語)」도 "전욱이 소호의 뒤를 계승해
정치를 주관했다."고 하여 소호의 뒤를 이어 전욱이 즉위했다고 말하고
있다. 그러나 사마천은 이 사실을 삭제하고 창의의 아들로서 즉위했다
고만 말하고 있는 것이다. 전욱은 건황(乾荒)이라고도 불린다.

사마천은 「오제본기」에 이어서 하·은·주(夏殷周), 곧 하·상·주(夏商
周)에 대해서 서술하고 있는데, 하상주에 이르는 계보가 복잡하기 때문
에 이해를 돕기 위해서 대략 정리할 필요가 있다. 수인(燧人)부터 황제
를 거쳐 하상주 시조에 이르는 계보를 먼저 정리하면 다음과 같다.

표7 수인부터 황제를 거쳐 하상주 시조에 이르는 계보

나라	계보
하(夏)	수인→복희→소전→황제→창의→전욱→곤(鯀)→우(禹)[하나라 시조]
상(商)[은]	수인→복희→소전→황제→소호→교극(蟜極)→제곡(帝嚳)→설(契)[상나라 시조]
주(周)	수인→복희→소전→황제→소호→교극→제곡→기(棄)[주나라 시조]

제위에 오른 소호의 손자 곡

전욱 다음으로 소호의 손자인 제곡(嚳)이 제위를 이었는데, 사마천은
『사기』「오제본기」에서 이렇게 서술했다.

전욱이 붕어하자 현효의 손자인 고신씨가 제위에 올랐는데 이이가 제곡
이 된다.[顓頊崩 而玄囂之孫高辛立 是爲帝嚳]

그림32 제곡

그런데 「오제본기」 '제곡' 조에는 수수께끼의 인물이 등장한다. 인용한 구절 바로 앞에 "제(帝)전욱이 아들을 낳았는데 궁선(窮蟬)이라고 했다.[帝顓頊生子曰窮蟬]"라고 말했던 궁선이다. 『대대례기』 「제계」 편에도 "전욱이 궁선을 낳았다."라고 말하고 있다. 제전욱의 아들이 궁선이라는 말이다. 정상적인 경우라면 제전욱의 제위를 궁선이 이었을 텐데 왜 궁선이 즉위하지 못하고 조카인 제곡이 뒤를 이었는지 의문을 제기하는 학자들이 적지 않았다. 청나라 양옥승은 『사기지의』에서 "황제가 태자인 현효[소호]에게 왜 제위를 전하지 않았는지, 또 전욱은 왜 아들 궁선에게 제위를 전하지 않았는지"라고 의문을 제기했다.

궁선은 우막(虞幕)이라고도 하는데, 장수절은 『사기정의』에서 "(궁선은) 제순(帝舜)의 고조(高祖)이다."라고 말했다. 궁선은 비록 제위를 잇지 못했지만 그 후손은 제위에 올랐던 것이다. 궁선은 소전의 현손(玄孫)[4세손]이고, 황제의 증손(曾孫)[3세손]이고, 창의의 손자이자 제전욱의 아들이다. 또한 경강(敬康)의 아버지이고, 그의 5세손이 제순으로 제위를 잇게 되었다는 것이다.

표8 제순 세계도

수인에서 제순(帝舜)까지 계보	
세계	수인→복희→소전→황제→창의→전욱→궁선→경강(敬康)→구망(句望)→교우(橋牛)→고수(瞽叟)→순(舜)

중국의 『백도백과』는 궁선의 민족족군(民族族群)을 한족(漢族)이라고 써 놓았다. 그러나 맹자가 동이족이라고 한 순임금의 조상이 한족이라면 의문이 생기지 않을 수 없는 노릇이다.

사마천은 『사기』 「오제본기」에서 제곡의 혈통에 대해 이렇게 말했다.

제곡 고신씨는 황제의 증손이다. 고신의 아버지는 교극(蟜極)이다.

[帝嚳高辛者 黃帝之曾孫也 高辛父曰蟜極]

제곡의 이름은 준(俊)인데, 고신(高辛)에서 태어났기에 고신을 성(姓)으로 삼았다. 황제의 후손이기 때문에 이 경우 희성(姬姓) 고신씨(高辛氏)라고 할 것이다. 그가 태어난 고신에 대해서 현재 중국에서는 하남성 상구(商丘)시 휴양(睢陽)구 고신진(高辛鎭)으로 비정한다. 이 지역은 동이족의 중심지 중 하나였다. 상구(商丘)는 '상나라 언덕'이라는 뜻인데, 구(丘) 자에는 '옛 터'라는 뜻도 있다. 상구는 상나라 옛 터라는 뜻이다. 사마천은 『사기』 「오제본기」에서 제곡의 아버지는 교극이고 할아버지가 현효[소호]라면서 이렇게 말했다.

교극의 아버지는 현효(玄囂)이고, 현효의 아버지는 황제이다. 현효부터 교극(蟜極)까지는 모두 제위에 오르지 못했다. 고신씨에 이르러 제위에 올랐다.

[蟜極父曰玄囂 玄囂父曰黃帝 自玄囂與蟜極皆不得在位 至高辛即帝位]

사마천에 따르면 황제의 아들이 현효[소호]이고, 현효의 아들이 교극이며, 교극의 아들이 제곡이다. 그런데 소호부터 교극까지는 모두 제위에 오르지 못하다가 고신씨가 제위에 올랐는데 그가 제곡이라고 적었다. 현재 중국의 『백도백과』는 제곡, 교극, 소호[현효], 황제를 모두 하화족(夏華族), 또는 한족(漢族)이라고 쓰고 있다. 조금만 연구해 보면 동이족의 흔적이 낭자한데 이를 전부 지우고 하화족이라고 우기는 것이다. 동이문화박물관에서는 소호를 '동이 영웅'으로 추대하고 『백도백과』는 하화족이라고 주장하는 것이니 아버지를 바꾸고, 할아버지를 바꾸는 '환부역조(換父易祖)'가 얼마나 어려운가를 말해준다. 소호가 동이족이라는 사실은 너무 명백하기에 『백도백과』는 희한한 논리를 만들어냈다.

> 소호는 아버지 황제와 어머니 누조의 세심한 양육 아래 자라나서 신기한 자질과 비범한 능력을 가지고 있었다. 소호가 소년 시절 때 황제는 그를 동이부족 연맹 중에서 가장 큰 부족인 봉홍(鳳鴻)씨 부족으로 보냈고, 봉홍씨의 딸을 아내로 얻어서 봉홍부족의 우두머리가 되었고, 후에 전체 동이부족의 우두머리가 되었다.

『백도백과』의 논리는, 소호는 한족(漢族) 황제의 아들이었는데, 어릴 때 동이족인 봉홍부족으로 보내져서 봉홍씨의 딸과 혼인해 동이족의 우두머리가 되었다는 것이다. 그 학문적 근거로 정재흥(丁再興)·정뢰(丁蕾)가 쓴 『동이문화와 산동·골각문의 해석[东夷文化与山东·骨刻文释读]』(中国文史出版社, 2012, p.68~121)을 들고 있다.

중국 학계에서는 산동반도 및 하남성 일대에서 출토되는 대부분의 신석기, 청동기 유적·유물들이 동이족의 유적·유물이라는 사실이 충격으로 다가왔다. 중국 전야고고학의 아버지 양사영이 활동할 때만 해도 국가 차원에서 역사를 조작하려고 하지는 않았다. 그래서 양사영은 앙소문화→용산문화→상문화가 서로 계승관계에 있다는 '삼첩층문화이론'을 제창했지만 지금의 중국은 다르다. 역사를 학문이 아니라 과거 일본 제국주의가 그랬던 것처럼 정치 수단의 일종으로 본다. 그래서 과거 일본 제국주의가 식민사학을 만들어낸 것처럼 동이족의 역사를 한족의 역사로 편입시켜 한족 역사의 일부라고 주장한다.

『백도백과』「소호」조 내용을 더 살펴보자.

> 주(周) 무왕(武王)이 주 왕조를 건립한 후 동이 세력은 크게 줄어들었고, 춘추 때에 이르면 동이는 완전히 화하족(華夏族)에 융합되었다. 화하(華夏)의 봉(鳳)[봉황]문화와 용(龍)문화가 합쳐져서 화하족의 양대 문화 기둥을 형성했다.

주(周)가 중원의 패자가 된 후 동이족은 크게 축소되었고, 춘추 때에 이르러 동이족은 하화[화하]족에 융합되었다는 것이다. 그러나 앞서 살펴본 것처럼 춘추 때 산동반도에만 해도 담국(郯國), 서국(徐國) 등을 위시해 동이족 색채가 뚜렷한 나라들이 많이 있었다. 그런데 봉황문화는 동이족의 문화이고 용문화는 하화족의 문화인데, 두 문화가 합쳐져서 지금 하화족의 양대 문화가 되었다고 말하고 있는 것이다. 봉황문화는 소호와 담국의 경우에서 살펴본 것처럼 동이족의 문화가 분명하다. 용문화도 하화족의 문화는 아니다. 중국 최초의 옥룡(玉龍)은 홍산문화에서 출토되었는데 홍산문화는 동이족 문화이다. 『백도백과』의 글을 사실에 맞게 쓰면 이렇게 된다.

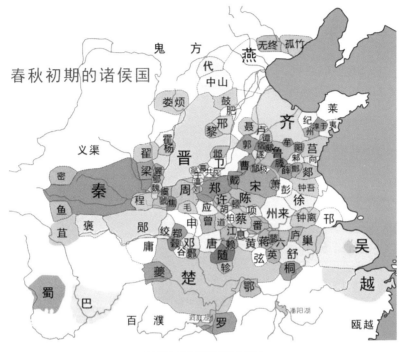

그림33 춘추시대 제후국 지도

봉문화와 용문화는 모두 동이족 문화이다. 지금 이 두 문화를 후대의 화
하족이 가로채서 자신들의 것이라고 주장하고 있다.

그러나 중국은 봉문화가 동이족의 문화라고 명시할 수 없다. 그러는
순간 중국인들 사이에서도 숱한 의문이 일어날 것이기 때문이다. 게다
가 용문화가 동이족 문화라고는 더 말할 수 없는 이유는 인정하는 순간
하화문화의 양대기둥이 무너지기 때문이다. 그래서 모호하게 "화하의
봉문화와 용문화가 합쳐져서 화하족의 양대 문화 기둥을 형성했다."라
고 얼버무린 것이다. 봉문화가 용문화가 모두 하화족의 문화라면 군이

합쳐졌다고 쓸 것도 없다.

또한 『백도백과』「소호」조는 주(周)나라가 하화족의 나라라는 전제에서 쓰였는데, 이는 추후 다시 살필 것이다.

사마천은 「초세가」에서는 다른 계보를 설명하고 있다. 초나라의 선조는 제전욱의 후예라면서 "(제전욱) 고양은 칭(稱)을 낳았고, 칭은 권장(卷章)을 낳았고, 권장은 중려(重黎)를 낳았다. 중려는 제곡(帝嚳)이며 고신(高辛)씨로 화정(火正)으로 있었다."라고 했다. 제곡의 아버지가 교극이 아니라 권장이고, 중려가 제곡이라는 것으로 「오제본기」의 설명과는 같지 않다.

사마천은 황제의 장남 소호와 또 장손 교극은 제위에 오르지 못하다가 황제의 증손이자 소호의 손자인 곡이 제위에 올랐다고 했다. 황제의 제위를 둘째 아들 창의의 아들 전욱이 이었다가 다시 소호의 손자인 곡이 이었다는 것이니 정상적인 왕위계승으로 보이지는 않는다. 이런 무리한 왕위계승 계보가 만들어진 단초는 모두 소호를 삭제한 데서 나온 결과들이다. 제곡이 동이족인 것은 분명하고, 제곡의 자손들은 이후 중원 상고사를 이끌어가는 주역들이 된다. 제곡의 왕비들과 후손의 계보는 다음과 같다.

표9 **제곡의 네 왕비와 후손들**

수인…황제→소호→교극(蟜極)→제곡(帝嚳)→원비(元妃) 강원(姜嫄)→기(棄)[주시조]

→차비(次妃) 간적(簡狄)→설(契)[은시조]

→차비(次妃) 경도(慶都)→요(堯)

→차비(次妃) 상의(常儀)→지(摯)

제곡의 첫째 왕비 강원은 유태(有邰)의 딸인데 주나라 시조 기(棄)[후직]를 낳았고, 둘째 왕비 간적은 유융(有娀)씨의 딸인데 은나라 시조 설(契)을 낳았다. 그리고 셋째 왕비 경도는 진풍(陳酆)씨의 딸인데 요(堯)를 낳았다고 했다. 그런데 제곡의 맏아들은 추자(娵訾)씨의 딸인 상의가 낳은 지(摯)이다. 그래서 제곡의 장남 기와 제곡의 제위를 계승한 요 사이에 사연이 없을 수가 없다.

3
요임금 이야기

요순선양의 진실

사마천은 제곡에게 두 왕비가 있었다고 했다. 첫째 왕비가 진봉씨(陳
鋒氏)의 딸로 방훈(放勳)을 낳았고, 둘째 왕비가 추자씨(娵訾氏)의 딸로
지(摯)를 낳았다는 것이다. 이처럼 사마천은 제곡의 왕비로 진봉씨의 딸
과 추자씨의 딸 두 명만 언급하고 있지만 『제왕세기』는 네 명의 왕비가
있었다고 적고 있다.

사마천은 『사기』 「오제본기」에서 제요가 등장하는 과정에 대해 이렇
게 설명했다.

> 제곡이 붕어하자 지(摯)가 자리를 계승했다. 제지(帝摯)가 제위에 올라
> 잘 다스리지 못하자 아우인 방훈(放勳)이 제위에 올랐는데 이이가 제요
> (帝堯)이다.
>
> [帝嚳崩 而摯代立 帝摯立 不善 (崩) 而弟放勳立 是爲帝堯]

둘째 왕비의 아들 지가 먼저 제위에 올랐지만 잘 다스리지 못해서 첫째 왕비의 아들 방훈이 제위에 올랐는데 그가 제요(堯)라는 것이다. 제요가 즉위하는 과정에 대해서는 장수절의 『사기정의』가 구체적으로 설명하고 있다.

> 『제왕세기』에는 "제지(帝摯)의 어머니는 네 명의 비 가운데 가장 낮은 반열이었으나 지는 형제 가운데 가장 나이가 많아서 제위에 오를 수 있었다. 그는 어머니가 다른 아우 방훈을 당후(唐侯)에 봉했다. 지가 자리에 있은 지 9년이 되도록 정치가 미약했는데 당후가 성덕이 있어서 여러 제후들이 방훈에게로 돌아가자 지가 그 뜻에 복종해서 모든 신하들을 인솔하고 당(唐)[요]에게 선위함에 이르렀다. 당후는 스스로 천명이 있음을 알고 이에 제위를 선양 받았다. 이에 지를 고신 땅에 봉했다."라고 했다. 지금의 정주(定州) 당현(唐縣)이다.

장수절이 황보밀의 『제왕세기』를 근거로 제곡의 맏아들 지에서 요로 제위가 교체되는 과정을 설명했기 때문에 『제왕세기』의 내용을 직접 살펴보자.

> 제지(帝摯)의 어머니는 이 네 왕비 가운데 가장 아래 반열이었다. 그러나 지의 나이는 형제 중에 가장 맏이였다. 그래서 제위에 오름을 얻을 수 있었고, 어머니가 다른 형제 방훈[요]을 당후로 봉했다. 지는 9년 동안 제위에 있었는데 정치가 연약한 반면 당후는 성대한 덕이 있어서 제후들이 그에게 귀부했다. 지는 그 뜻에 복종해 그 군신(群臣)들을 이끌고 당(唐)의 조정을 만들고 선양하기에 이르렀고, 마음을 다해 신하가 되기를 원했

다. 당후는 자신에게 천명이 있음을 알고 제위를 선양 받고, 지를 고신씨 (高辛氏)에 봉했다. 이는 가볍게 볼 것이 아니다. 한(漢)의 고의랑(故議郎) 동해(東海) 위굉(衛宏)이 전하는 것을 말한 것이다.

황보밀은 제곡의 장남 지가 제위에 올랐으나 요가 성덕이 있어서 제후들의 마음이 돌아가자 스스로 제위를 선양했다고 썼다. 요임금을 당요(唐堯)라고도 부르는 것은 당(唐)에 제후로 봉함 받았기 때문이다. 『사기』는 뚜렷하게 선양이라고 밝히지는 않았지만 『제왕세기』는 선양이라고 명시했다. 황보밀이 인용한 위굉은 동해군(東海郡) 출신인데, 동해는 지금의 산동성 담성(郯城) 서남쪽을 뜻한다. 담성은 동이족 국가 담국의 도성이 있던 자리이니 그 역시 동이족일 가능성이 높다. 그는 주로 후한 광무제(光武帝)[재위 25~57] 때 활동한 인물인데, 옛 문적에 능했던 학자였다.

사마정도 『사기색은』에서 "위굉이 이르기를 '지가 제위에 선 지 9년에 당후[요]의 덕이 성대하자 이로 인해 자리를 넘겨주었다.'고 말했다." 면서 장수절과 같은 내용의 주석을 달았다.

선양은 동양 유학사회에서 가장 이상적으로 삼은 왕위계승 방식이지만 이는 후대에 유학자들이 윤색한 것이고 실제는 폭력적인 방법으로 왕위가 찬탈된 것을 합리화한 경우도 많다고 한다. 공자는 『서경』에서 제요부터 중국사가 시작하는 것으로 서술했는데, 제위를 아들 단주에게 세습하지 않고 제순에게 선양했다고 칭찬했다. 그러나 『죽서기년』과 『한비자』 등에서는 선양설을 부정하면서 제순이 제요를 무력으로 협박해 제위를 빼앗았다고 서술하고 있다.

선양이 아니라 찬탈이라는 설에 장수절도 주목했다. 그는 『사기정의』

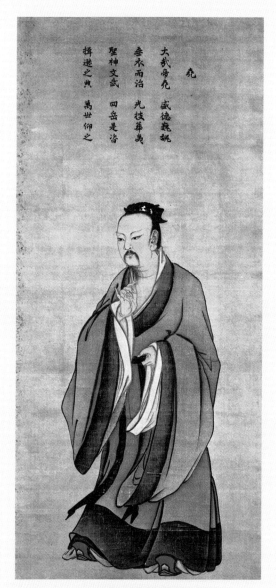

그림34 요임금 초상

에서 요순선양설과 다른 기록이『죽서기년』에 있다고 말했다.『죽서기년』에 "옛날 요의 덕이 쇠해서 순에게 갇히게 되었다. 또 언주(偃州)에 옛 성이 있는데 현의 서북쪽 15리에 있다."라고 했다. 또한 "순이 요를 가두고 다시 단주를 쓰러뜨려 아버지와 서로 만나지 못하게 막았다."라는 기록도 인용했다.

요가 순에게 선양한 것이 아니라 순이 요를 성에 가두고 단주를 핍박해서 제위를 가로챘다는 뜻이다.『한비자』「설의(說疑)」편에서도 "순이 요를 핍박하고, 우가 순을 핍박하고, 탕(湯)이 걸(桀)을 쫓아내고, 무왕이 주(紂)를 쳤는데, 이 네 왕들은 신하로서 왕을 시해하였으나 천하가 그들을 명예로 받들었다."고 써서 요·순은 물론 순·우의 왕위 교체도 폭력에 의한 것이라고 설명했다.『한비자』는 전국시대 한(韓)나라 왕실 출신의 한비(韓非)[서기전 280~서기전 233]가 썼다고 전하는 책이다.

당나라의 유지기(劉知幾)도『사통(史通)』「의고(擬古)」에서 선양설을 부인하면서 이렇게 말했다.

『서경』「요전(堯傳) 서(序)」에 "(단주가) 장차 제위에서 물러나려고 제순에게 양보했다."고 했고, 공안국의 주석에는 "제요는 아들 단주가 불초한 것을 알았기 때문에 선위하려는 뜻이 있었다."고 했다. 그런데『급총쇄어(汲塚鎖語)』에는 "순이 요를 평양으로 추방했다."고 했으며, 어떤 책에는 "어느 곳에 성이 있는데 이름은 수요(囚堯)[요를 가둠]라고 불렀다."고 했다. …… 그렇다면 요가 순에게 양보했다는 사실은 분명하다고 보기 어려우며, 나라를 양보했다는 말은 단지 빈말일 뿐이다.

『죽서』나『급총쇄어』는 요순 간에 선양이 아니라 찬탈이라고 말하고

있는 것이다. 고사변학파의 고힐강(顧頡剛)[1893~1980]은 「선양전설기
어묵가고(禪讓傳說起於墨家考)[선양 전설이 묵가에서 시작되었다]」에서 선
양설이 처음 『묵자』에서 나와 공자가 이를 채택했다고 보았다. 공자나
사마천은 선양설을 높여 후대 임금들에게 천하의 덕 있는 인재에게 왕
위를 물려주지 않고 자식에게 물려주는 것을 부끄럽게 여기려 한 것으
로 추측할 수 있다.

제요는 이런 점에서 사마천의 극찬을 받을 만한 즉위 배경을 지닌 것
이다. 그래서 사마천은 『사기』 「오제본기」에서 제요에 대한 극찬으로 사
적을 시작했다.

> 제요(帝堯)의 이름은 방훈(放勛)이다. 그는 어질기가 하늘과 같았고 그의
> 지혜로움은 신(神)과 같았다. 백성들이 그에게 쏠리는 것은 해를 향하는
> 것 같았고, 그에게 바라는 것은 구름이 덮어서 적셔주는 것 같았다.
>
> [帝堯者 放勛 其仁如天 其知如神 就之如日 望之如雲]

사마천은 가능한 모든 문장력을 동원해 문학적 수사로 묘사했다. 제
요가 어질기는 하늘과 같고, 지혜롭기는 신과 같은 임금이어서 백성들
은 요임금에게 해를 향하는 것처럼 쏠리고, 구름이 덮어서 적셔주는 것
처럼 바랐다는 것이다.

요는 성(姓)이 기(耆=祁)이고 이름이 방훈이다. 국호는 도당(陶唐)인
데 평양(平陽)에 도읍했다. 이때의 평양에 대해서 중국에서는 산서성 임
분(臨汾)시 양분(襄汾)현의 현성(縣城) 동북 7킬로미터 도사향(陶寺鄉)
의 도사유지(陶寺遺址)라고 비정하는 학자들이 있다. 산서성 임분시는
은허(殷墟) 지역인 하남성 안양시와 섬서성 사이에 있는데 이곳에 도사

유적이 있다. 1950년대부터 유적의 존재가 알려지고 있었지만 정작 본격적으로 발굴한 것은 중국이 국가 차원에서 각종 역사공정을 추진하던 2000년대부터다.

도사유적은 56만 제곱미터에 이르는 거대한 유적이다. 궁전, 왕릉, 성의 담장[城牆(성장)], 귀족묘, 주택 및 제사 터전이 있다. 중국에서는 이때 발견된 반원형 시설이 천문관측 시설이라고 주장한다. 이것이 실제 천문관측 시설이면 지금으로부터 4,700년 전에 천문을 관찰했다는 말이다. 또한 '문(文)'자나 '읍(邑)'자 또는 '요(堯)'자로도 해석할 수 있는 글자가 도자기에 새겨진 채 발견되었는데, 이를 '주서문자(朱書文字)'라고 한다. 신석기 후기 도자기에 새겨진 글자라는 뜻이다. 이를 2001년에 성지(城址)라고 확정지었고, '요순지도(堯舜之都)', 즉 '요순의 도읍'이라고 표현한다.

요의 도읍 도사유지는 동이족 유적

도사유지는 용산문화에 속한다. 용산문화는 앞서 양사영이 '앙소·용산·상문화'는 서로 계승관계에 있는 문화라는 삼첩층문화이론에서 말한 것처럼 동이족 유적이다. 현재 중국에서 국가 차원에서 막대한 자본을 들여 역사 만들기에 집중하지만 하면 할수록 동이족 유적들만 확인되고 있다.

장수절은 『사기정의』에서 『괄지지』를 인용해 "옛 요성(堯城)은 복주(濮州) 견성현(鄄城縣) 동북쪽 50리에 있다."라고 했다. 복주는 지금의 산동성 하택(荷澤)시 견성(堅城)현 구성진(龜城鎭)으로 비정한다. 산서성 임분시의 도사유지와 산동성 하택시 중 어느 쪽이 실제 요가 활동했던 근거지인지는 아직 불분명하다. 다만 산동성 쪽이 요가 실제 활동했던 근거지에 더 가까운 것은 사실이다. 산동성 견성현 지역은 명나라 홍무(洪武) 2년(1369) 황하가 범람하자 견성현을 폐지했다가 경태(景泰) 3년(1452) 지금의 하남성 복양(濮陽)시 범현(范縣) 복성(濮城)으로 옮기고는 산동성 동창부(東昌府)에 소속시켰던 곳이다.

한편 요임금의 성(姓)을 살펴보면 이 또한 의문이 많다. 요를 보통 기요(祁堯)라고 해서 성이 기(祁)이고 이름이 방훈이라고 한다. 현재 중국에서 산서성 도사유지를 요의 도읍으로 비정하는 것은 '요(堯)'자로 해석할 수 있는 도자기가 나왔다는 것 외에 요의 성(姓)이 기(祁)라는 것도 관련이 있다. 요가 원래 봉함을 받은 곳이 기지(祁地)인데, 지금의 산서성 기현(祁縣) 동남쪽의 옛 기 땅이다. 산서성 중부 분하(汾河)의 중류이자 태원분지(太原盆地) 중부에 있는 지역으로 춘추시대 진국(晉國)의 대부 기해(祁奚)가 채읍(采邑)으로 받은 지역이기도 하다. 기해는 성이 희(姬), 씨가 기(祁)인데, 현재 산서성 기현 동남쪽의 기 땅을 채읍으로 받았다.

그런데 중국에는 기요(祁堯)의 성을 딴 기성(祁姓) 외에 요임금의 성을 딴 요성(堯姓)이 따로 있다. 『고금성씨서변증(古今姓氏書辨證)』에는 "요는 제곡의 막내아들로 성이 이기(伊祁)이고, 이름이 방훈(放勛)이고, 호가 도당씨(陶唐氏)이다. 시호가 요(堯)이기 때문에 역사서에서 당요(唐堯)라고 칭했는데, 후세 자손들이 조상의 시호를 성으로 삼아서 요씨(堯氏)라고 했다."고 나온다.

현재 중국에서는 요가 지금의 하북성 당현(唐縣) 일대에 거주하다가 산서성 태원(太原)으로 이주했는데, 부락연맹의 수령이 되어서 다시 산

채회용도반

文자 도기

도자기 북

그림35 도사유적 출토 유물

그림36 도사유적

서성 임분 일대로 이주했다고 설명하고 있다. 모두 지금의 산서성 임분시 도사유적을 요임금의 도성으로 맞추기 위한 것인데, 요임금의 성이 기(祁)인지, 요(堯)인지도 분명하지 않은 상황이다.

그러나 사마천은 요임금에 대해서 『사기』「오제본기」'제요'에서 극찬으로 일관하고 있다.

> 부유한데도 교만하지 않았고 귀한데도 거만하지 않았다. 누런 면류관을 쓰고 검은 옷을 입었다. 붉은 마차에 흰 말을 탔는데, 능히 덕을 가르치고 밝혀서 구족(九族)을 친하게 했다. 구족들이 이미 화목해지자 백성을 공평하고 밝게 다스렸다. 백성이 사물을 분별하게 되자, 모든 나라들이 화합했다.[富而不驕 貴而不舒 黃收純衣 彤車乘白馬 能明馴德 以親九族 九族既睦 便章百姓 百姓昭明 合和萬國]

요임금이 부유하고 귀하지만 검소하고 겸손하며, 자기 주변의 구족부터 다스리기 시작해 백성들을 다스리고, 모든 나라들을 평화롭게 했다는 것이다. 이는 공자 같은 유학자를 필두로 사마천 같은 친유학계열 학자들이 바라는 임금의 상을 요임금에게 투영한 것이었다.

사마천이 요임금을 극찬하는 이유

전제주의 왕조에서 국왕의 권력을 견제할 수 있는 제도적 장치는 없다고 봐도 과언이 아니다. 그래서 유학자들은 여러 개념을 만들어서 군주권을 제약하려고 했다. 그것이 바로 천명(天命)과 선양(禪讓)같은 것들이다. 군주가 정치를 못하면 천명이 다른 인물에게 옮겨질 수 있다고 말하기도 하고, 요임금 같은 선양의 전범(典範)을 만들어서 후세 임금들이 본받아야 한다고 말한 것이다.

사마천이 요임금을 높이는 또 다른 이유 중 하나가 요임금이 이족(夷族)의 땅을 지배했다는 점이다.

> 따로 희중(義仲)에게 명해서 욱이(郁夷)에 살게 했는데 이곳을 양곡(暘谷)이라고 했다.[分命羲仲 居郁夷 曰暘谷]

욱이는 '우이(嵎夷)'라고도 부르는데 지금의 산동성 청주(靑州) 지역을 뜻한다. 이 구절은 공자가 편찬한 『서경』에서 가져온 것이다. 공자가 고대부터 동이족의 나라인 욱이를 제요가 다스린 것처럼 서술한 것이다. 공자는 제요 때로부터 1,600년 후의 춘추시대에 살았는데 그 이후에도 동이족과 충돌한 기록들이 계속 나타나기 때문에 요임금 때 설혹 욱이를 다스렸다고 하더라도 이는 일시적인 현상이었을 것이다.

사마천은 앞서 요임금을 소호의 손자인 제곡의 아들로 설정했다. 그리고 오제의 마지막으로 설정한 인물이 제순인데, 제요로부터 선양을 받는다. 사마천은 『사기』에서 선양 장면을 자세하게 묘사했다. 제왕은 천하의 인재를 두루 수소문해 발탁해야 하며, 또한 제위를 자식이 아니라 이렇게 발탁한 인재 중에서 가장 어질고 능력이 있는 현자에게 물려주어야 한다는 선양의 이상을 설파하기 위해서였다.

요임금은 주위로부터 많은 인재를 천거받는데 환두(讙兜)가 공공(共工)을 천거하자 "공손한 척하지만 하늘을 깔보니 등용하기 불가하다."라며 거절하고, 방제(放齊)라는 신하가 요임금의 맏아들 단주(丹朱)를 천거하자 "탐욕스럽고 송사만을 좋아해 등용하기 불가하다."라며 거절했다. 요임금은 드디어 "귀한 친척이나 소원(疏遠)해서 숨어 사는 자들이라도 모두 추천하라."고 말했고, 여러 사람들이 이구동성으로 한 사람을 추천했는데 그가 순이라는 것이다.

『사기』「오제본기」'제요'를 살펴보자.

애처롭게 아내가 없는 자가 백성 속에 있는데 우순(虞舜)이라고 합니다.

[有矜在民間 曰虞]

순을 천거받은 요임금이 자세하게 물었다.

"그러한가? 짐도 들었다. 그는 어떤 사람인가?"

사악이 답했다.

"맹인의 아들입니다. 아버지는 완악하고 어머니는 어리석으며 아우는 오만한데 능히 효도로써 화목하게 하고 지극한 정성으로 집안을 다스려 간악함에 이르지 않게 했습니다."

요임금이 말했다.

"내가 그를 시험해보리라."

이에 요임금은 아황(娥皇)과 여영(女英) 두 딸을 그에게 시집보내고 그의 덕을 두 딸에게 살피게 했다. 순은 정성스레 두 딸을 규예(嬀汭)로 내려오게 해서 며느리의 예절을 따르도록 했다.

[堯曰 然 朕聞之 其何如 嶽曰 盲者子 父頑 母嚚 弟午 能和以孝 烝烝治 不至姦 堯曰 吾其試哉 於是堯妻之二女 觀其德於二女 舜飭下二女於嬀汭 如婦禮 堯善之]

이 대목은 두 가지 사실을 말해준다. 하나는 요임금이 자신의 아들 단주를 물리치고 민간에 사는 우순을 간택해서 후계자 수업을 시켰다는 점이다. 세습이 아니라 어질고 능력 있는 타인에게 권력을 물려주는 선양을 실천한 것이다. 또 다른 사실은 요임금이 자신의 두 딸 아황과 여영을 순에게 시집보냈다는 것이다. 그런데 요임금의 두 딸에 대해서 청동기에 새긴 금문(金文)에 다른 기록이 있다는 주장이 나왔다.

『금문신고』에 기록된 동이족의 혼인 풍습

중원 고대사의 실체에 대해서 큰 충격을 준 책이 낙빈기(駱賓基)[1917~1994]의 『금문신고(金文新攷)』(산서인민출판사, 1987)이다. 낙빈기는 본명이 장박군(張璞君)으로 훈춘(琿春)에서 태어났는데, 1931년 일본 관동군이 만주를 점령한 만주사변[9·18사변]에 충격을 받고 항일운동에 뛰어들었다. 이후 문화대혁명 때 북경시 문사관(文史館)에 하방되었다. 낙빈기는 그곳에 소장되어 있던 각종 청동기에 새겨진 금문(金文)을 연구해 『금문신고』를 저술했는데, 여기에 동이족에 대한 수많은 이야기가 실려 있다. 『금문신고』(1987)와 『금문신고 외편』(1991) 두 권으로 구성되어 있는데, 『금문신고』는 「인물집(人物集)」, 「병명집(兵銘集)」, 「화폐집(貨幣集)」, 「전적집(典籍集)」 4편으로 구성되어 있는 필사본이다. 『금문신고 외편』은 「중국상고사회신론(中國上古社會新論)」인데 활자본이어서 필사본보다는 보기가 낫다.

『금문신고』는 신농(神農)부터 시작하여 황제헌원(黃帝軒轅), 소호김천(少昊金天), 전욱(顓頊), 제곡(帝嚳), 당요(唐堯)[요임금], 우순(虞舜)과 하

(夏)나라 등의 역사가 모두 동이족의 역사라는 내용을 담고 있어서 중원 상고사가 하화족의 역사라고 믿고 있던 중국인들에게 큰 충격을 주었다.

여기에서는 『금문신고』의 전체적인 내용보다는 요임금이 자신의 두 딸 아황과 여영을 순에게 시집보냈다는 『사기』의 내용과 『금문신고』의 내용을 비교해 보고자 한다. 『금문신고』는 동이족의 고대 혼인 풍습을 두 명의 남성과 두 명의 여성이 혼인하는 제도라고 묘사했는

그림37 『금문신고』

데, 낙빈기는 이를 양급제(兩級制) 혼인이라고 명명했다. 과거 하와이에서 두 명 혹은 그 이상의 남성과 두 명 혹은 그 이상의 여성이 혼인하는 풍습을 푸날루아(punalua) 혼인이라고 하는데, 양급제 혼인 방식이 이와 유사하다. 배우자가 있는 사람이 다시 혼인하는 것을 중혼(重婚)이라고 한다면 금문에 새겨진 고대 동이족의 혼인 방식은 일종의 복중혼(複重婚)이다. 두 명의 남성과 두 명의 여성이 함께 혼인하는데, 남성은 형제 사이지만 여성은 고모와 조카 사이라는 점이 다르다. 양급제에서는 왕위가 사위에게 계승되는데, 함께 혼인한 고모는 모일급 첩속(母一級妾屬)이 되고 조카는 자일급 첩속(子一級妾屬)이 된다. 사마천은 요임금이 두 딸을 순에게 시집보냈다고 썼지만 그 이전에 새겨진 금문에 따르면 요임금이 여동생과 딸을 순에게 시집보냈다는 것이다. 이는 사마천이 부계 위주 관념으로 요의 여동생을 딸로 바꾸어, 고모와 딸이 시집간 것을 두 딸이 시집간 것으로 서술했을 개연성을 말해준다.

낙빈기는 신농과 황제는 장인과 사위 관계인데, 부계제 사회 남성들이 모계제의 유풍이 남은 이런 계승관계를 이해하지 못하고 부계 위주로 바꾸어 서술하면서 많은 모순을 낳았다고 보았다.

선양설을 비판하는 학자들

유학자들이 만든 선양(禪讓) 개념의 핵심은 자신의 혈통이 아니라 어진 이에게 제위를 물려주는 것인데, 그 전에 국사를 맡겨봐서 능력을 입증해야 한다. 이를 어질고 능력이 있다는 뜻에서 '현능(賢能)'이라고 하는데, 이것이 전 왕의 핏줄이 아님에도 제위를 물려받는 사람의 조건이었다. 특히 중요한 것은 제후들의 마음을 사로잡는 것이었다. 순은 요임금이 맡긴 여러 국사에서 능력을 발휘했다.

사마천은 『사기』「오제본기」에서 이렇게 말했다.

> 요임금은 순(舜)을 시켜 산림이나 천택(川澤)으로 들어가게 했는데 폭풍이나 우레와 빗속에서도 순의 행동은 미혹되지 않았다. 요임금이 이에 성인으로 여기고 순을 불러 말했다.
> "그대가 사업을 계획함이 지극하고 말을 실천해 공적을 쌓은 지 3년이 되었도다. 그대가 제위에 오르라."
> 순이 덕으로 기뻐하지 않으면서 사양했다.
> [堯使舜入山林 川澤 暴風雷雨 舜行不迷 堯以爲聖 召舜曰 女謀事至而言可績 三年矣 女登帝位 舜讓於德不懌]

요임금은 스물세 살에 제위에 올라 70년간 왕위에 있다가 순에게 제위를 물려주고 118세에 신선이 되어 세상을 떠났다고 한다. 이는 『서경』 「요전(堯典)」의 내용을 받아들인 것인데, 낙빈기는 『금문신고』 「전적집」에서 순을 천거받고 제위를 물려주었다는 기록에 대해서 이렇게 비판하고 있다.

　(『서경』) 「요전(堯典)」은 거짓으로 꾸며 기록하여 가공된 부분이 매우 많은데, 중요한 점은 요임금이 재위 70년에 이르도록 세대가 상호 혼인했던 전욱 임금계와는 교류하면서도 그의 자손이었던 순과는 만난 적이 없다는 것이다. 이런 사실을 거짓으로 꾸며 기록한 목적은 요임금이 '어진 사람에게 왕위를 물려주었다.'는 선양이 나타내는 '삶을 택함에 있어 덕으로써 하고 친함으로써 하지 않았다.'는 정신을 강조하기 위한 것이다.

세습이 아니라 어질고 능력 있는 타인에게 물려주는 선양을 후대 임금들에게 강조하기 위해서 유가(儒家)에서 선양설을 만들어 냈다는 것이다. 비단 현대의 낙빈기뿐만 아니라 근대의 고사변학파들도 이런 내용들은 대부분 유가에서 조작한 내용들이라고 비판했다. 청나라의 양옥승도 『사기지의』에서 제요의 기년(紀年)에 관한 것은 착오가 많아서 믿을 수 없다고 말했다. 당나라 유지기(劉知幾)의 『사통(史通)』 「의고(擬古)」 편과 『사기정의』에서 인용한 『죽서기년』에도 "순이 요를 성에 가두었다."는 기록이 있는데 이를 미루어볼 때, 선양설은 만들어진 내용으로 기년도 믿을 수 없다는 것이다. 순이 우에게 제위를 물려주었다는 선양설을 사실로 만들기 위해 재위기간과 나이를 늘렸다는 뜻이다.

낙빈기는 『금문신고』 「전적집」에서 이렇게 말하고 있다.

『제왕세기』의 '제요는 스스로 20년에 제위에 올랐다.'는 기록에 근거하여 수치를 계산하면, 제요의 딸이 우순에게 혼인하였던 때에 제요는 이미 90세였으므로 60세 이전에 낳았을 그의 딸의 나이는 30세 이상은 되었을 것이다. 고대사회에서 씨족의 번성을 강구한 것이 모두 '15세에 혼인한다.'는 전통 풍습이었을 것이라는 점에서 보면, 이는 절대 불가능하다.

황보밀은 『제왕세기』에서 "요는 갑신(甲申)년에 태어나 갑진(甲辰)년에 즉위하고 갑오(甲吾)년에 순(舜)을 얻고 갑인(甲寅)년에 순에게 천자의 일을 대행시키다가 신사(辛巳)년에 붕(崩)했다."라고 기록했다. 낙빈기는 『금문신고』에서 "황보밀이 '요는 갑진년[서기전 2357]에 즉위하고 신사년[서기전 2320]에 붕어했다.'는 것은 금문의 연대기록과 일치한다."고 썼다. 즉 제요의 재위기간은 38년이라는 것이다. 요의 재위기간과 나이가 지나치게 긴 것은 요순선양설을 사실로 만들기 위해 나이와 제위 연대를 조정한 것으로 추측된다.

실제로 요가 순에게 제위를 선양했는지 순이 요를 성에 가두고 제위를 빼앗았는지는 정확하게 알 수 없지만 사마천은 요의 제위를 순이 이었다고 설정했다. 이렇게 오제의 마지막인 제순의 시대가 열렸다.

중국이라는 개념의 등장

사마천은 순이 제위에 오르는 광경을 『사기』「오제본기」에서 이렇게 묘사했다.

정월 초하룻날 순은 마침내 문조(文祖)에서 제위를 물려받았는데, 문조
는 요(堯)임금의 대조(大祖)이다.

[正月上日 舜受終於文祖 文祖者 堯大祖也]

정월 초하룻날 순이 문조[종묘]에서 제위에 올랐다는 것이다. 문조는
오제를 제사지내던 곳이다. 그런데 정월이 언제인가가 문제가 된다. 고
대에 정월은 고정되어 있는 것이 아니라 새 왕조가 들어서면 새로 정월
을 정했기 때문이다. 장수절은『사기정의』에서 정현(鄭玄)의 입을 빌려
이렇게 말했다.

정현은 "제왕(帝王)이 대(代)를 바꾸면 바르게 고치지 않는 것이 없다.
요(堯)는 축(丑)을 정월로 삼았고, 순(舜)은 자(子)를 정월로 삼았는데, 이
때는 (요임금 정월을) 고치지 않았으므로 요(堯)의 정월 초하루에 의거한
것이다."라고 말했다.

요임금의 정월은 12월인 축월(丑月)이었고, 순임금의 정월은 11월인
자월(子月)이었는데, 이때는 아직 요임금이 정월을 바꾸지 않았을 때이
므로 축월 초하루라는 것이다. 다시 말해 순임금이 훗날 요임금의 정월
을 바꾸었음을 시사한다. 이렇게 요임금과 순임금의 정월이 각각 다른
것도 과연 선양에 의해서 제위가 계승되었는가에 의문을 품게 한다.
『사기』「오제본기」는 요임금이 제위에 오른 지 70년 만에 순을 얻었
고, 20년 후에 늙게 되자 순에게 천자의 정사를 대신하게 하고, 하늘에
추천했다면서 요임금은 제위에서 물러난 지 28년 만에 붕어했다고 말
했다.

그런데 『사기』에서도 요임금의 아들 단주와 순 사이에 요임금의 후사를 둘러싼 권력 다툼이 있었음을 시사하고 있다.

요임금은 아들 단주(丹朱)가 현명하지 못해서 천하를 물려주기에 족하지 못하다는 것을 알고 권도(權道)로 순에게 권력을 넘겨주었다.
"순에게 천하를 넘겨주면 천하는 그 이로운 것을 얻게 되고 단주만이 원망할 뿐이지만 단주에게 천하를 넘겨준다면 천하의 백성은 원망할 것이며 단주만이 그 이로운 것을 얻게 될 것이다".
요임금이 말했다.
"결코 천하의 원망을 들으면서 한 사람만의 이익을 위하지는 않을 것이다."
마침내 순에게 천하를 물려주었다. 요임금이 붕어하고 3년의 상을 마치자 순은 천하를 사양하고 단주를 피해 하남(河南)의 남쪽으로 갔다.
[堯知子丹朱之不肖 不足授天下 於是乃權授舜 授舜, 則天下得其利而丹朱病; 授丹朱, 則天下病而丹朱得其利 堯曰 終不以天下之病而利一人 而卒授舜以天下 堯崩 三年之喪畢 舜讓辟丹朱於南河之南]

여기에서 주목되는 것은 요임금이 세상을 떠난 후에 순이 즉위하지 않고 단주에게 양보하고 하남 남쪽으로 갔다는 것이다.

조회 드는 제후들이 단주에게 가지 않고 순에게 갔다. 송사를 다투는 자들도 단주에게 가지 않고 순에게 갔다. 은덕을 칭송해 노래하는 자들도 단주를 찬양해 노래하지 않고 순을 찬양해 노래했다. 순이 말했다.
"하늘이 하신 일이다."

뒤에 중국(中國)으로 가 천자의 자리에 올랐다. 이이가 '순임금[帝舜]'이다.
[諸侯朝覲者不之丹朱而之舜 獄訟者不之丹朱而之舜 謳歌者不謳歌丹朱而
謳歌舜 舜曰 天也 夫而後之中國踐天子位焉 是爲帝舜]

순이 제위를 단주에게 사양하고 하남 남쪽으로 갔으나 제후들이 모두 순을 추종했기 때문에 할 수 없이 중국으로 가서 제위에 올랐다는 것이다. 이 기록이 『사기』에서 가장 먼저 등장하는 '중국(中國)'의 용례이다. 이 중국에 대해서 배인은 『사기집해』에서 유희(劉熙)의 말을 인용하며 "제왕이 도읍한 곳이 중심[中]이 된다. 그러므로 '중국(中國)'이다."라고 말했다. 유희는 『석명(釋名)』 등의 저서를 남긴 후한의 경학가이자 훈고학자이다. 유희가 말한 '중국'은 '제왕이 도읍한 곳'이라는 뜻이다.

그런데 사마천도 제왕이 도읍한 곳이라는 뜻으로 '중국'이라는 표현을 썼는지는 따져 보아야 한다. 사마천이 『사기』에서 만들려고 했던 '천하사', 즉 통사(通史)는 하화족의 통사였다. 곧 사마천이 쓰려고 했던 하화족의 천하사가 지금의 통용되는 '중국사(中國史)'와 같은 개념인가가 문제가 되는 것이다. 그럼 이 중국의 시작은 언제인가? 사마천이 처음부터 중국사를 쓰려고 마음먹었다면 중국의 시작은 황제(黃帝)의 나라일 것이다. 그러면 왜 사마천은 황제 때는 중국이라는 표현을 쓰지 않고 순이 제위에 오를 때에야 비로소 이 표현을 썼을까? 사마천은 자신이 섬겼던 한 무제에 대한 기록인 「효무본기(孝武本紀)」에서도 중국이라는 표현을 썼다.

천하의 명산이 여덟 개인데, 세 개는 만이(蠻夷) 땅에 있고, 다섯 개는 중국에 있다. 중국의 화산(華山), 수산(首山), 태실(太室), 태산(泰山), 동래

(東萊), 이 다섯 산은 황제가 늘 놀던 곳으로 신(神)과 더불어 만났던 곳이다.

[天下名山八 而三在蠻夷 伍在中國 中國華山 首山 太室 泰山 東萊 此伍山黃帝之所常遊 與神會]

　여기에서 사마천은 만이와 중국을 대립적으로 쓰고 있다. 이는 곧 사마천이 쓰려던 천하사가 하화족의 중국사였음을 의미하는 것으로 해석해도 문제 없을 것이다. 지금의 중국공산당 정권이 하화족의 역사를 만드는 것을 2천여 년 전 사마천이 이미 시도했음을 말해준다. 그리고 그런 사마천의 시도는 큰 성공을 거두었다. 21세기의 학자들이 중원의 역사에서 동이족의 역사와 하화족의 역사를 찾아 연구하기 전까지는 말이다.

　그런데 순임금은 성이 하나가 아니다. 제순은 이름이 중화(重華)로 요허(姚墟)에서 태어났기에 요성(姚姓)이 되었는데 후에 규수(嬀水)가로 이주해서 후대 사람들이 요성을 규성(嬀姓)으로 바꿨다는 것이다. 또한 국호가 유우(有虞)였기에 유우씨(有虞氏)라고도 했다.

　이는 제순의 계보가 복잡함을 말해준다. 어떤 측면에서 공자나 사마천이 선양설을 만들지 않을 수 없었던 것은 제요(帝堯)에서 순까지 이어지는 혈통 계보가 너무 멀었기 때문이기도 하다.

　사마천은 황제의 제위를 둘째 아들 창의의 아들인 제전욱이 이었고, 다시 황제의 큰아들 소호의 손자 제곡이 이었다고 설정했다. 또한 제곡의 제위는 막내아들 제요가 이었고, 다시 제전욱의 7세손인 제순이 제위를 이었다고 했다. 1대 황제부터 4대 제요까지는 그나마 손자나 아들이 잇는데, 제요와 제순 사이는 같은 혈통이라고 말하기에도 너무 먼 사이이다. 게다가 제전욱이 이었던 제위가 제곡에게 넘어간 이후 계속 소호의 손자들이 이어왔는데, 느닷없이 제전욱의 7세손이 잇는 것은 정상이라고 볼 수 없다. 이런 논란을 의식했기 때문인지 사마천은 황제의 둘째 아들 창의부터 순까지 계보를 자세하게 적었다.

중화[순]의 아버지는 고수(瞽叟)이고 고수의 아버지는 교우(橋牛)이다. 교우의 아버지는 구망(句望)이고 구망의 아버지는 경강(敬康)이다. 경강의 아버지는 궁선(窮蟬)이고 궁선의 아버지는 전욱(顓頊)이다. 전욱의 아버지는 창의(昌意)이다. 창의에서 순임금까지 7대에 이른다. 궁선으로부터 제순에 이르기까지는 모두가 미천한 서인이었다.

[重華父曰瞽叟 瞽叟父曰橋牛 橋牛父曰句望 句望父曰敬康 敬康父曰窮蟬 窮蟬父曰帝顓頊 顓頊父曰昌意 以至舜七世矣 自從窮蟬以至帝舜 皆微爲庶人]

전욱이 오제 중의 2대 군주인데, 아들 궁선부터 서인이었다는 것도 이해하기 힘든 부분이다. 그래서 청나라 양옥승은 『사기지의』에서 "황제가 태자인 소호에게 왜 제위를 넘겨주지 않았고, 또 전욱이 아들 궁선에게 왜 제위를 전하지 않았는지?" 의문을 품은 것이다.

한(漢)나라 채옹(蔡邕)은 『독단(獨斷)』에서 이렇게 말했다.

제전욱은 세 아들을 두었는데, 태어나자마자 죽어서 귀신이 되었다. 하나는 강수(江水)에 살면서 온귀(瘟鬼)[천연두를 옮기는 귀신]가 되었고, 하나는 약수(弱水)에 살면서 망량(魍魎)[도깨비]이 되었고, 하나는 궁실의 추우처(樞隅處)에 살면서 어린아이들을 놀라게 했다.

세 아들이 모두 태어나자마자 죽어서 귀신이 되었다는 것이니 이 역시 이해하기 힘들다.

또 다른 설로 궁선은 망량의 형인데 망량과 제위 다툼을 벌이다가 망량을 살해하려 했는데, 망량이 뇌택(雷澤)으로 도주했다는 이야기도 있다. 이는 제전욱의 제위가 제곡으로 넘어가는 과정에서 제전욱의 후손들이 몰락했을 가능성을 말해준다.

또한 궁선의 별명이 '우막(虞幕)'으로 나오는데, 우막국의 영수이기 때문에 붙여진 것이다. 그렇다면 궁선이 서인이었다는 사마천의 이야기와는 다르다. 청나라 왕정찬(王廷贊)이 편찬한 『사지구침(泗志鉤沉)』에서는 "전욱이 그 서자 궁선을 우막에 봉했다."라고 나온다. 여기서는 궁선을 전욱의 장남이 아니라 서자라고 하고 있지만 궁선을 우막에 봉했다는 점에서는 보다 이치에 맞는다고 볼 수 있다. 또한 앞서 지(摯)의 경우처럼 권력 다툼에서 밀려난 후 우막국의 제후로 쫓겨 갔을 수는 있다. 그러다가 궁선의 5대 후손인 제순이 제요의 제위를 물려받았다면 그나마 의문이 좀 덜해질 수 있다.

4
동이족 혈통을 이은 순임금

순으로 이어지는 계보

요임금은 계보를 따지면 동이족 소호의 손자 제곡의 아들이니 동이족임을 알 수 있다. 요임금의 제위를 이었다는 순임금의 세계(世系)는 아주 중요하다. 위로는 소호와 아래로는 순이 중원 상고사의 동이족 혈통을 분명하게 해줄 수 있는 제왕이기 때문이다.

황제 — 창의 — 전욱 — 궁선 — 경강 — 구망 — 교우 — 고수 — 순

순은 황제의 둘째 아들 창의와 궁선의 후예로 제위에 올랐다. 『맹자(孟子)』 「이루하(離婁下)」에서 맹자가 순에 대해 말한 내용을 살펴보자.

순은 제풍(諸馮)에서 나서 부하(負夏)로 천도하고 명조(鳴條)에서 세상을 떠났으니 동이 사람이다.

문왕(文王)은 기주(岐周)에서 나서 필영(畢郢)에서 세상을 떠났으니 서이 사람이다.

순은 동이 사람이고, 주나라 무왕의 아버지 문왕은 서이 사람이라는 것이다. 순이 나서 천도하고 세상을 떠난 곳이 모두 동이족 고장이고, 문왕이 나서 세상을 떠난 곳이 모두 서이족 고장이라는 것이다.

그럼 순에 대해서 살펴보기 전에 먼저 문왕에 대해서 살펴보자. 기주(岐周)는 기산(岐山) 아래 있던 주(周)의 옛 도읍으로 지금의 섬서성 기산현(岐山縣)이다. 문왕이 세상을 떠났다는 필영(畢郢)은 옛 정국(程國)이 있던 나라다. '법 정(程)' 자는 '초나라 서울 영(郢)' 자와도 통한다. 필영은 지금의 섬서성 함양(咸陽)시 동북쪽으로 비정한다. 송(宋)나라 나필(羅泌)이 편찬한 『노사(勞使)』에는 "정(程) 땅은 상나라에서 오회(吳回)의 후예를 봉한 곳인데, 지금의 함양 고안릉성(故安陵城)으로 주(周)의 정읍(程邑)이었다."라고 말하고 있다. 문왕이 세상을 떠난 함양시 동북쪽은 서이족의 땅이란 것이다.

순의 출생지 요허(姚墟)에 대해서 현재 중국에서는 산서성 영제(永濟)시 포주진(蒲州鎭) 북쪽으로 비정하고 있다. 영제시는 운성(雲城)시 산하 시인데 황하를 끼고 있는 도시이다. 반면 맹자가 순이 태어났다고 말한 제풍(諸馮)에 대해서는 의견이 분분하다.

가장 잘 알려진 곳은 산동성 제성(諸城)시 북부 순왕가도(舜王街道) 제풍촌(諸馮村)인데, 현재 순임금을 제사하는 사당인 순묘(舜廟)가 있다.

그림38 순묘(산동성 제성시)

송(宋) 신종(新宗) 희녕(熙寧) 9년(1076) 문학가 소식(蘇軾)은 지밀주(知密州)로 지금의 제성현을 다스리면서 「상산 꼭대기 광려정을 오르다[登常山絶頂廣麗亭]」라는 시에서 순임금에 대한 내용을 남겼다.

> 남쪽으로 구선산을 바라보고/북쪽을 바라보니 하늘에서 먼지가 휘날리네/서로가 순임금을 부르며/마침내 봉래산으로 들어가려 하네.
> [南望九仙山 北望空飛埃 相將叫虞舜 遂欲歸蓬萊]

명나라 때 편찬한 『직방지도(職方地圖)』에는 제성에 대해 "순의 탄생지"라는 주석을 달았고, 청나라 건륭제 때 편찬한 『제성현지(諸城縣志)』「고적고(古跡考)」에는 "제성현 인물 중에는 순이 으뜸이고, 그 고적은 제풍이 으뜸이다."라고 말하고 있다. 산동성 제성시 지역이 순임금이 태어났다는 제풍으로 가장 유력하다.

그다음으로는 산동성 하택(荷澤)시를 꼽기도 하는데, 이곳은 예전에 조현(曹縣)이었던 곳이다. 하택시 서북쪽 50리 지점이 원래는 제풍촌이 있었던 곳이라는 주장이다. 명나라 가정(嘉靖) 연간에 편찬한 『산동통지(山東通志)』「고적고」에 "제풍은 조현 서북쪽 50리 지점에 있는데 서로 순임금의 탄생지라고 전한다. 지금 살펴보니 그 땅은 요허(姚墟)와 거리가 서로 멀지 않으니 혹 그럴 수도 있을 것이다."라고 썼다. 반면 『청일통지(淸一統志)』는 "제풍은 하택현 남쪽 50리에 있는데 순임금의 탄생지라고 서로 전한다."라고 방위를 달리 전한다.

이외에 산서성 원곡현(垣曲縣) 제풍산 아래도 순의 탄생지라는 주장이 있다. 원곡현도 "순의 고향", 또는 "제순의 고향"이라고 부르고 있다. 청나라 고조우(顧祖禹)가 편찬한 『독사방여기요(讀史方輿紀要)』41권 『산서(山西)』3의 「평양부(平陽府)」조에서는 "제풍산은 원곡현 동북쪽 40리에 있는데 『맹자』에서 '순이 제풍에서 태어났다.'고 말한 곳이 아마도 이곳일 것이다."라고 말하고 있다. 순의 탄생지에 대해서 산동성 제성시와 하택시, 그리고 산서성 원곡현이 각각 꼽히고 있는 것이다.

순임금의 도읍에 관해서도 옛날부터 여러 견해가 있었다. 사마천이 『맹자』를 읽은 것은 분명한데 그는 『사기』에서 순임금의 도읍에 대해서 분명하게 말하지 않았다.

> 순(舜)은 20세에 효자로서 명성이 세상에 드러났다. 30세에 요임금에게 등용되었다. 50세에 천자(天子)의 일을 대행했다. 58세에 요임금이 붕어하자 61세에 요임금의 뒤를 이어 제왕의 자리에 올랐다.
> [舜年二十以孝聞 年三十堯擧之 年伍十攝行天子事 年伍十八堯崩 年六十一代堯踐帝位]

사마천은 요임금이 순에게 선양한 것을 높이 평가했지만 순의 도읍지에 대해서는 쓰지 않았다. 그런데 순이 '제왕의 자리에 올랐다.'는 구절에 대해서 배인과 사마정은 모두 순의 도읍지에 대해서 추적했다. 배인은 『사기집해』에서 이렇게 말했다.

황보밀은 "순임금의 도읍지를 어떤 이는 포판(蒲阪)이라고 하고 어떤 이는 평양(平陽)이라고 하고 어떤 이는 반(潘)이라고 말한다. 반(潘)은 지금의 상곡(上谷)이다."라고 말했다.

순임금의 도읍지에 대해 황보밀[215~282]이 살던 3세기에 이미 포판, 평양, 반 세 가지 설이 있었다는 뜻이다. 장수절은 『사기정의』에서 세 후보지의 위치를 비정했다.

『괄지지』에는 "평양은 지금의 진주성(晉州城)이 이곳이다. 반은 지금의 규주성(嬀州城)이다. 포판은 지금의 포주(蒲州) 남쪽 2리의 하동현 경계의 포판 고성이다."라고 말했다.

포판은 당나라 때 포주 남쪽 2리의 포판고성이고, 평양은 진주성이고, 반은 규주성이라는 것이다. 현재 중국에서 고대의 지명을 찾는 것은 그리 쉽지 않다. 세월이 많이 흘렀기 때문이기도 하지만 중국은 후대로 갈수록 고대의 지리범위를 크게 확대시키기 일쑤이기 때문이다. 예를 들어 우임금이 개척했다는 우공 9주 중의 하나인 기주(冀州)를 현재 중국에서는 산서·하북성과 하남은 물론 요녕성 요하 서쪽까지 비정하지만 이는 있을 수 없는 일이다. 우왕의 영토가 요녕성까지 뻗쳤을 가능성은

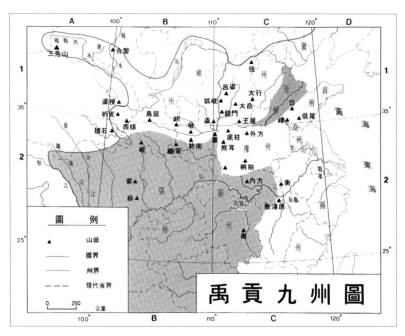

그림39 우공 9주도. 후대인들이 실제보다 크게 확대시킨 지도이다

전혀 없기 때문이다. 우임금이 9주를 개척할 때 만든 기주는 산동성 일부와 하남성 일부를 넘지 못했을 것이다. 장수절은 기주에 대해서 『사기정의』에서 이렇게 말했다.

포주(蒲州) 하동현(河東縣)은 본래 기주(冀州)에 속해 있었다. 『송영초산천기(宋永初山川記)』에는 "포판성(蒲坂城) 안에 순묘(舜廟)가 있고, 성밖에는 순의 집과 이비(二妃)[순의 두 부인]의 단(壇)이 있다."라고 했다.

포판성 안에 순의 묘가 있다는 것이다. 포판성의 위치에 대해서 두 가지 설이 있다. 하나는 지금의 산서성 영제(永濟)시라는 설과 하북성 탁록(涿鹿)이라는 설이다. 당나라 이태(李泰)가 편찬한『괄지지』「포주」조에는 "하동현(河東縣) 남쪽 2리에 옛 포판성이 있는데, 순임금의 도읍이다. 성 안에 순의 사당[舜廟]이 있고, 성 밖에 순의 우물[舜井]과 두 비[二妃]의 단(壇)이 있다."고 나온다. 이는 앞서 말한『송영초산천기』의 내용과 같다. 명말청초(明末淸初) 때의 인물인 고염무(顧炎武)[1613~1682]는「역대택경기(歷代宅京記)」에서 "순임금의 도읍은 포판인데, 지금의 산서성 평양부(平陽府) 포주(浦州)다."라고 말했다. 모두 산서성 영제시를 뜻한다.

『수경주(水經注)』는 "탑수(漯水) 경탑현(經漯縣) 고성이 혹 순의 도읍이라고 말한다."라고 달리 말하고 있다.『괄지지』도 "순의 도읍은 회융현(懷戎縣)인데, 현 북쪽 3리에 순의 사당이 있고, 외성에 순의 우물이 있다."고 달리 말하고 있다.『괄지지』를 편찬할 당시 이미 순의 도읍에 대해서 두 가지 설이 형성되어 있었음을 알 수 있다.

한편 순을 규성이라고 하는 것은 규수에 거처했기 때문이다. 규수는 규예(嬀汭)라고도 하는데, 지금의 산서성 영제시 남쪽에 있는 강으로 비정한다. 수원(水源)이 역산(歷山)에서 나와 서쪽으로 흘러서 황하로 들어가는데, 이곳을 순이 거처했던 곳으로 보는 견해도 있다.

순임금의 행적과 동이족의 활동 지역

사마천은 순이 즉위하기 전의 행적에 대해서는『사기』에 아주 구체적으로 서술했다.

순은 기주 사람이다. 순은 역산(歷山)에서 농사를 짓고 뇌택(雷澤)에서 고기를 잡고 하빈(河濱)에서 질그릇을 구웠다. 여러 가지의 기물을 수구(壽丘)에서 만들었고 때마다 부하(負夏)로 나아가기도 했다.

[舜 冀州之人也 舜耕歷山 漁雷澤 陶河濱 作什器於壽丘 就時於負夏]

사마천은 순이 기주 사람인데, '역산에서 농사를 짓고, 뇌택에서 고기를 잡고, 하빈에서 질그릇을 굽고, 수구에서 기물을 만들고, 부하로 나아 갔다.'고 다섯 지명을 들었다.

그런데 사마천이 순의 활동 지역이라고 명기한 역산·뇌택·하빈·수구·부하 중 배인이 『사기집해』에서 역산이 산서성 하동(河東)이라고 한 것을 빼고는 모두 하남성과 산동성 지역이다. 그래서 고사변학파의 양관(楊寬)은 「중국상고사 도론」에서 하동의 역산은 먼 곳으로 순이 농사 짓던 곳이 아니라고 말했다. 그런데 『중국 고금 지명대사전』에는 역산이 산서성·강소성·절강성 등지에도 있는 것으로 나와 있고 산동성에는 복현(濮縣) 동남쪽에도 역산이 있다고 말하고 있다. 그렇다면 산동성 복현 동남쪽이 순이 활동한 역산일 가능성이 높다. 고사변학파의 몽문통(蒙文通)은 「고사견미(古史甄微)」에서 "뇌택, 하빈, 부하 등의 지명은 동이가 살던 곳으로 발해와 동해 그리고 태산·황하·제수(濟水) 사이이며, 부상(扶桑)·양곡(暘谷)·우이(嵎夷) 또한 구이(夷)의 왕래하던 곳이다."라고 말했다.

현재 중국에서는 부하를 산서성 원곡현(垣曲縣) 원곡신성(垣谷新城) 북쪽 45킬로미터의 동선진(同善鎭)으로 보는 견해가 유력하다. 동선진은 이전에 고총진(瞽冢鎭)이었고, 그 이전에는 부하(負荷)라고 불렸는데 이곳을 역산진(歷山鎭)으로 개칭한 적도 있었다고 한다. 성의 남문에는 옛날에 이곳이 부하였다는 뜻의 '고부하(古負荷)'라는 편액이 걸려 있었는데, 청나라 때 산서태수 왕병훈(王炳勳)의 글씨이며 현재는 원곡현 박물관에 소장되어 있다고 한다. 결국 고부하·고총진·동선진·역산진은 모두 같은 지역을 시대에 따라서 달리 부르던 이름이다.

『평양부지(平陽府志)』에는 "원곡현에는 제풍산, 고총진이 있지만 부하는 위(衛)[평양위(平陽衛)]에 있지 않고 지금 원곡현 동쪽 경계에 있다. 즉 옛 평양위 땅[衛地]이 곧 제풍인데 부하와는 거리가 서로 멀지 않다."고 기록하고 있다. 제풍, 부하, 위지(衛地), 고총은 대략 서로 5킬로미터 정도 떨어져 있는데 이 지역들이 곧 순임금이 활동하던 지역들이자 동이족이 살던 곳이라는 뜻이다.

그럼 순임금이 세상을 떠났다는 명조(鳴條)는 어디일까? 산서성 운성(雲城)시 하현(夏縣) 서쪽으로 비정하는 견해가 있다. 하현의 옛 이름은 안읍(安邑)으로 명조산 서쪽 기슭과 닿아 있고 북쪽은 원곡현과 닿아 있다. 하현이라는 이름은 하(夏)나라의 도읍이 있던 곳이기 때문이라는 것인데, 중국에서는 이른바 중화민족 발상지 중 하나라고 말하고 있다. 맹자가 "순임금은 명조에서 세상을 떠났으니 동이인이다."라고 말했는데, 이곳을 중화민족의 발상지 중의 하나라고 말하니 모순이 클 수밖에 없다.

명조는 서기전 16세기경 상나라 시조 상탕(商湯)이 하(夏)의 마지막 군주 하걸(夏桀)을 정벌한 곳이기도 하다. 『서경(書經)』「탕서(湯誓)」 서문에 "이윤(伊尹)이 탕(湯)[상나라 건국자]을 도와 걸(桀)을 정벌하려고, 이(陑)로부터 올라와 마침내 명조의 들판[鳴條之野]에서 걸과 싸우고, 탕서를 지었다."라는 내용이 나온다. 상탕과 하걸이 명조의 들판에서 싸운 것을 '명조지전(鳴條之戰)'이라고 한다.

사마천은『사기』「하본기」에서 "탕(湯)이 덕을 닦자 제후들이 모두 탕에게로 돌아갔다. 탕이 마침내 군사를 거느리고 하나라 걸을 정벌했다. 걸이 명조(鳴條)로 달아났으니 추방되어 죽은 것이다."라고 말했다. 하걸은 남소(南巢)로 쫓겨나 세상을 떠나는데, 남소는 유소씨(有巢氏)의 후예들이 건국한 나라이다. 좌구명의『국어(國語)』에서는 "남소는 양주(揚州) 땅으로 소백(巢伯)의 나라다. 지금 여강(廬江) 거소(居巢)현이 이곳이다."라고 말하고 있다. 사마천이 말한 명조에 대해서 배인은『사기집해』에서 공안국은 "그 땅이 안읍 서쪽에 있다."고 말한 것과 정현(鄭玄)이 "남이(南夷)의 지명이다."라고 말한 것을 주석으로 설명했다. 지금 운성시 북쪽 10킬로미터의 명조강(鳴條崗)[명조언덕]에 순제(舜帝)의 능묘(陵廟)가 있다.

순임금은 소호와 함께 동이족임이 명백한 군주다. 또한 그의 출생지

그림40 순제능묘(산서성 운성시)

나 활동지, 사망지는 모두 동이족의 활동 지역들이다. 오제의 마지막인 순 때까지도 동이족의 역사뿐이고 하화족의 역사는 찾기 힘들다. 후대에 만들어진 역사가 아니라 사료 속 하화족은 언제 생겨나서 어떻게 발전했던 것인가라는 의문이 생기지 않을 수 없다.

순임금의 치세와 선양

사마천은 제순 또한 제요처럼 자식에게 제위를 세습하지 않고 선양했다고 높였다.

> 순임금의 아들은 상균(商均)인데 또한 불초(不肖)했다. 순임금이 미리 우(禹)를 천자로 추천하고, 17년 만에 붕어했다. 3년 상을 마치고 우(禹)가 또한 순임금의 아들에게 제위를 양보했는데, 순임금이 요임금의 아들에게 한 것처럼 했다. 제후들이 우에게 귀의한 연후에 우가 또한 천자의 자리에 올랐다.
>
> [封弟象爲諸侯 舜子商均亦不肖 舜乃豫薦禹於天 十七年而崩 三年喪畢 禹亦乃讓舜子 如舜讓堯子 諸侯歸之 然後禹踐天子位]

순임금의 두 부인 아황(娥皇)과 여영(女英)에 대해 장수절은 『사기정의』에서 "아황은 자식이 없었고 여영은 상균을 낳았다."고 말했다. 순이 아들 상균에게 제위를 물려주지 않고 우에게 선양했다는 것이다. 그러나 고사변학파의 양관은 「중국상고사 도론」(『고사변』 제7책 상편)에서 이렇게 말했다.

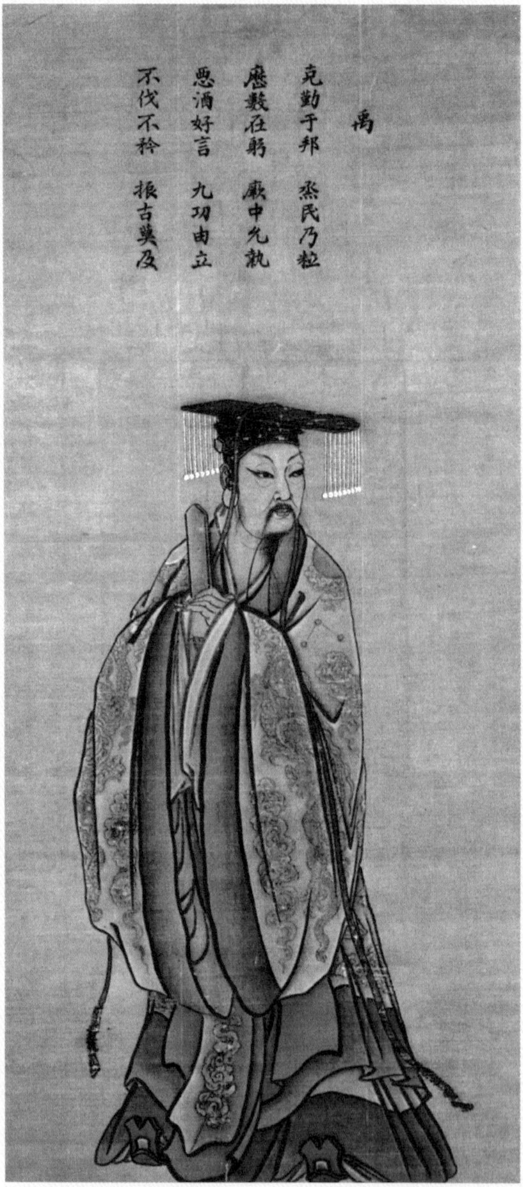
禹
克勤于邦 烝民乃粒
歷數在躬 厥中允執
惡酒好言 九功由立
不伐不矜 振古莫及

그림41 우임금 초상

초주의 『고사고』에 이르기를 "어떤 이는 말하기를 순의 아들 균을 상에 봉했으므로 상균이라고 불렀다고 한다."고 말했고, 위소(韋昭)는 『국어』를 주석해서 "균은 순의 아들로 상에 봉하였다."고 말했다

장수절도 『사기정의』에서 순의 아들 균이 제위를 잇지 못했다는 기사에 의문을 드러내는 주석을 남겼다.

초주는 "우(虞)땅에 순의 아들을 봉했는데 지금 송주(宋州) 우성현(虞城縣)이다."라고 했다. 『괄지지』에는 "우국(虞國)은 순임금의 후손을 봉한 읍이다. 지금 송주 우성현이다."라고 했다. 어떤 이는 "순임금의 아들 균을 상에 봉했다. 그러므로 상균이라고 부른다."라고 했다.

장수절은 관련 사료를 정확하게 제시하지는 않았지만 어떤 이[或云]는 "순임금의 아들 균을 상에 봉했다. 그러므로 상균이라고 부른다."라며 균이 상나라에 봉해졌으므로 상균이라고 부른다는 근거를 제시했다. 사마천은 요임금의 아들과 순임금의 아들이 제후 이상의 대접을 받았다고 설명하고 있다.

요임금의 아들은 단주이고 순임금의 아들은 상균인데 모두 강토(疆土)를 갖게 해서 선조들의 제사를 받들게 했다. 그들은 천자의 아들이 입는 의복을 입었고 예악도 그와 같이 했다. 빈객으로 천자를 배알했지만 천자는 신하로 삼지 않아서 감히 전횡하지 않는다는 뜻을 보였다.
[堯子丹朱 舜子商均 皆有疆土 以奉先祀 服其服 禮樂如之 以客見天子 天子弗臣 示不敢專也]

순은 요의 아들 단주에게, 우는 순의 아들 상균에게 각각 봉토를 주어서 제후로서 선조의 제사를 받들게 했다는 것이다. 이들은 제후로서 천자를 배알했지만 요와 순은 선왕의 아들들을 신하로 삼지 않았다는 것이다.

사마정은『사기색은』에서 "『한서』「율력지(律曆志)」에 따르면 요임금의 아들 주(侏)를 난연(丹淵)에 봉해서 제후로 삼았다. 상균은 우에 봉했는데 양국(梁國)에 있고 지금의 우성현(虞城縣)이다."라고 말했다. 그러나『한서』「율력지」에는 이런 내용이 없고,「율력지」'세경(世經)'에 이런 내용이 있다.

> 우제(虞帝)[순임금] : 제계(帝系)에서 말하기를 "전욱(顓頊)이 궁선(窮蟬)을 낳고 오세 이후에 고수(瞽叟)를 낳았는데, 고수가 제순(帝舜)을 낳았다. 순은 규예(嬀汭)에 거처했는데, 요(堯)가 천하를 물려주었다. 화(火)에서 토(土)가 생기므로 토덕(土德)이 되었다. 천하에서 유우씨(有虞氏)라고 불렀다. 천하를 우(禹)에게 물려주었고, 아들 상균을 제후로 삼았다. 50년 동안 재위에 있었다.

순이 제위를 우에게 넘겨주고 아들 상균은 제후로 삼았다는 것이다. 현재 하남성 상구시(商丘市) 우성(虞城)현 이민진(利民鎭) 서남쪽에 상균묘촌(商均墓村)이 있고, 여기에 상균사(商均祠)가 있다. 또한 상균묘촌 동북쪽에 상균고묘(商均古廟)가 있는데 원래 이름은 상균왕묘(商均王廟)였다. 불초해서 제위를 물려받지 못했다는 상균을 후대에서 오랫동안 기렸다는 사실은 상균이 단순히 불초해서 제위를 잇지 못한 것이 아님을 시사한다.

이는 공자를 비롯한 유학자들과 공자를 높이 평가했던 사마천이 요가 순에게 양위했고, 순이 우에게 양위했다는 선양설을 후대 임금들에게 바람직한 권력 이양의 형태로 받아들이게 하기 위한 설정일 수 있다.

사마천은 순을 하화족의 기틀을 세운 군주인 것처럼 묘사했다. 즉위한 이후에 이른바 사흉(四凶)이라고 불렸던 '공공(共工), 환두(驩兜), 삼묘(三苗), 곤(鯀)'을 유배 보내고 어질고 능력 있는 자들을 등용해서 백가지 직업(百業)을 중흥시켰다는 것이다. 곧 고요(皐陶)를 등용해 오형(伍刑)을 맡겼고, 대우(大禹)를 등용해 치수(治水)를 맡겼고, 후직(后稷)을 등용해 농사를 맡겼고, 설(契)을 등용해 오교(伍敎)를 맡겼다는 것이다. 이 사흉이라는 공공·환두·삼묘·곤은 모두 이민족인데, 순이 이들을 처벌하고 사회를 바로 잡았다는 것이다.

이는 유학자들에 의해서 더욱 칭송되었는데, 『춘추좌전』은 "순이 요의 신하가 되어서 사흉족(四凶族)을 유배보냈다."라고 썼고, 『상서(尙書)』는 "공공을 유주(幽州)에 유배보냈고, 환두를 숭산(崇山)으로 방축하고, 삼묘를 삼위(三危)로 쫓아내고, 곤을 우산(羽山)에서 죽였는데, 이 넷의 죄를 다스리자 천하가 모두 감복했다."고 썼다. 그러나 이들이 이족(夷族)이라고 하더라도 이는 순이 동이족으로서 같은 이족을 다스린 것에 불과하다. 사마천이나 유학자들이 의도한 대로 하화족 군주 순이 이족들을 다스린 것은 물론 아니다.

5
황제를 중국사의 시조로 삼은 사마천

오제와 한국 고대사

지금까지 살펴본 것처럼 삼황오제는 모두 동이족이다. 그런데 오제가 동이족이라는 사실은 우리나라 사료에도 나온다. 『삼국사기』「김유신 열전」의 내용을 보자.

> 김유신은 왕경(王京)[경주] 사람이다. 12세 조상이 수로왕인데 어디 사람인지 알지 못한다. 후한 건무(建武) 18년[42] 임인에 귀봉(龜峯)에 올라서 가락 8촌을 바라보고 마침내 그곳에 이르러 나라를 열고 국호를 가야라고 했다가 후에 금관국(金官國)이라고 고쳤다. 그 자손이 왕위를 서로 전해서 9세손 구해(仇亥)에 이르렀는데[또는 구차휴(仇次休)라고도 함] 유신의 증조부가 된다.

『삼국사기』「김유신 열전」은 김유신의 12세 조상 수로왕이 서기 42년

가야국을 열었다고 말하고 있다. 그리고 9세손 김구해가 532년 신라 법흥왕에게 나라를 들어서 바치자 법흥왕은 이들을 진골로 편입시켰다. 구해왕은 구형왕으로도 기록되었는데 셋째 아들이 김무력이다. 김무력은 신라에서 각간(角干)까지 올랐는데, 이벌찬(伊伐飡)으로도 불리는 각간은 17관등 중 제1등의 관직이다.

1978년 충청북도 단양읍에서 석비(石碑)가 발견되었는데, 신라가 고구려의 영토였던 단양을 점령하고 세운 비이다. '단양신라적성비(丹陽新羅赤城碑)'라고 부른다. 첫머리에 왕명을 받은 10명의 고관 이름이 나온다. 이 비문에 이사부(伊史夫), 거칠부(居柒夫) 등과 함께 무력(武力)이 나온다. 그가 김무력으로 관산성 전투에서 백제 성왕을 전사시키는 데 가담했다. 김유신이 김무력의 손자이다.

그런데『삼국사기』「김유신 열전」에는 동아시아 상고사에 대한 넓은 지식이 없을 경우 뜻밖이라고 할 수밖에 없는 내용이 나온다. 신라 김씨들의 조상에 관한 이야기이다.

> 신라인들은 스스로 소호 김천씨(少昊金天氏)의 후손이므로 성을 김씨라고 했다. 김유신의 비문에도 또한 "헌원(軒轅)의 후예요, 소호(少昊)의 후손이다."라고 했으니 즉 남가야 시조 수로는 신라와 더불어 같은 성이다.
> [羅人自謂少昊金天氏之後, 故姓金, 庚信碑亦云, 軒轅之裔, 少昊之胤 則南加耶始祖首露, 與新羅同姓也]

신라인들은 소호 김천씨의 후손이므로 성을 김씨라고 했다는 것이다. 그리고 김유신의 비문에는 헌원의 후예[軒轅之裔]이고 소호의 후손[少昊之胤]라고 적혀 있었다는 것이다. 헌원은 물론 황제(黃帝) 헌원씨를 뜻하고, 소호는 맏아들 소호 김천씨를 뜻한다. 사마천은『사기』「오제본기」에서 황제는 서릉(西陵)씨의 딸인 누조(嫘祖)와 혼인해서 맏아들 소호와 둘째 아들 창의를 얻었다고 말했다. 그런데 신라인들이 스스로를 '헌원과 소호의 후예'라고 인식했다는 것이다. 이에 대해서 강단사학계의 태두(?)라는 이병도 박사는 "가야의 연원을 중국의 전설적 인물에 붙이는 예는 다른 나라에서도 쉽게 찾아볼 수 있으며 일종이 모화사상에서 나온 것(이병도,『역주 삼국사기』)이라고 부정했다. 무조건 자국사를 낮추는 한국 식민사학자들의 습성을 생각하면 이병도가 이 구절을 부인하는 것은 놀라운 일도 아니다. 또한 이병도를 추종하는 여러 학자들이 김수로왕이 헌원과 소호의 후손이라는 이 기사를 후대에 만들어진 사상으로 해석하는 것도 놀라운 일은 아니다. 물론 '믿지 못하겠다'는 심증뿐 이 내용을 반박하는 구체적 사료를 제시하는 것이 아님은 물론이다.

『삼국사기』에서 말하는 '김유신 비문'은 현재 전하지 않는다. 김부식은 김수로왕이 소호 김천씨의 후예라는 이 기사를『삼국사기』「백제 의자왕 본기」 뒤에서도 인용했다. 그리고 김부식 자신이 이 기사 뒤에 "논하여 말하다."라면서, "신라 국자박사 설인선(薛因宣)이 지은 김유신 비문과 박거물(朴居勿)이 짓고 요극일(姚克一)이 글씨를 쓴 삼랑사비문(三郞寺碑文)에서 이를 볼 수 있다."고 덧붙였다. 김유신 비문을 썼다는 설인선과 삼랑사비문을 썼다는 박거물이 누구인지는 정확하지 않지만 모두 신라인들이다. 신라에서 삼국통일의 영웅인 김유신 비문을 아무나 쓸 수는 없었을 것이다.

태종무열왕[재위 654~661]의 뒤를 이어 고구려를 멸망시킨 신라 30대 문무왕(文武王)[재위 661~681]은 김유신의 여동생 문명왕후의 아들이다. 김유신은 문무왕 13년(673) 세상을 떠난 이후 흥덕왕 10년(835)

신하로서 흥무대왕(興武大王)에 추존된 특이한 존재였다. 이런 경우는 유례를 찾기 힘들 정도인데, 이처럼 신라 왕실에서 높였던 김유신 비문은 신라 왕실의 견해가 반영된 것으로 보아야 할 것이다. 이런 비문에 김수로왕과 김유신에 대해 '헌원의 후예요, 소호의 후손'이라고 썼다면 믿을 만한 가치가 있다.

소호의 후예들이 이동해 세운 나라가 가락국이다. 그런데 진시황의 진(秦)나라도 소호 김천씨의 후예가 세운 나라이다. 국가에서 지내는 제사에 대해 서술한 것이 『사기』「봉선서(封禪書)」인데, 여기에 진나라 양공이 제후가 되어서 스스로 소호의 신을 주관해야 한다고 생각해서 서쪽 제사터인 서치(西畤)를 세우고 백제(白帝)에게 제사지냈다고 말하고 있다. 진나라 양공이 조상인 소호에게 제사지냈다는 것이다. 뿐만 아니라 『사기』「봉선서」주석에는 "진나라 군주는 서쪽에서 소호(少昊)에 대해서 제사를 지내는데, 희생물은 흰색을 숭상한다."라고 말하고 있다. 동이족이 흰색을 숭상하는 것은 공통적인 현상이다. 소호의 후손들이 세운 나라가 진(秦), 조(趙) 등인데 가야도 그 후손들이 세웠다고 말할 수 있다. 물론 흉노 휴도왕의 아들 김일제(金日磾)의 후손들이 가야의 뿌리라는 주장도 무시할 수는 없으므로 이 역시 더 많은 연구가 필요할 것이다.

사마천이 황제 다음으로 제위에 오른 것으로 설정한 제전욱(顓頊)도 『삼국사기』에 나온다. 『삼국사기』「고구려 광개토왕 본기」 17년(407)의 기사이다.

(광개토대왕) 17년(407) 봄 3월에 사신을 북연(北燕)에 보내 종족(宗族)으로서 후대하니, 북연왕 고운(高雲)이 시어사(侍御史) 이발(李拔)을 보내

답례하였다. 고운의 할아버지 고화(高和)는 고구려에서 갈라졌는데 스스로 고양씨(高陽氏)의 후예라고 말했고, 이 때문에 고(高)를 씨(氏)로 삼았다. 모용보(慕容寶)가 태자가 되자 운(雲)이 무예로써 동궁을 시위하였는데, 모용보가 그를 아들로 삼고 모용씨(慕容氏)의 성을 내렸다.

이 짤막한 기사에는 한국 고대사의 수수께끼를 풀 여러 단서가 담겨 있다. 첫째 고운의 할아버지 고화가 '고양씨(高陽氏)의 후예'라고 자처했다는 것이다. 둘째 광개토대왕이 북연에 사신을 보낸 이유가 동족을 후대하기 위한 것[且叙宗族]이었다는 점이다. 『서경(書經)』 「고요모(皐陶謨)」에 '돈서구족(惇敍九族)'이라는 말이 있는데, 구족에게 돈독하게 대한다는 뜻이다. 구족은 자신을 중심으로 위로 4대조인 고조(高祖)부터 아래로 4대 후손인 현손(玄孫)까지를 뜻한다.

이때 북연황제는 고운(高雲)이었다. 광개토대왕이 북연의 고운에게 사신을 보낸 이유는 종족에게 후대하기 위한 것이었다는 뜻이다. 북연은 407년 풍발(馮跋)이 후연(後燕)을 멸망시키고 고운을 천왕(天王)으로 옹립하면서 세워진 국가로 용성(龍城)을 도읍으로 삼았는데, 중국에서는 용성을 지금의 요녕성 조양(朝陽)시로 보고 있다.

고운은 고구려 출신으로 후연 영강(永康) 2년(397) 후연황제 모용보의 아들 모용회(慕容會)가 반란을 일으키자 군사를 일으켜 모용회를 격파했다. 크게 기뻐한 모용보가 고운을 양아들로 삼아 모용씨를 성으로 내려주고 석양공(夕陽公)으로 봉했다. 이후 후연 건초(建初) 원년(407) 풍발이 후연황제 모용희(慕容熙)를 죽이고 모용운(慕容雲)을 추대해서 천왕의 자리에 오르게 하고, 국호를 대연(大燕), 연호를 정시(正始)라고 정했다. 모용운은 즉위 후 본성인 고성(高姓)을 회복해 고운(高雲)이 되었으나, 그 지위는 그리 오래 가지 못했다. 409년 측근이었던 도인(桃仁) 등에게 피살당했고, 사후에 혜의황제(惠懿皇帝)라는 시호를 받았다. 풍발이 뒤를 이어 문성(文成)황제가 되었다.

고운의 할아버지 고화(高和)는 고구려에서 갈라졌는데 스스로 고양씨(高陽氏)의 후예라면서 성을 고(高)로 삼았다는 것이다. 이 내용은 『진서(晉書)』 「모용운 재기(載記)」에도 나온다. 고양씨에 대해서 사마천은 「오제본기」에서 이렇게 말했다.

> 제(帝)전욱(顓頊) 고양씨(高陽氏)는 황제(黃帝)의 손자이고 창의(昌意)의 아들이다.
>
> [帝顓頊高陽者 黃帝之孫而昌意之子也]

고양씨가 바로 사마천이 「오제본기」에서 황제의 뒤를 이어 즉위한 것으로 설명한 전욱이다.

> 창의는 촉산씨(蜀山氏)의 딸을 얻었는데, 창복(昌僕)이라고도 하며 고양(高陽)을 낳았다. 고양은 성스런 덕이 있었다. …… 그(황제)의 손자이자 창의(昌意)의 아들인 고양이 제위에 올랐는데 이이가 제전욱(帝顓頊)이다.
>
> [昌意娶蜀山氏女 曰昌僕 生高陽 高陽有聖悳焉…其孫昌意之子高陽立 是爲帝顓頊也]

사마천은 황제가 서릉씨(西陵氏)의 딸 누조와 혼인해 현효(玄囂)[소호]와 창의 두 아들을 낳았는데, 창의가 촉산씨의 딸을 얻어 고양을 낳았다고 했다. 황제와 누조 사이의 첫아들 소호가 동이족이라면 부모가 같은 둘째 아들 창의도 동이족일 수밖에 없다. 마찬가지로 창의의 아들 전욱도 동이족일 수밖에 없다. 고구려의 국성이 고씨인 것은 바로 고양씨의 후예이기 때문이라는 것이다.

『주서(周書)』「백제열전」에는 "그(백제) 왕은 매 계절의 중월(仲月)[음력 2·5·8·11월]에 하늘에 제사지내고 오제(伍帝)의 신에게 제사지내고 또 해마다 네 번 시조 구태의 사냥에 제사 지낸다."고 말하고 있다. 백제에서 오제의 신에게 제사지내는 것은 오제의 후예이기 때문일 것이다. 이런 내용은 『북사』「백제열전」 및 『수서(隋書)』「백제열전」에도 나온다.

고구려, 백제, 신라, 가야인들은 자신들의 선조가 동이족 오제에서 비롯되었음을 알고 있었다. 그러나 중원을 떠나 만주 대륙 및 한반도와 일본 열도로 이주하면서 세월이 지남에 따라서 자신들의 직접적인 시조만 높이면서 자국 시조의 선조들이 오제라는 사실을 잊어갔다.

치우를 굴복시킨 황제

사마천이 소호를 생략한 것은 그가 동이족임이 너무 명확하기 때문이었다. 사마천은 소호의 아버지 황제가 동이족이라는 사실을 알고 있었다. 그럼에도 황제를 하화족의 시조로 설정했다. 사마천은 「오제본기」 '황제' 조에서 황제가 "자랄 때는 돈독하고 민첩했으며 성인(成人)이 되어서는 총명했다.[長而敦敏 成而聰明]"고 쓴 다음에 황제가 제후들을 정벌하는 내용을 서술하고 있다.

헌원시대에 신농씨의 세상이 쇠약해져서 제후들이 서로 침략해서 죽이고 백성들에게 포학했지만 신농씨는 정벌하지 못했다. 이에 헌원씨가 방패와 창을 쓰는 방법을 익혀서 천자에게 조회(朝會)하지 않고 공물을 바치지 않는 자들을 정벌하니 제후들이 다 와서 복종하고 따랐다.

[軒轅之時 神農氏世衰 諸侯相侵伐 暴虐百姓 而神農氏弗能征 於是軒轅乃習用干戈 以征不享 諸侯咸來賓從]

　사마천은 중국사의 시조로 황제를 설정했지만 그 전에 신농씨의 세상이 있었다는 사실을 드러내 「오제본기」로 시작하는 계보에 모순이 있음을 드러냈다. 신농씨에 대해서 배인은 『사기집해』에서 "황보밀은 '『역경』에 일컫기를 포희씨(庖羲氏)[태호씨]가 몰(沒)하자 신농씨가 일어났는데 이이가 염제(炎帝)이다.'라고 말했다."고 주석을 달았다. '태호→신농→황제'로 이어지는 삼황의 계보에 대해서 서술한 것이다. 신농씨가 제후들을 제압하지 못하자 황제가 스스로 병법을 익히고 군사를 길러 제후들을 정벌하자 제후들이 다 복종했다는 것이다. 그러나 치우는 황제에게 복종하지 않았다.

　그러나 치우(蚩尤)는 가장 포악했기 때문에 정벌할 수 없었다. 또 염제(炎帝)가 제후들을 업신여기고 침략하려 하자 제후들이 모두 헌원씨에게 돌아갔다.

[而蚩尤最爲暴 莫能伐 炎帝欲侵陵諸侯 諸侯咸歸軒轅]

　황제 헌원에게 두 제후가 복종하지 않았다는 것이다. 한 명은 치우이고, 다른 한 명은 염제였다. 사마천은 황제가 먼저 염제와 싸웠다고 서술하고 있다. 황제와 염제가 싸운 곳이 판천(阪泉) 들판인데, 이를 '판천지전(阪泉之戰)', 곧 판천의 전투라고 한다. 신농과 치우와 염제에 대한 사마천의 서술은 모순투성이다.

먼저 신농이 곧 염제인데, 앞에서는 "신농씨의 세상이 쇠약"해졌다고 쓰고 조금 뒤에서는 "염제가 제후들을 업신여기고 침략하려" 했다고 쓴 것이다. 염제는 호가 신농씨로 동이족이다. 중국의 『백도백과』는 황제와 염제가 싸운 핀친의 전투 「판천지전」에 대해서 "황제가 화하(華夏)를 통일하는 과정 중에 황제와 염제 두 부락연맹이 판천에서 진행한 1차 전쟁"이라고 설명하고 있다. 또 "판천의 전투는 중화문명사의 시작이고, 중화민족의 제1차 대통일을 실현했다는 중요한 의미가 있다."고 극찬하고 있다. 또한 「황제」 조에서는 "판천지전은 화하집단(華夏集團) 내부의 두 개의 같은 뿌리의 같은 조상을 가진 먼 친족부락 사이의 패권을 위한 전투"라고 설명하고 있다. 황제와 염제의 싸움은 화하족[하화족] 내부의 통일전쟁이라는 것이다. 그러나 염제 신농씨나 황제 헌원씨는 모두 동이족들이다. 사마천은 황제가 "세 번을 싸운 뒤에야 마침내 뜻을 얻었다."라고, 세 번의 전투 후에 황제 집단이 승리했다고 말하고 있다. 판천 들판의 위치에 대해서는 하북성 탁록현 동남쪽이라는 설과 산서성(山西省) 운성시(運城市) 해주진(解州鎭)이라는 설이 양립하고 있다.

그다음이 치우 집단과의 싸움이다. 「오제본기」의 내용을 살펴보자.

> 치우가 난을 일으켜 황제의 명을 따르지 않았다. 이에 황제는 제후들에게 군사를 징집케 해 치우와 탁록(涿鹿) 들판에서 싸워서 마침내 치우를 사로잡아 죽였다.
>
> [蚩尤作亂 不用帝命 於是黃帝乃徵師諸侯 與蚩尤戰於涿鹿之野 遂禽殺蚩尤]

치우에 대한 여러 주석들은 사마천이 왜 황제를 하화족의 시조로 그렸는지를 알게 해 준다. 배인은 『사기집해』에서 이렇게 말했다.

응소는 "치우는 옛날 천자이다."라고 말했다. 신찬은 『공자삼조기(孔子三朝記)』에 "치우는 서인(庶人) 중에 탐욕스런 자이다."라고 말했다.

배인은 치우에 관해서 상반되는 두 기록을 모두 제시했다. 하나는 응소가 말한 것으로 치우는 옛날의 '천자'라는 것이고, 다른 하나는 신찬의 『공자삼조기』를 인용한 것으로 치우는 '서인'이라는 것이다. 천자와 서인이라는 차이가 너무 크다. 그래서 사마정은 『사기색은』에서 치우는 천자와 서인 사이의 제후라고 보았다. 장수절은 『사기정의』에서 자세한 주석을 달았다.

『용어하도(龍魚河圖)』에는, "황제가 섭정(攝政)할 때 치우는 형제가 81인이 있었다. 모두 짐승의 몸을 하고 사람의 말을 했는데, 머리는 구리이고 이마는 쇠였다.[銅頭鐵額] 사석자(沙石子)[모래와 돌]를 먹고 칼과 창과 큰 노[弩] 같은 병기를 만들어 세워 위엄이 천하에 떨쳤다. 그러나 죄를 물어 죽임에 법도가 없었고 자비롭고 인자하지 않았다. 만민(萬民)이 황제가 천자의 일을 행하기를 바랐지만 황제는 인의로써 치우를 막지 못했기 때문에 하늘을 우러러 탄식했다. 하늘에서 현녀(玄女)를 보내 황제에게 병신(兵信)과 신부(神符)를 내려주고 치우를 제압해 굴복하게 했다. 황제가 이로써 군사를 주관하고 팔방을 제압했다. 치우가 죽은 뒤 천하가 다시 소란해지자 황제가 드디어 치우의 형상을 그려서 천하에 위엄을 떨치자 천하에서 모두 치우가 죽지 않았다고 이르면서 팔방의 모든 나라가 다 복종했다."라고 말했다. …… 공안국이 "구려(九黎) 임금의 호가 치우이다."라고 말한 것이 이것이다.

여기서도 치우에 대한 설명이 일관되지 못하다. '황제가 섭정할 때'라는 것은 황제가 아직 천자가 되지 못한 때를 뜻한다. 치우와 중원을 두고 다투는 때인 것이다. 치우의 '위엄이 천하에 떨쳐서'라는 말은 치우가 천자인 것처럼 묘사한 것이다. 황제는 하늘에서 병신과 신부를 받아 치우를 제압했지만 천하가 다시 소란스러워지자 황제는 제후들을 제압하지 못하고 오히려 치우의 형상을 그려서야 '천하에 위엄을 떨칠' 수 있었다는 것도 모순이다.

『용어하도』는 한(漢)나라 때의 위서(緯書)인데 위서란 한 사람의 저작물이 아니라 여러 사람이 저술한 것으로 미래의 일에 대해서 예언한 참위서(讖緯書)의 일종이다. 『용어하도』는 황제와 치우의 전투에서 황제가 이겼다고 보기 곤란한 내용을 담고 있다. 황제가 치우를 꺾고 중원의 패권을 차지했다면 그 자체로 중원의 지배자가 된 것인데, 제후들이 복종하지 않았다는 것도 이해하기 힘들고, 패배자인 치우의 형상을 그려서 천하에 위엄을 떨칠 수 있었다는 것도 이해하기 힘들다.

중요한 것은 공안국이 "구려(九黎) 임금의 호가 치우이다."라고 말한 부분이다. 여기의 '려(黎)' 자는 '이(夷)' 자와 통용되는 글자로 보아야 할 것이다. 『후한서』에 구이(九夷)가 나오는 것처럼 중국에서는 때로 이족(夷族)을 뜻하는 말로 구이라고 썼는데, 구려라고도 표현한 것이다. 공영달(孔穎達)은 『상서정의(尙書正義)』에서 "옛날 염제의 치세 말기에 구려국의 군주가 있었는데, 그 호가 치우였다."라고 말했다. 현재 중국에서 려(黎)의 의미 중에는 '옛 제후국을 뜻하는 것도 있다.'면서 제후국의 위치를 산서성 여성(黎城)으로 추정한다. 또한 해남도(海南島)에 사는 소수민족 여족(黎族)을 뜻하는 말로도 쓰고 있다. 치우와 황제의 싸움터가 지금의 산동성이라면 남방의 여족은 치우 집단이 나중에 남쪽으로 이동해서 정착한 동이족의 지파일 것이다.

치우씨가 군주였던 구려족은 지금의 산동성, 하남성, 하북성 등지에 거주하던 겨레이다. 치우족의 이동은 현재 중국 내의 동이족 유적지를 해석할 때나 동이족 후예 국가들의 분포를 분석할 때 대단히 중요하다. 황제족과 싸움에서 패한 치우족의 일부는 산동성에 남았고, 한 갈래는 지금의 요서·요동지역으로 이주해 몽골, 말갈[여진], 한족(韓族), 일본족이 되었고, 다른 한 갈래는 중국 남방으로 이주해 묘족(苗族)·백족(白族) 등이 된 것으로 추측한다. 『상서』나 『국어』 등에 구려에서 삼묘(三苗)가 나왔다고 말하고 있는 것도 이 때문이다.

황제가 치우와 싸운 곳이 탁록인데, 판천의 전투와 탁록의 전투에 대해서 여러 견해가 대두되고 있다. 먼저 탁록의 위치에 대해서 현재의 하북성 탁록현이라고 보는 견해와 산동성 문상현(汶上縣) 남왕진(南旺鎭)이라고 보는 견해가 있다. 이곳에 치우릉이 있다. 두 지역은 서로 멀지 않기 때문에 다양한 견해가 제시되었다.

청나라의 양옥승은 『사기지의』에서 판천과 탁록의 전투는 두 곳이 아니라 한곳에서 일어난 일이라면서 이렇게 말했다.

『일주서(逸周書)』「상맥해(嘗麥解)」에 '치우가 황제를 탁록에서 쳐서 쫓으니 황제는 이에 치우를 잡아 죽였다.'고 했으며, 『춘추좌전』 희공 25년조에 '황제는 판천의 묘지에서 싸웠다.'고 해서 치우를 가리켰다. 그러므로 판천의 싸움은 곧 탁록의 싸움으로, 이는 헌원이 근왕병을 일으킨 것이며 두 가지 사건이 아니다.『일주서』「사기해(史記解)」에 치우를 일러 판천씨라고 했는데, 이것이 확실한 증거이다.

　또 20세기의 고사변학파 양관(楊寬)과 여사면(呂思勉)도 황제와 치우 가 두 곳에서 싸운 것이 아니라 한곳에서 싸운 것이며 황제가 싸운 상 대는 신농씨가 아니라 치우씨인데 *그가 바로 염제*라고 말했다.(양관,「중 국상고사 도론(中國上古史導論)」,『고사변』 7책 상편 및 여사면,「삼황오제고」, 『고사변』 7책 중)

　고사변학파는 고힐강, 양관, 여사면 등의 주도로 1926년부터 1941년 까지 학술지『고사변』을 발간한 학파를 부르는 이름이다. 고사변학파는 청나라 고증학파를 계승해 중국 고대의 여러 사료들을 철저하게 고증했 는데, 중국 상고사는 유학자들이 왜곡한 내용이 많다고 주장해서 숭유 (崇儒)사상에 빠진 중국 사회에 큰 충격을 주었다.

　황보밀은『제왕세기』에서 황제가 치우와 "무릇 쉰다섯 번 싸워 천하 가 크게 복종하였다."고 써서 황제와 치우가 수십 차례 격돌했다고 말했 으나 사마천은 황제가 탁록에서 단번에 승리한 것으로 서술했다. 여사 면은「삼황오제고」에서 탁록·판천이 노(魯)나라에 가까운 팽성(彭城) 지 역이라고 보았다. 그는 치우씨가 염제의 후예를 노나라에서 가까운 공 상(空桑)에서 쳤고, 황제는 치우씨를 청구에서 죽였고, 그의 묘가 동평 군 수장현에 있는데 이들 지역은 모두 팽성에서 가까운 곳이다. 팽성은 강소성에 있지만 산동성 남부와 하남성 동부가 교차하는 곳이고, 공상 은 산동성 서쪽과 하남성 동쪽을 뜻하는데 모두 동이족의 활동무대이 다. 앞의『사기정의』에서『여지지』를 인용해서 "탁록은 본래 이름이 팽 성인데 황제가 처음 도읍했다가 유웅(有熊)으로 옮겼다."라고 말했는데,

여러 주석자들은 황제와 치우가 싸운 곳을 하북성 상곡, 산서성 규주 등으로 본다. 그러나 두 지역은 당시 동이족의 주 활동무대인 팽성과 공상에서 너무 멀다는 점에서 신빙성이 떨어진다.

치우의 무덤에 대해서 배인은 『사기집해』에서 이렇게 썼다.

『황람(皇覽)』에는 "치우총(蚩尤冢)[치우의 무덤]은 동평군(東平郡) 수장현(壽張縣) 감향(闞鄕)성 안에 있는데, 무덤의 높이는 7장(七丈)이며 백성들이 매년 10월에 제사지낸다. 적기(赤氣)[붉은 기운]가 나오는데 한 필의 진홍 비단과 같아서[如匹絳帛] 백성들이 치우기라고 이름 지었다."고 했다. (치우의) 견비총(肩髀冢)[어깨와 넓적다리 무덤]은 산양군(山陽郡) 거야현(鉅野縣) 중취(重聚)에 있는데 크고 작은 감총(闞冢)이 있다. 전하는 말에는 황제가 치우와 탁록 들판에서 싸웠는데 황제가 그를 죽인 후 신체를 각각 다른 곳에 묻어 나누어 장례를 치른 것이다.

치우는 포악해서 정벌당했다는 인물인데, 배인이 살아 있던 남북조시대의 송(宋)[420~479]나라 때까지도 백성들이 매년 10월 치우의 무덤에 제사를 지냈다는 것도 이해하기 힘들다.

그런데 황제가 치우의 목을 벴다는 곳에 대해서 앞서 인용한 『시자(尸子)』에는 "황제가 치우를 중기(中冀)에서 목을 벴다."고 나온다. 또한 『시자』에는 이런 구절도 나온다.

황제가 치우를 중기에서 목을 벴다. 사이(四夷) 백성 중에는 가슴이 뚫어진 자[有貫凶者]가 있고, 눈이 패인 자가 있고[有深目者], 긴 팔뚝을 가진 자가 있는데[有長肱者] 모두 황제의 덕이 일찍이 이르렀다.

황제가 치우의 목을 벤 후 사방의 이(夷)들이 모두 황제에게 복종했다는 이야기이다. 사마천은 황제도 신농도 치우도 모두 동이족이라는 사실을 잘 알고 있었다. 그러나 황제보다 유명한 동이족은 신농과 치우였고, 특히 치우는 유명한 동이족 군주였다. 그래서 사마천은 동이족 군주임이 명백한 신농, 특히 치우와 싸운 황제를 하화족의 시조로 설정해서 중국사의 계통을 세우려 했던 것이다. 사마천이 중국과 만이(蠻夷)를 구분하는 '화이관(華夷觀)'을 갖고 있었음은 앞서 인용한 「효무본기(孝武本紀)」의 중국과 만이라는 표현에서도 알 수 있다.

　유학자들은 화이관을 하화족의 중요한 사상의 하나로 만드는데, 사마천은 제후가 아니었던 공자를 제후들의 사적인 「세가」에 편입시킬 정도로 유학에 깊이 경도되었던 인물이었다. 공자와 사마천에 의해서 '화이관(華夷觀)'이 동아시아 유학 사회의 기본 관념이 되었다고 해도 과언이 아니다. 사마천은 비록 때로는 유학의 틀에서 벗어난 「화식열전(貨殖列傳)」이나 「유협(遊俠)열전」 등도 서술해 비판도 받았지만 그 근본은 유학적 화이관을 갖고 있었다.

　앞서 설명한 것처럼 화이관은 하화족이 자신들의 나라를 '중국(中國)'이라고 생각하는 국가개념에서 나왔다. 주(周)나라 사람들이 도읍 낙양(洛陽)과 그 부근 황하(黃河)를 뜻하는 하락(河洛)을 천하의 중심이라고 자칭한 데서 중국의 개념이 시작되었다. 주나라 사람들은 하락을 중국으로 자칭하고 사방의 이(夷)를 방위기준으로 동이(東夷)·서융(西戎)·남만(南蠻)·북적(北狄)으로 나누어 불렀다. 그러나 전국시대에도 이런 방위개념에 의한 이(夷)의 구분은 통용될 수 없었다. 전국 7웅 대다수의 출신이 이(夷)였기 때문이다. 주나라는 맹자가 말한 것처럼 서이(西夷) 출신이자 동이족 제곡(帝嚳)의 후손이므로 화(華)와 이(夷)를 나누는 화이관은 실제에서는 성립할 수 없었다.

그러나 사마천이 『사기』에서 화이관에 바탕을 두고 황제와 신농, 황제와 치우의 싸움을 화와 이의 싸움으로 설정한 이후 화이관은 점차 중원 왕조들의 중심 사상의 하나가 되어 갔다. 최초의 통일왕조인 진(秦)은 소호의 후손인 동이족이었으므로 화이관은 그리 중요하지 않았다. 그러나 한(漢)을 세운 유방은 어머니 유온(劉媼)의 성을 따랐을 정도로 부계가 보잘 것 없었다. 이 대목을 『사기』 「고조본기」에서 살펴보자.

> 고조는 패현(沛縣) 풍읍(豊邑) 중양리(中陽里) 사람이다. 성은 유씨(劉氏)이고 자는 계(季)이다. 그의 아버지는 태공(太公)이고 어머니는 유온(劉媼)이다. 그 전에 유온이 일찍이 대택(大澤) 언덕에서 쉬는데 꿈에 신을 만났다. 이때 하늘에서 우레와 번개가 치더니 그믐밤처럼 어두워졌다. 태공이 가서 보니 교룡이 유온의 몸 위에 있는 것을 보았다. 얼마 후 유온이 임신을 하고 드디어 고조를 낳았다.
>
> [高祖 沛豐邑中陽里人 姓劉氏字季 父曰太公 母曰劉媼 其先劉媼嘗息大澤之陂 夢與神遇 是時雷電晦冥 太公往視 則見蛟龍於其上 已而有身 遂産高祖]

유방의 아버지는 태공이었음에도 유방의 어머니 유온이 교룡과 관계해 임신했다고 써야 했을 정도로 부계는 미천했다. 『사기』의 다른 모든 저명한 인물들은 그 계통과 민족귀속성을 추적할 수 있지만 유방은 이를 추적하는 것이 불가능할 정도로 미천한 신분이었다.

사마정은 『사기색은』에서 유방의 선조에 대해서 이렇게 말했다.

상고해 보니 고조(高祖)는 유루(劉累)의 후손으로 따로 범(范) 땅을 식읍
으로 받은 사회(士會)의 후예인데 진(秦)나라에 머물러서 돌아가지 않고
유씨(劉氏)로 고쳤다. 유씨(劉氏)는 대량(大梁)으로 천도한 위(魏)를 따라
이사해서 뒤에 풍(豊)에 살았는데 지금의 '유씨(劉氏) 성(姓)'이라고 말하
는 사람들이 이들이다.

사마정이 유방의 선조로 설정한 유루는 누구일까? 유루는 도당씨의
수령인 당요, 즉 요임금의 후예라고 보았다. 현재 중원의 유씨(劉氏)들이
시조로 삼는데 요임금의 후예니 동이족이다.

유방의 아버지는 성도 적지 못할 정도로 미천한 신분이었고, 어머니
의 성이 유씨였으니 이미 부계사회로 깊숙이 진행되었으나 유방을 당시
에 유씨의 시조인 유루의 후손이라고 말하기는 궁색한 것이다. 그러나
그 때문에 유방의 부계 선조들과 별다른 충돌 없이 화이관을 받아들일
수 있는 조건이 되었다. 사마천은 그래서 황제부터 시작하는 중국사의
계통을 만들어 유방이 만든 한나라를 화이관의 계승자로 만들 수 있었
고, 이후 중원을 차지한 여러 왕조들이 이 화이관을 바탕으로 세계를 인
식하고 역사서를 서술했다. 앞서 말했듯이 자신들을 화(華)로 인식하고
사방의 다른 이(夷)들을 방위개념의 동이·서융·남만·북적으로 비칭(卑
稱)하면서 화이관은 중국인의 세계관의 중심이 되었다. 그러나 하화족
자체가 만들어진 민족개념에 불과하기 때문에 화이관 자체가 공상의 개
념일 수밖에 없는 것이다.

史記

4장

하·은·주 삼대의 시조들

1
동이족 국가 하나라

선양인가 찬탈인가

하(夏)나라의 건국시조는 우(禹)이다. 사마천은 제순(帝舜)이 33년을 제위에 있다가 우에게 선양했다고 말했다. 그리고 17년 후에 순은 남쪽 지역을 순행(巡幸)하다가 세상을 떠났다는 것이다. 우는 3년상을 치른 후 하나라의 일개 소읍인 양성(陽城)으로 피신하고 장차 제위를 순의 아들인 상균(商均)에게 물려주려고 했지만 제후들이 상균을 따르지 않았다. 우는 제후들의 추대를 받아서 쉰세 살에 정식으로 즉위하고 지금의 산서성 하현(夏縣)인 안읍(安邑)을 도성으로 삼고 국호를 하(夏)라고 했다. 그래서 하우(夏禹)라고 불리는데, 사마천은 「하본기」에서 이렇게 말했다.

하우(夏禹)의 이름은 문명(文命)이다. 우(禹)의 아버지는 곤(鯀)이고, 곤의 아버지는 제전욱(帝顓頊)이다. 전욱의 아버지는 창의(昌意)이고, 창의

그림42 **제순릉**

의 아버지는 황제(黃帝)이다. 우는 황제의 현손(玄孫)이고 제전욱의 손자이다. 우의 증조부 창의와 아버지 곤(鯀)은 모두 제왕의 지위를 얻지 못하고 남의 신하가 되었다.

[夏禹 名曰文命 禹之父曰鯀 鯀之父曰帝顓頊 顓頊之父曰昌意 昌意之父曰 黃帝 禹者 黃帝之玄孫而帝顓頊之孫也 禹之曾大父昌意及父鯀皆不得在帝 位 爲人臣]

사마천이 설명하는 우의 계보는 황제→창의→전욱→곤→우이다. 창의와 부모가 같은 소호가 동이족이니 창의 역시 동이족이고, 후손인 우 역시 동이족일 수밖에 없다. 우가 동이족이라는 사실은 소전(小篆)이나 『설문해자』 등에는 우(禹) 자에 군주라는 뜻 외에 '벌레[충(虫, 蟲)]'라는 뜻이 있다는 데서도 짐작할 수 있다. 같은 글자에 임금이라는 최상층의 의미와 벌레라는 최하층의 뜻이 함께 있을 수 있을까? 이는 우가

표10 **우의 계통에 대한 고대 사서의 서술들**

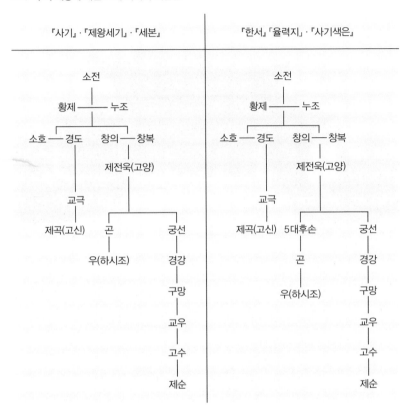

이족(夷族)임을 시사하는 것이다.

장수절은 『사기정의』에서 『제왕기』를 인용해서 "(우의) 이름은 문명 (文明)이고 자(字)는 밀(密)인데 신체가 9자 2치로 본래 서이(西夷) 사람이다."라고 말했다. 『제왕기』는 황보밀이 쓴 『제왕세기』를 뜻하는데, 우는 '본래 서이 사람[本西夷人]'인 이족이라는 뜻이다. 우가 세운 하 (夏)나라를 근거로 현재 중국의 한족(漢族)들이 자신들을 하화족(夏華 族)이라고 부른다는 점에서 우의 출자는 아주 중요하다.

장수절은 또한 양웅(揚雄)의 『촉왕본기(蜀王本紀)』를 인용해서 "우는 본래 문산군(文山郡) 광유현(廣柔縣) 사람이며 석뉴(石紐)에서 낳았다."라고 말하고는 『괄지지』에는 "(석뉴산은) 무주(茂州) 문천현(汶川縣) 뉴산(紐山)현 서쪽 73리에 있다."라고 말했다. 장수절은 이 석뉴산에 대해서 『화양국지』에는 "지금의 이인(夷人)이 함께 그 땅을 경영하는데 사방 1백 리에는 감히 거주하거나 가축을 기르지 않으며, 지금도 오히려 감히 육축(六畜)을 놓아기르지 않는다."라고 했다는 말을 인용했다. 우가 태어난 석뉴산이 이족의 땅이라는 것이다.

중국의 고대 사료들은 한결같이 우가 이족이라고 말하고 있다. 『제왕세기』는 우를 서이(西夷)라고 했지만 중국에서 국학대사(國學大師)로 불리는 왕국유(王國維)[1877~1927]와 곽말약(郭沫若)[1892~1978]은 하나라를 구성하는 하인(夏人)들이 동이족에서 기원한다고 주장했다. 또한 북경대 대리총장과 대만대 총장을 역임한 부사년(傅斯年)[1896~1950]은 『이하동서설(夷夏東西說)』에서 상(商)나라를 세운 상족(商族)이 중국 동북지구에서 기원했을 가능성이 있다면서 상대(商代)문화가 2대 민족에 의해서 형성되었는데, 상나라의 서부는 하족(夏族)에 의해 개발되었고, 상나라 동부는 동이족에 의해 개발되었다고 서술했다.

우의 어머니는 유신씨(有莘氏)인데 『오월춘추(吳越春秋)』의 「월왕무여외전(越王無余外傳)」에는 곤(鯀)이 서강(西羌) 사람이라고 나온다.

우의 아버지 곤은 제전욱의 후손이다. 곤은 유신씨의 딸을 얻었는데, 이름이 여희(女嬉)였다. 장성해서도 아이를 가지지 못했는데 여희가 지산(砥山)에서 의이(薏苡)[율무]를 얻어 삼키자 의식이 다른 사람과 감응한 듯했는데 이 때문에 임신하게 되었다. 옆구리를 갈라서 고밀(高密)[우]를 낳았다. 곤의 집은 서강(西羌)에 있었는데, 이 땅을 석뉴(石紐)라고 부른다.

　중국은 현재 자신들을 한족(漢族), 또는 하화족(夏華族)이라고 부르는데 누구도 그 뿌리를 정확하게 설명하지 못하고 있다. 이는 무리가 아니다. 지금까지 살펴본 것처럼 현재 중국에서 전해지는 고대 사료를 통해 하화족의 실체를 밝혀내는 일은 불가능에 가깝다. 연구를 하면 할수록 이족(夷族)의 역사가 드러날 뿐 하화족의 실체는 보이지 않는다.

　그러나 현재 중국공산당 정부에게 하화족의 실체를 만드는 일은 절체절명의 과제처럼 보인다. 현재 중국의 판도를 계속 유지하려면 고대부터 하화족의 역사가 시작되어 지금에 이르는 것으로 설명해야 하기 때문이다. 그 결과 최근에는 하족(夏族)과 화족(華族)을 분류해서 하족은 황하 상류와 중류의 중국 서북지구에서 살았고 화족은 산서지역에 살았는데, 두 겨레가 융합해서 하화족이 되었다고 설명하는 논리도 나왔다. 그러나 이를 위해서는 각각 하족과 화족의 실체를 먼저 밝히고 두 겨레가 융합하는 과정을 설명해야 하지만 하화족의 실체도 밝히지 못하는 상황에서 하족과 화족의 실체를 밝힐 수 있을 리가 없다. 하족과 화족의 출자를 제대로 설명하지 못한 채 두 겨레가 융합했다고 두루뭉술하게 넘어가는 식이다. 하화족 자체가 이족(夷族)에서 나왔다는 사실을 부정하려다 보니까 나오는 빈약한 설명들이다.

　우를 말할 때 '대우치수(大禹治水)'라는 말이 대명사처럼 쓰인다. 우가 황하의 물길을 다스렸다는 뜻이다. 우의 아버지 곤이 치수에 실패했는데, 우가 뒤를 이어 드디어 황하를 다스렸다는 것이다. 『산해경』「대황북경(大荒北經)」에 "홍수가 하늘에 닿을 듯 도도히 흐르자 곤(鯀)이 임금의 식양(息壤)을 훔쳐서 홍수를 막으니, 제(帝)가 축융(祝融)을 시켜 곤을 우교(羽郊)에서 죽였다.[洪水滔天 鯀竊帝之息壤以堙洪水 不待帝命 帝令祝融殺鯀于羽郊]"라고 말하고 있다. 『산해경』에 주석을 단 곽박(郭璞)은 "우교는 우산(羽山)의 근교"라고 말했다.

사마천은 곤을 전욱의 아들이라고 설정했지만 『한서』 「율력지(律曆志)」는 전욱의 5대 후손이라고 달리 말했다. 숭(崇) 땅에 거주했는데 지금의 하남성 숭산(嵩山) 일대라고 비정한다. 사성(姒姓)으로 숭(崇) 부락의 영수이기 때문에 '숭백곤(崇伯鯀)'이라고 불렸다. 사악(四岳)의 추존을 받아서 치수에 나섰으나 9년 동안 성공하지 못해서 지금의 강소성 동해(東海)현 북면(北面)으로 비정하는 우산에서 순에 의해 죽임을 당한 것으로 여겨진다. 그런데 우가 자신의 아버지를 죽인 순에게 선양을 받는다는 설정도 어색하다.

그런데 곤에 대해서 곽박은 『산해경』에 『귀장(歸藏)』 「계서(啓筮)」를 인용한 주석을 달아서 이렇게 말했다.

> 홍수가 하늘에 닿을 듯 도도히 흘러서 이르지 않는 곳이 없었는데, 백곤(伯鯀)이 식석(息石)과 식양(息壤)으로 메웠다. 백곤이 세상을 떠났는데 3년이 지나도 썩지 않았는데, 오나라 칼을 부장하자 황룡이 되었다.
> [滔滔洪水 無所止極 伯鯀乃以息石息壤以塡洪水 死三歲不腐 副之以吳刀 化爲黃龍]

『산해경』에 주석을 단 곽박은 식양에 대해 "저절로 생겨서 줄어들지 않는 땅"이라고 설명했다. 강의 범람을 막는 제방을 뜻하는 것으로 해석되는데, 홍수의 수위가 한 치 높아지면 식양도 한 치 높아진다는 것이다. 식양이 흙으로 쌓은 제방이라면 식석은 돌로 쌓은 제방을 뜻할 것이

다. 곤이 최초로 성곽(城郭)을 만든 인물로 기록되는 것도 그가 축성 등
에 능하다는 사실을 말해준다.

그런데 『회남자』 「지형훈(地形訓)」에는 "우가 흙을 길러서 홍수를 막
았다.[禹乃以息土塡洪水]"고 기록하고 있는데, 흙을 길렀다는 것은 흙을
쌓았다는 뜻일 것이다. 고대 사료들은 우가 저절로 자라는 흙으로 제방
을 만들어 홍수를 막았다고 하기도 하고, 곤이 저절로 자라는 흙이나 돌
로 제방을 만들어 홍수를 막았다고 달리 써놓고 있다. 그만큼 우와 곤에
대한 설명들이 뒤섞여 있는 것이다. 치수에 실패해 처형되었다는 곤과
치수에 성공했다는 우의 업적이 뒤섞여 전하는 것이다.

사마천은 시종일관 우를 성군으로 묘사하고 있다. 그중 하나가 우가
요임금의 장자인 단주와 순임금의 아들인 상균을 모두 잘 보살폈다는
점이다. 사마천은 「하본기」에서 이렇게 말했다.

> 요임금의 아들은 단주이고 순임금의 아들은 상균인데 모두 강토(疆土)
> 를 갖게 해서 선조들의 제사를 받들게 했다. 그들은 천자의 아들이 입는
> 의복을 입었고 예악도 그와 같이했다. 빈객으로 천자를 배알했지만 천자
> (天子)는 신하로 삼지 않아서 감히 전횡하지 않는다는 뜻을 보였다.
>
> [堯子丹朱 舜子商均 皆有疆土 以奉先祀 服其服 禮樂如之 以客見天子 天子
> 弗臣 示不敢專也]

이 구절에 대한 주석에서 초주를 비롯해서 『한서』 「율력지」나 『괄지
지』 등은 요의 아들 단주는 당(唐)에 봉했고, 순의 아들 상균은 우(虞)에
봉했다고 말하고 있다. 둘을 제후로 삼았는데, 단주를 봉한 곳은 단연
(丹淵)이고, 상균을 봉한 우는 양국(梁國) 우성(虞城)현이라는 것이다. 양

국은 지금 하남성과 산동성의 경계 부근에 있는 상구시(商丘市)로 비정한다.

요가 순에게 제위를 양위하고 순이 우에게 제위를 양위했는데 제위를 양위 받은 군주들은 선왕의 아들들을 죽이거나 핍박하지 않고 제후로 봉해서 선조의 제사를 받들게 했다는 것이다. 공자를 필두로 한 유가는 '선양'을 크게 칭송했다. 공자는 『서경』에서 요가 순에게 제위를 선양했다고 칭찬했고, 『논어』를 비롯한 여러 저작에서도 선양을 높이 평가했다. 사마천도 공자의 이런 선양선을 따라서 '요→순→우'가 모두 선양으로 제위를 물려주었다고 높였다.

그러나 앞서 말한 것처럼 법가(法家)의 대표적 인물인 한비(韓非)[서기전 약 280~서기전 약 233]는 『한비자(韓非子)』「설의」편에서 선양설을 부인했고, 당나라 유지기(劉知幾)도 『사통(史通)』「의고(擬古)」에서 선양설을 부인했다. 특히 유지기는 요가 순에게 양위한 것이 아니라 단주에게 물려주었는데, 단주가 순에게 양보했다는 것이다. 오히려 불초하다는 단주가 선양의 실천자라는 것이다. 사마천은 우가 순임금의 아들 단주에게 강토를 갖게 했다고 썼지만 『죽서기년』은 "단저(丹諸)[단주]가 순을 피해 방(房) 땅으로 갔다."라고 말해서 단주가 제위를 사양했다고 말하고 있다. 단주가 봉함을 받은 단수(丹水)는 하남성 석천(淅川)현 단수 유역으로 비정하는데, 진(秦)나라에서 단수현을 설치한 곳이다.

공자와 사마천이 높인 선양설이 맞는지, 현재는 『죽서기년』이나 『급총쇄어』 등에서 말하는 폭력 찬탈이 맞는지는 정확하게 알 수 없다. 다만 공자나 사마천은 선양설을 높여 후대 임금들에게 천하의 덕 있는 인재에게 왕위를 물려주지 않고 자식에게 물려주는 것을 부끄럽게 여기려 한 것으로 추측할 수 있다. 고사변학과의 고힐강은 「선양전설기어묵가고」에서 선양설이 처음 묵자(墨子)[서기전 약 480(혹 476)~서기전 약 420(혹 390)]에게 나왔는데 공자가 채택한 것이라고 보았다. 겸애설(兼愛說)을 주창했던 묵가(墨家)는 춘추전국 시대 유가(儒家)의 주요한 경쟁자라는 점에서 공자가 묵가의 선양설을 채용했다는 주장은 선뜻 이해하기 힘들다. 유가의 인(仁)이나 묵가의 겸애(兼愛)는 모두 사랑을 말하지만 유가의 인은 신분차별을 전제로 하는 것인 반면 묵가의 겸애는 사람 사이의 평등을 전제로 한다는 점에서 다르다. 그러나 유가(儒家)에서 불가(佛家)의 수행론을 차용해 성리학을 만든 다음 불가를 탄압했다는 점에서 대립되는 사상의 핵심을 차용하는 것은 그리 드문 일이 아니다.

우공 9주 강역의 수수께끼

중국사의 특징 중의 하나는 고대 강역이 후대로 갈수록 커진다는 점이다. 주나라 도읍지 낙양 부근의 하락 지역에 불과했던 '중국(中國)'의 개념이 후대에 크게 확장된 것은 이런 사례의 하나일 뿐이다. 과거에 그리 크지 않았던 특정 강역이 후대 사람들에 의해서 큰 강역이었던 것으로 변조되는 일은 중국사에서 아주 흔한 일이다.

우공 9주(禹貢九州)도 그런 사례의 하나이다. 우공 9주는 우임금이 개척했다는 9주를 뜻한다. 『상서(尙書)』「하서(夏書)」'우공(禹貢)'에는 우(禹)가 천하를 예주(豫州), 청주(青州), 서주(徐州), 양주(揚州), 형주(荊州), 양주(梁州), 옹주(雍州), 기주(冀州), 연주(兗州)의 9주(九州)로 나누었다고 말한다. 그중 하나인 형주에 대해 지금의 호남성(湖南省) 북부와 호북성(湖北省) 동남쪽이라고 비정한다. 그러나 이 일대는 하나라의 영

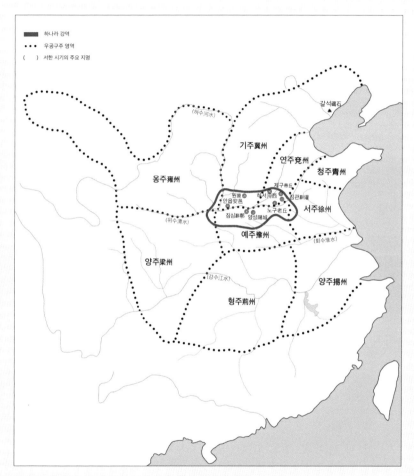

그림43 **하나라 강역**

토가 아니었다. 우임금이 하나라의 영토가 아닌 곳을 개척할 수는 없는 노릇이다. 양주의 경우는 더 심하다. 양주는 섬서성과 사천분지 및 운남, 귀주성 등의 지역인데, 이 지역들은 하나라 때는 물론 그 이후에도 오랫동안 중국사의 강역이 아니었다.

명 태조 주원장은 홍무(洪武) 15년에 "운남 땅과 그 백성은 군사를 높이며, 상고 때에 멀고 거칠었는데, 옛날 우임금의 발사취가 이르러서 따로 중국의 영토가 되고 양주 지역에 속하게 했다.(『명태조고황제실록(大明太祖高皇帝實錄)』 권142)"라고 말했다. 그러나 명나라도 운남 지역에 직접 지방관을 파견하기보다는 기존의 지배자들을 추인하는 정도여서 이 지역을 완전히 지배하지 못했고 청나라 때에야 비로소 지방관을 파견할 수 있었다. 그런데 하물며 하나라 때 이 지역을 지배했다는 것은 어불성설에 불과하다. 그러나 중국인들은 이런 부분을 크게 따지지 않고, 과거부터 9주가 지금의 거의 전 중국을 포괄한 것으로 받아들인다.

『사기』「하본기」는 "(우가) 새로 12주를 설치하고 하천을 잘 통하게 했다.[肇十有二州決川]"고 말하고 있는데, 이 구절에 대해서 장수절은 『사기정의』에서 이런 주석을 달았다.

> 마융은 "우는 수토(水土)를 평정(平正)하고 9주(九州)를 설치했다. 순은 기주(冀州)의 북쪽을 광대하게 하고 나누어 병주(幷州)를 설치했다. 연(燕)과 제(齊)는 멀고 멀어서 연을 나누어 유주(幽州)를 설치하고 제를 나누어 영주(營州)를 만들었다. 이에 12주가 되었다."라고 말했다. 정현은 "다시 경계를 확정하고 물의 피해가 없게 하다."라고 했다.

우임금이 처음에는 9주를 설치했다가 기주 북쪽에 병주를 설치하고,

연을 나누어 유주를 설치하고, 제를 나누어 영주를 설치했다는 것이다. "연과 제는 멀고도 멀어서[燕齊遼遠]"라는 말 자체가 연과 제가 하나라의 강역이 아니라는 사실을 말해준다.

그러므로 중국 고대 기록들이 9주에 대해서 서로 엇갈리는 것은 놀라운 일이 아니다. 『이아(爾雅)』에는 유주와 영주가 있는 반면 청주와 양주가 없고, 『주례(周禮)』에는 유주와 병주가 있는 반면 서주와 양주가 없다. 기껏해야 지금의 하남성과 산동성 일부에 국한되었던 하나라 영토를 후대에 크게 늘려 지금의 전 중국을 거의 차지한 것으로 그리다 보니 실제 9주와 후대에 만들어진 의식 속의 9주는 사뭇 다를 수밖에 없다.

중국은 현재 『우공(禹貢)』에 기록된 구주의 범위를 북쪽으로는 연산산맥(燕山山脈)과 발해만 및 현재의 요동까지로 잡고 있고, 남쪽으로는 남해까지, 서쪽으로는 감숙성에서 서역에 접하는 지역까지, 동쪽으로는 동해(東海)[서해]까지로 잡고 있다.(『백도백과』 「9주」) 그러나 이 설명 자체가 앞뒤가 맞지 않는 모순투성이라는 사실은 쉽게 알 수 있다. 우공 9주의 남쪽이 남해까지였다는 것은 상상 속에서나 가능한 것이다. 북쪽 강역도 마찬가지다. 북쪽 강역을 연산산맥과 지금의 요동까지로 잡는 것 자체가 지리학의 상식을 크게 벗어난다. 연산산맥 끝자락에 있는 하북성 창려(昌黎)시에서 요동반도의 심양(瀋陽)시까지는 직선 거리로 약 400여 킬로미터 떨어져 있다. 9주의 북쪽이 연산산맥인데, 그 연산산맥을 건너서 동쪽으로 400여 킬로미터를 가야 하는 요동 지역도 9주의 북쪽이라는 것은 기초적인 지리 상식만 있어도 나올 수 없는 발상이다.

그러나 중국인들의 사고로는 이런 모순이 이상하지 않으니 그 뿌리가 어디일까 궁금해진다. 달리 생각하면 중국인들의 뇌리에는 원래 없던 역사를 만들어냈기 때문에 조작이라는 개념보다는 역사는 다 그렇다는 사고가 대대로 각인된 것이 아닌가 하는 생각이 든다.

　중국에서 우를 높이 받드는 것은 강토를 개척하고 여러 제도를 만들었다고 여기기 때문인데 그중의 하나가 역법(曆法) 개정이다. 우는 역법을 개정해서 하력(夏曆)을 만들었다고 한다. 우는 인월(寅月)을 정월(正月)로 삼았는데, 이것이 현재이 음력으로 중국에서는 농력(農曆)이라고한다. 인월(寅月)은 호월(虎月), 즉 호랑이 달이다. 이를 정삭(正朔)이라고도 하는데, 정(正)은 해의 시작을 뜻하고, 삭(朔)은 달의 시작을 뜻한다.한 해 중 첫 번째 달은 정월(正月)이라고 하고 한 달 중 첫 날은 삭일(朔日)이라고 한다. 그래서 정삭은 새해 첫 달의 첫날이라는 뜻이다. 진시황이후에는 그의 이름이 영정(嬴政)이기 때문에 정(政)과 비슷한 정(正) 자를 피해서 정월을 단월(端月)이라고 불렀다.

　우임금 이후 새로 들어선 왕조는 정삭(正朔)을 다시 만들었다. 우임금이 만든 하력이 인월을 정월로 삼는 건인지월(建寅之月)이었다면 상나라는 그 겨울 12월을 정월로 삼았는데, 그 달이 축월(丑月)이어서 건축지월(建丑之月)이었다. 또한 주나라는 겨울 11월을 정월로 삼았는데, 그 달이자월(子月)이어서 건자지월(建子之月)이었다. 또한 진나라는 겨울 10월을정월로 삼았는데, 그 달이 해월(亥月)이어서 건해지월(建亥之月)이었다. 그래서 통상 하력 건인(建寅), 상력(商曆) 건축(建丑), 주력(周曆) 건자(建子),진력(秦曆) 건해(建亥)라고 부른다.

　우임금은 또한 천하의 동(銅)을 거두어 아홉 개의 세발솥인 구정(九鼎)을 만들어서 천하 공주(共主)의 상징으로 삼았다. 유향(劉向)은 『설원』 「반질(反質)」에서 우임금에 대해서 "궁실은 낮고 작게 만들었고, 음식은 덜고 박하게 썼고, 흙으로 세 계단을 만들었고, 의상은 세포(細布)를 썼다."면서 검소한 임금이라고 칭찬했다. 우임금은 15년 동안 제위에

그림44 대우릉(섬서성 한성). 절강성 소흥시에도 우릉이 있다

있다가 아들 계왕(啓王)에게 제위를 물려주고 예순여덟 살의 나이로 세상을 떠났다. 우왕이 선양의 전통을 거부하고 아들에게 세습했음에도 큰 비난이 없는 것 또한 이채로운 일이다.

『사기』는 우가 동쪽을 순수하다가 회계(會稽)에서 세상을 떠났다고 했다. 지금의 절강성(浙江省) 소흥(紹興) 동남쪽 교외의 회계산 산록에는 대우릉(大禹陵)이 있고, 우사(禹祠), 우묘(禹廟)가 있다. 소흥에는 우릉촌(禹陵村)이 있고, 하우의 성은 사성(姒姓)이다. 현재 중국에서는 사성(姒姓)의 후대가 지금까지 하우의 능을 수묘하고 있다고 한다.

그러나 창수량(倉守良) 같은 현대의 중국 보학자(譜學者)는 이를 믿을 수 없다고 말한다.(창수량, 『사가·사적·사학(史家·史籍·史学)』, 산동교육출판사, 2000, 989쪽) 창수량은 「보학(譜學) 연구에 대한 몇 가지 의견에 관하여[关于谱学研究的几点意见]」라는 논문에서 중국 보학의 문제점에 대해서 여러 문제를 제기했다.(『역사연구(历史研究)』, 1997년 제5기)

실제로 우가 당시에 절강성 소흥까지 진출해서 세상을 떠났다고 보기에는 의문이다. 당시 절강성 지역은 하나라의 강역이 아니었기 때문이다. 당시 하나라의 실제 강역은 현재의 산동반도와 하남성·섬서성 일부에 지나지 않았다.(『신주 사기』「하본기」 54쪽 지도 참조)

그런데 진시황이 재위 37년(서기전 210) 11월 동쪽으로 순수(巡狩)하면서 회계산에 올라 대우에게 제사를 지내고 수행한 재상 이사(李斯)에게 진시황의 덕을 높이는 이른바 '이사비(李斯碑)'를 세운 것이 후대에 이곳에 우의 무덤이 있다고 인식하게 된 결정적 계기가 된 것으로 보인다. 이 기사에 대해서 『사기정의』는 "월주 회계산 위에 하나라 우혈(禹穴)과 사당이 있다."라고 주석했다. 능이 아니라 굴이나 동굴을 뜻하는 혈(穴) 자를 썼다는 점에서 실제 우왕의 무덤인지 의문을 갖게 한다. 사마천도 「태사공 자서」에서 한 무제 원삭(元朔) 3년(서기전 126) 회계산에 올라서 '우혈(禹穴)'을 찾아봤다고 말하고 있다. 사마천은 하나라의 강역이 회계산까지 미치지 못했음을 알았을 것이다. 그러나 진시황이 회계산에 올라 제사를 지냈다는 기록이 있으므로 그 흔적을 찾아봤다는 의미일 것이다. 우릉 역시 중국인 특유의 사후 역사 만들기의 일환일 가능성이 더 크다.

황제부터 우까지 모두 같은 성

사마천은 「하본기」 끝머리에 오제부터 우에 이르는 혈통에 대해 놀라운 사실을 서술하고 있다.

황제로부터 순과 우에 이르기까지는 모두가 동성(同姓)이었는데 그 국
호만을 다르게 해 밝은 덕[明德]을 빛냈다.

[自黃帝至舜 禹 皆同姓而異其國號 以章明德]

이것은 상당히 놀라운 고백이다. 황제부터 순·우에 이르기까지 모두
같은 성(姓)이었다는 것이다. 사마천이 설정한 중국상고사의 제왕계보는
'황제→전욱→곡→요→순→우'인데 모두 같은 성이라는 것이다. 이
중 황제의 큰아들 소호와 순이 동이족이라는 사실에는 아무도 이의를
제기하지 않는다. 황제의 큰아들이 동이족이면 아버지인 황제 역시 동
이족이고, 둘째 아들인 창의와 창의의 아들 전욱도 동이족일 수밖에 없
고, 소호의 손자인 곡 역시 동이족일 수밖에 없고, 곡의 아들인 요 역시
동이족일 수밖에 없다. 순이 동이족인 것은 너무 명확하고, 전욱의 손자
인 우 역시 동이족이다. 황제부터 순·우까지 모두 동이족의 역사인 것
이다. 이 기록에 대해서 배인은 『사기집해』에서 이렇게 설명했다.

서광은 "『외전(外傳)』에는 황제는 스물다섯 명의 아들이 있었는데 그 성
씨를 얻은 자는 열네 명이다."라고 말했다. 우번(虞翻)은 "덕으로써 씨성
(氏姓)이 되었다."라고 했다. 또 우번의 설명에는 모두 스물다섯 명의 아
들 중에서 두 명이 동성(同姓)인 희씨(姬氏)이고, 또 열한 명은 열한 개의
성씨가 되었는데, 유(酉), 기(祁), 기(己), 등(滕), 침(葴), 임(任), 순(荀), 이
(釐), 길(姞), 현(儇)[전], 의(依)씨 등이다. 나머지 열두 개 성씨는 덕이 박
해서 기록되지 못했다고 했다.

여기서 중요한 성이 희성(姬姓)이다. 주나라의 왕성이기 때문이다. 희

성이 황제에게서 나왔다면 주나라도 동이족 국가일 수밖에 없다. 사마천은 황제부터 우까지 모두 같은 성이었지만 나라 이름만은 달랐다고 말했다. 그러나 고사변학파의 동서업(童西業)은 『제요도당씨명호삭원』에서 황제부터 순까지 나라 이름은 모두 우(虞)로 같았다고 달리 말했다. 사마천은 이어지는 구절에서 한국 고대사의 비밀을 푸는 열쇠를 제공하고 있다.

> 그러므로 황제는 유웅(有熊)씨가 되었고 제전욱(帝顓頊)은 고양(高陽)씨가 되었다. 제곡(帝嚳)은 고신(高辛)씨가 되었고 제요(帝堯)는 도당(陶唐)씨가 되었고 제순(帝舜)은 유우(有虞)씨가 되었다.
>
> [故黃帝爲有熊 帝顓頊爲高陽 帝嚳爲高辛 帝堯爲陶唐 帝舜爲有虞]

황제가 유웅씨가 된 것은 『죽서기년』에서 "황제 헌원씨는 ……유웅에서 살았다."라고 말하는 것처럼 유웅에서 살았기 때문이다. 황보밀은 『제왕세기』에서 "(황제는) 유웅에서 나라를 받았는데, 유웅은 지금의 하남(河南) 신정현(新鄭縣)이다."라고 말했다. 앞서 말한 것처럼 신정시는 지금으로부터 6,500여 년 전의 신석기 유적인 앙소문화의 유적이 있는 곳이다. 중국 전야고고학의 아버지 양사영이 앙소문화, 용산문화, 상문화는 서로 계승관계에 있는 '삼첩층(三疊層)문화'라고 말한 것처럼 이들은 모두 동이족 유적이다. 황제가 동이족이라는 사실이 유적으로 증명되는 것이다. 『제왕세기』는 또 "(황제는) 성덕(聖德)이 있어서 유웅에서 나라를 받았다. 정(鄭)은 옛 유웅의 터전인데, 황제의 도읍이다."라고 말하고 있다.

중국은 최근 오제시대의 편년을 적극적으로 설정하고 있다. 『오제시대연구(伍帝時代研究)』[중주고적출판사(中州古籍出版社), 2005]는 황제 시대는 서기전 4420~서기전 2900년, 제전욱 시대는 서기전 2900~서기전 2550년, 제곡 시대는 요(堯)를 포함해서 서기전 2550~서기전 2150년, 제순 시대는 서기전 2150~서기전 2100년이라고 설명하고 있다. 황제는 10세(世) 1520년, 전욱 9세 350년, 제곡은 지(摯)와 요(堯)를 포함해서 10세 400년, 제순은 1세 50년이라는 것이다.

표11 **오제시대의 서기 편년**

오제	편년	존속 기간
황제 시대	서기전 4420~서기전 2900	10세 1520년
제전욱 시대	서기전 2900~서기전 2550	9세 350년
제곡·제요 시대	서기전 2550~서기전 2150	10세 400년
제순 시대	서기전 2150~서기전 2100	1세 50년

지금으로부터 6천여 년 전의 역사를 10년 단위까지 구분하는 것이 가능한가라는 의문이 드는 것은 당연하다. 게다가 황제 시대는 10세인데 1520년인 반면 제전욱 시대는 9세인데 350년간이고, 제곡·제요 시대는 10세인데 400년인 것도 이해하기 힘들다. 그러나 중국 측의 이런 연대 구분이 무조건 추정으로만 이루어진 것은 아니다. 황제부터 우까지 30세라는 것은 『죽서기년』에서 "황제에서 우까지 30세"라고 말한 것을 서기로 적극 환산한 결과이다. 중국에서는 또한 황제 시대 1천여 년의 고고학적 유적이 앙소문화라고 설정하면서 구체적으로는 앙소문화의 묘저구(廟低溝[庙底沟]) 유형과 대하촌(大河村) 유형이 황제의 유적이라고 말하고 있다. 묘저구 유적은 하남성 섬(陝)현에 있는 신석기 유적인

그림 45 **묘저구 토기**

데, 섬주고성(陝州古城) 남쪽에 있고, 대하촌 유적은 하남성 정주(鄭州)시 대하촌에 있는 유적이다.

황제 유웅씨, 전욱 고양씨, 곡 고신씨, 요 도당씨, 순 유우씨가 모두 한 성(姓)이라는 부분의 유우에 대해 배인은 『사기집해』에서 "황보밀은 '순이 우(虞)에서 아내를 맞았으므로 이에 따라 씨(氏)로 삼았는데 지금의 하동군 대양(大陽)의 서쪽 산 위에 있는 우성(虞城)이 이곳이다.'라고 말했다."고 전하고 있다. 유우에 대해 중국에서는 현재 하남성 상구시 우성현(虞城縣)이라고 비정한다. 순이 우에서 아내를 맞았으므로 우를 자신의 씨로 삼았다는 것은 자신의 왕조가 아니라 아내의 왕조라는 뜻이기도 하다. 모두 동이족 모계사회의 유풍이다. 현재 중국에서는 순이 우조(虞朝)를 건립했다면서 이를 전기와 후기로 나누어 설명하는데 전기는 서기전 2095년부터 서기전 2067년까지이고, 후기는 서기전 2064년부터 서기전 2025년까지라고 설정하고 있다. 제순 시대의 유적은 용산문화라고 설정하고 있는데, 용산문화가 동이족 문화라는 점에서 순이 동이족인 것이 다시 확인된다.

진(陳)나라의 초대 군주인 진호공(陳胡公)도 순의 후예인데, 그 계보는 다음과 같다.

황제→창의→전욱→우막(虞幕)[궁선(窮蟬)]→경강(敬康)→구망(句望)→교우(橋牛)→
고수(瞽瞍)→순(舜)→상균(商均)→우사(虞思)→기백(箕伯)→직병(直炳)→우수(虞遂)→
백희(百戲)→우알부(虞閼父)[알부(遏父)]→호공만(胡公滿)[진호공]

앞서 말한 것처럼 진(陳)나라도 동이족 국가이다. 주나라의 왕성인 희씨(姬氏)는 물론 황제에게서 갈라진 유(酉), 기(祁), 기(己), 등(滕), 침(葴), 임(任), 순(荀), 이(釐), 길(姞), 현(儇)[전], 의(依) 씨도 모두 동이족 성씨이다. 특히 주나라는 그대로 희성(姬姓)을 사용하는 것으로 자신들이 황제의 정통성을 계승했음을 강조하였다.

하은주 삼대는 모두 동이족

사마천은 「하본기」의 다음 구절에서 하은주(夏殷周) 3대의 왕성에 대해서 설명하고 있다.

제우는 하후(夏后)[하나라 임금]가 되었으므로 별도의 씨가 되었으며 성은 사씨(姒氏)가 되었다. 설(契) 땅은 상(商)이 되었으며 성은 자씨(子氏)였다. 기(棄) 땅은 주(周)가 되었고 성은 희씨(姬氏)였다.

[帝禹爲夏后而別氏 姓姒氏 契爲商 姓子氏 弃爲周 姓姬氏]

하나라의 왕성은 사씨, 상나라의 왕성은 자씨, 주나라의 왕성은 희씨라는 것이다.

사마정은 『사기색은』에서 이렇게 말했다.

『예위(禮緯)』에는 "우임금의 어머니 수기(脩己)는 의이(薏苡)[율무]를 삼키고 우를 낳아서 이에 따라서 성씨를 사씨(姒氏)로 했다."고 말했다.

사(姒) 자에는 형제의 부인 중에 연장자를 뜻하는 뜻이 있다. 형의 부인을 사(姒), 동생의 부인을 제(娣)라고 하고, 여자 형제 중에 언니를 사, 동생을 제라고도 한다. 또한 같은 남편의 첩 중에서 연장자를 사(姒)라고도 한다. 우왕의 어머니 수기는 유신(有莘)씨인데, 그녀가 연장자이기 때문에 우임금이 사씨가 되었다는 것이니 이 역시 모계를 중시하는 동이족 성씨이다.

춘추시대 사성(姒姓)이 국성이었던 국가로는 료국(蓼國), 증국(繒國), 기국(杞國), 조국(趙國) 등이 있다. 사성에서 갈라진 성씨로는 료씨(廖氏), 하씨(夏氏), 증씨(曾氏), 상씨(相氏), 포씨(鮑氏), 구양씨(歐陽氏) 등이 있다. 모두 동이족 국가이고 동이족 성씨들이다.

사마정은 『사기색은』에서 상나라 왕성이 자성(子姓)인 이유에 대해서 이렇게 말한다.

『예위』에는 설(契)의 성이 자씨(子氏)인 것 또한 그의 어머니인 간적(簡狄)이 제비알[乙子]을 삼키고 설을 낳았기 때문이다.

상나라 시조 설은 어머니 간적이 새의 알을 먹고 설을 낳았기 때문에 자(子)를 씨로 삼았다는 것이다. 중원의 고대 왕국이 대부분 동이족 국가지만 그중에서도 상나라는 동이족 색채가 더욱 뚜렷한 왕조이다.

2
동이족 국가 상나라를 찾아서

은허와 갑골문의 수수께끼

　사마천은 『사기』에서 「은본기(殷本紀)」라고 했지만 은나라의 원래 이름은 상(商)이다. 사마정은 『사기색은』에서 상이 은으로 불리게 된 이유를 이렇게 설명했다.

> 설(契)이 처음에는 상(商)나라에 봉해졌는데 그의 후손인 반경(盤庚)이 은(殷)으로 옮겼다. 은나라는 업(鄴) 땅의 남쪽에 있었는데, 드디어 세상에서 (은으로) 부르게 되었다. 설은 은 집안의 시조이다. 그래서 은설(殷契)이라고 말한 것이다.

　처음 국호는 상 땅에 봉해졌으므로 상나라였는데, 설의 후손인 반경이 도읍을 은 땅으로 옮겨서 세상에서 은으로 부르게 되었다는 것이다. 은 땅은 지금 하남성 안양에 있는 은허(殷墟)이다. 이 은허에 대해서 당

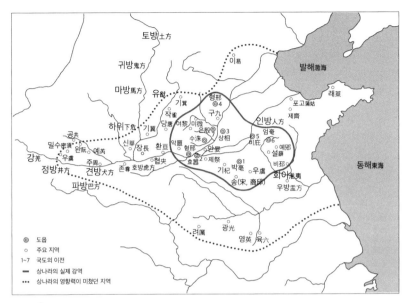

그림46 **은나라 강역**

나라 장수절은 『사기정의』에서 이렇게 설명하고 있다.

『괄지지』에는 "상주(相州)의 안양(安陽)은 본래 반경(盤庚)이 도읍한 곳
인데, 곧 북몽(北蒙)이다. 은허(殷墟)는 남쪽 조가성(朝歌城)까지 146리
떨어져 있다."라고 했다. 『죽서기년』에는 "반경은 엄(奄)에서 북몽으로
옮겨서 은허라고 했다. 남쪽 업(鄴)과 거리는 40리이다."라고 했다. 이는
옛 업성(鄴城) 서남쪽 30리에 원수(洹水)가 있고 남쪽 언덕 3리에는 안
양성(安陽城)이 있고 서쪽에는 은허라는 이름의 성이 있는데, 북몽을 이
르는 것이다. 지금 상고해 보니 원수는 상주 북쪽 4리에 있는데 안양성
이 곧 상주 외성(外城)이다.

반경은 상 왕조의 19대 임금이다. 『죽서기년』에는 "반경의 이름은 순(旬)이다. 재위 14년에 도읍을 박(亳)에서 북몽(北蒙)으로 옮겼는데, 이 곳을 은(殷)이라고 한다. 재위 15년에 은읍(殷邑)을 건설했다."라고 나온다. 이를 앞서 말했듯이 반경천은이라고 한다.

상나라는 탕(湯)임금이 상조(商朝)를 세우고 이후 300여 년 간 도성을 다섯 차례 옮겼는데, 대부분 왕실 내부의 왕위계승 문제 때문이었다. 왕위계승 원칙이 수립되지 않아서 아버지의 뒤를 아들이 이어야 한다는 주장도 있고, 형의 뒤를 동생이 이어야 한다는 주장도 있고, 조카가 이어야 한다는 주장 등 왕위계승 투쟁이 그치지 않았다. 그러나 19대 임금 반경이 은으로 천도한 이후 멸망 때까지 도읍을 옮기지 않았다.

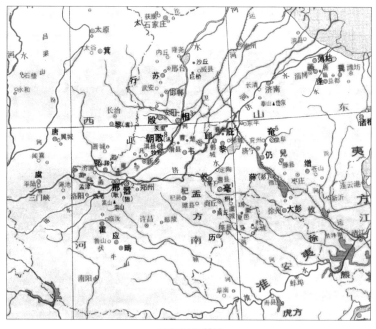

그림47 **반경천은**

상나라에 대해 다시 설명하면 중국에서는 상나라가 서기전 1600년부터 서기전 1046년까지 존속했다고 보고 있는데, 대략 세 단계의 발전과정을 거쳤다고 한다. 첫 단계는 '선상(先商)'이고, 두 번째 단계는 '조상(早商)'이고 세 번째는 '만상(晚商)'이다. 상나라는 전후 17대, 31명의 왕이 500여 년 존속했다고 본다.

이 상족(商族)들은 처음 황하 중하류 지역에서 출발해서 우(禹)와 동시대의 인물이었던 설(契)이 하조(夏朝)의 방국(方國)인 제후국을 세웠다가 상탕(商湯)이 여러 방국들을 이끌고 하나라를 공격했다. 상탕은 '명조지전(鳴條之戰)'에서 하나라를 멸망시키고 박을 도읍지로 삼아 중원의 패자가 되었다. 이후 반경이 은으로 천도하면서 은 또는 은상으로 불리게 되었다. 은으로 천도한 이후의 왕위는 '반경 → 소신(小辛) → 소을(小乙) → 무정(武丁) → 조경(祖庚) → 조갑(祖甲) → 름신(廩辛) → 강정(康丁) → 무을(武乙) → 문정(文丁) → 제을(帝乙)을 거쳐 마지막 제신(帝辛)[주왕]까지이다. 『죽서기년』에 "반경천은 이후 주왕(紂王)에 이르러 멸망할 때까지 273년 동안 다시 도읍을 옮기지 않았다."라고 쓴 것처럼 은에서 8대 12명의 국왕이 273년 동안 통치했다. 이를 통해 중국 학계는 은나라가 서기전 1046년에 멸망했다고 연대를 정확하게 특정하고 있다.

당나라 장수절은 『사기정의』에서 은허의 위치에 대해서 "옛 업성 서남쪽 30리에 원수가 있고, 남쪽 언덕 3리에 안양성이 있고, 서쪽에 은허라는 이름의 성이 있다."라고 구체적으로 설명했다. 장수절이 은허에 대해서 아주 구체적으로 말했음에도 중국인들은 20세기 초까지 은나라를 전설상의 왕조로만 인식해왔다.

은허가 발견된 것은 은나라가 망한 지 3,000년 후의 일이었다. 그것도 우연한 계기로 세상에 알려지게 되었다. 1899년 청나라 국자감(國子

監) 좨주(祭酒) 왕의영(王懿榮)이 학질(瘧疾)에 걸렸다. 그 무렵 북경의 약재상들과 한의사들 사이에서는 거북과 소의 어깨뼈 등이 용골(龍骨)이라는 특효약으로 비싼 값에 팔리고 있었다. 왕의영은 북경의 달인당(達仁堂)에서 구입한 용골에 글씨가 새겨져 있는 것을 보고 연구를 시작했다. 갑골문이 세상에 모습을 드러나려는 찰나였다.

왕의영은 1900년 영국을 필두로 8국연합군이 북경을 점령하면서 광서제(光緖帝)가 태원(太原)으로 도주하자 항의 자결하고 말았다. 왕의영의 갑골문 연구는 문하생 유악(劉鶚)이 이어서 상나라의 역사가 세상에 드러나기 시작했다. 동시에 갑골문의 가격이 치솟기 시작했다. 갑골문이 글자 한 자당 은자(銀子) 두 냥(兩)씩 할 정도로 가격이 치솟자 골동품상들은 그 출토지를 철저히 비밀에 부쳤다. 심지어 1903년 갑골문에 관한 최초의 저서 『철운장귀(鐵云藏龜)』를 쓴 유악조차도 그 출토지를 안양현이 아니라 남쪽의 탕음현(湯陰縣) 유리성(羑里城)이라고 적었을 정도였다. 탕음현 유리는 주나라 문왕이 유폐되어 『역경(易經)』을 수정하고 사주(四柱)를 만들었다고 전하는 곳이다. 또한 탕음현은 금나라와 끝까지 주전론(主戰論)을 펼쳤던 남송(南宋) 장수 악비(岳飛)[1103~1142]의 고향이어서 사당인 악비묘(岳飛廟)가 있는 곳이기도 하다.

이렇듯 왕의영과 유악의 연구를 통해서 한자의 원형이 갑골문이라는 사실이 알려졌다. 중국인들은 그때까지 자신들이 직접 사용하는 글자의 원형이 갑골문이라는 사실을 어떻게 모를 수 있었을까 의문이다. 『사기』 「항우본기」에도 항우가 "원수(洹水) 남쪽 은허 위에서 맹약했다.[洹水南殷虛上已盟]"는 기사가 나오는 것을 비롯해서 은허에 관한 기록이 많이 남아 있음에도 중국인들은 은나라를 전설상의 왕조로만 여겼던 것이다.

1928년 중화민국 중앙연구원 역사어언연구소 소장 부사년(傅斯年)의 지원으로 동작빈 등이 발굴에 나서 약 800여 편(片)의 갑골과 청동기 및 도기, 골기(骨器) 등을 발굴했는데, 중국에서는 이를 중국 현대 고고학의 시작이라고 높인다. 이듬해 이제(李濟) 등이 정식 발굴에 나서 1937년 중일전쟁이 발생할 때까지 15차례에 걸쳐 은허를 발굴했다. 일제 패전 후 중국과학원과 중국사회과학원에서 이를 계승해 지금에 이르기까지 계속 발굴하고 있다.

은허에서 출토된 갑골은 약 15만 편(片)이나 될 정도로 방대한 양이다. 갑골문은 동이족 은나라의 역사이니 동이족의 관점에서 이를 연구할 전문 인력의 확보가 절실한 시점이지만 이 나라에서는 요원한 이야기이다.

특기할 것은 은허에서 흉노인들의 묘가 다수 출토되었다는 점이다. 2017년 5월 중국의 고고학자들은 은허에서 18좌(座)의 흉노 무덤을 발굴했다. 중국에서는 이를 지금으로부터 1800여 년 전의 후한 말년에서 위진(魏晉)[220~420] 시기에 이르는 무덤으로 보고 있다. 이때도 하남성 안양현 지역을 흉노가 차지하고 있었다는 것이다. 중국은 우공 9주에서 지금의 요녕성까지 하나라의 강역이었던 것처럼 주장하는데, 북경뿐 아니라 하남성 북부도 흉노가 차지하고 있었다는 것이니 중국 강역사는 처음부터 다시 써야 하는 것임을 알 수 있다.

은나라의 동이족 난생사화

은나라가 동이족 국가라는 사실은 『사기』에 실린 건국사화에서도 알 수 있다. 은나라의 시조는 설(契)인데, 그가 태어나는 과정을 사마천은

「은본기」에서 이렇게 설명했다.

> 은나라 시조 설(契)의 어머니는 간적(簡狄)이다. 간적은 유융씨(有娀氏)
> 의 딸로 제곡(帝嚳)의 두 번째 비(妃)가 되었다. 세 사람이 목욕하러 갔을
> 때 현조(玄鳥)가 그 알을 떨어뜨린 것을 보고 간적이 이를 삼키고 임신해
> 설을 낳았다. 설이 장성해 우(禹)의 치수(治水)사업을 보좌하는 공이 있
> 었다.
> [殷契 母曰簡狄 有娀氏之女 爲帝嚳次妃 三人行浴 見玄鳥墮其卵 簡狄取吞
> 之 因孕生契 契長而佐禹治水有功]

은나라 시조는 설의 아버지는 제곡이다. 제곡은 소호의 손자이니 동
이족임은 물론이다. 설의 어머니는 유융씨의 딸 간적인데, 현조가 떨어
뜨린 알을 먹고 설을 낳았다. 고구려 시조 추모왕의 어머니 유화가 햇빛
에 감응해서 임신해 알을 낳았다는 것과 같은 전형적인 난생사화다.

『사기』「진본기」에서 말하는 진(秦)나라 시조도 전형적인 난생사화로
태어났다.

> 진의 선조(先祖)는 제전욱(帝顓頊)의 후예로 여수(女脩)라고 한다. 여수
> 가 어느 날 베를 짜고 있는데 현조가 떨어뜨린 알을 여수가 받아 삼켜서
> 임신을 해 아들 대업(大業)을 낳았다. 대업은 소전(少典)의 딸에게 장가
> 를 들었는데 그녀가 여화(女華)이다.
> [秦之先 帝顓頊之苗裔孫曰女脩 女脩織 玄鳥隕卵 女脩吞之 生子大業 大業
> 取少典之子 曰女華]

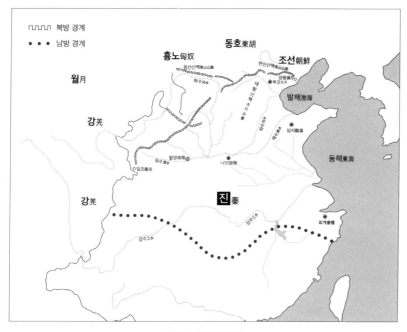

그림48 진나라 강역

진나라는 훗날 중원을 통일하는데 역시 동이족 국가다. 『사기』 「고조본기」의 『사기집해』 주석에서 응소(應劭)의 입을 빌어서 "진 양공(襄公)은 서융(西戎)에 거주할 때 소호(少昊)의 신을 주관하고 서치(西畤)를 지어서 백제(白帝)에게 제사했다."고 말하는 것처럼 진 왕실이 소호를 제사하는 것은 동이족의 후예이기 때문이다. 백이(伯夷), 숙제(叔弟)로 유명한 고죽국(孤竹國)도 자성의 국가로 씨는 묵태(墨胎)씨다.

상나라는 자성(子姓)인데, 자성에서 뻗어나간 성씨가 대단히 많다. 사마천은 『사기』 「은본기」 끝의 '태사공은 말한다'에서 "설(契)은 성을 자(子)씨로 삼았지만 그 후예들은 나누어 봉해져서 국가를 성씨로 삼았다. 은씨(殷氏), 내씨(來氏), 송씨(宋氏), 공동씨(空桐氏), 치씨(稚氏), 북은씨

(北殷氏), 목이씨(目夷氏)가 있다."라고 말하고, 공자가 "은나라의 노거(路車)가 가장 좋았으며 색은 흰색(白)을 높였다."라는 말을 덧붙였다. 이들 성씨가 모두 자성이라는 것이다. 이 구절에 대해 사마정은 『사기색은』에서 "고증해 보니 『계본』의 「자성」에는 치씨가 없다."라고 말했고, 북은씨가 계본에는 '모씨(髦氏)'로 되어 있다면서 시씨(時氏), 소씨(蕭氏), 여씨(黎氏)도 자성이라고 말했다.

현재 중국 학계에서는 이들 성 외에도 은(殷), 화(華), 화(花), 송(宋), 림(林), 묵(墨), 공(孔), 향(向), 왕(王), 변(邊), 의(依), 경(庚), 연(燕), 영(穎), 조(祖), 무(武), 원(苑), 등(鄧), 후(侯), 학(郝), 팽(彭), 정(丁), 탕(湯), 옥(沃), 을(乙), 구(瞿), 치(稚), 소(蕭)씨 등이 모두 자씨에서 갈라져 나간 성씨라고 보고 있다. 모택동의 뒤를 이은 중국 국가주석이었던 화국봉(華國鋒)이나 등소평(鄧小平), 팽진(彭眞) 같은 중국 공산당의 걸출한 인물들도 뿌리는 동이족이라는 뜻이다. 공자가 은나라는 흰색을 높였다는 말은 흰색을 좋아하는 백의민족(白衣民族)이라는 뜻이다.

기자조선과 자성의 나라들

상나라 시조 설(契)은 설(卨)이라고도 하는데, 제곡과 간적 사이의 아들이다. 그러나 『죽서기년』은 "제순이 29년에 임금이 명을 내려 아들 의균(義均)을 상(商)에 봉했는데, 이이가 상균(商均)이다."라고 달리 말하고 있다. 상나라 시조는 상균이고, 순임금의 아들이라는 것이다. 『죽서기년』은 춘추시대 진(晉)나라 사관 및 전국시대 위(魏)나라 사관이 편찬한 역사서다. 남송의 나필(羅泌)[1131~1189]이 편찬한 『노사(路史)』는 "제순의

비 여앵(女嫈)이 의균과 계리(季釐)를 낳
아서 의균을 상(商)에 봉했으니 이이가
상인데, 그는 노래하고 춤추는 것을 좋
아했다."라고 말하고 있다.

제곡의 아들인 설이 상나라를 건국했
다는 기록과 순의 아들 의균이 상나라를
건국했다는 기록이 병존하고 있는 것이
다. 제곡은 동이족임이 명백한 소호의

그림49 **상나라 시조 설**

손자이고, 순 또한 맹자가 동이족이라고 분명히 했으니 어느 경우에도
상나라는 동이족이 세운 국가가 된다. 『금문신고』는 또한 설의 아버지는
곤(鯀)이고 할아버지가 전욱이라고 달리 기록하고 있다. 상나라의 실제
시조가 누구인가는 더 깊이 연구해야 할 과제지만 동이족이라는 사실은
분명하다. 간적이 현조가 떨어뜨린 알을 먹고 설을 낳았다는 사화는 고
구려 시조 주몽이나 신라 시조 혁거세처럼 동이족 난생사화라는 점도
이를 말해준다.

우임금은 직(稷), 설(契), 도(陶) 등을 등용해서 치수에 공을 세웠고,
순임금이 설을 사도로 임명하고 상(商) 땅을 봉지로 내려주고, 자(子)를
성(姓)으로 내려주었다. 이후 설의 13세 후손 탕(湯)이 하조(夏朝)를 무
너뜨리고 상조(商朝)를 세웠다. 사마천은 상나라 군주들의 계보에 대해
서 「은본기」에서 자세하게 서술했다.

설이 죽자 아들 소명(昭明)이 즉위했고, 소명이 죽자 아들 상토(相土)가
그 뒤를 이어 즉위했다. 상토가 죽자 아들 창약(昌若)이 그의 뒤를 이었
으며, 창약이 죽자 아들 조어(曹圉)가 즉위했다. 조어가 죽자 아들 명(冥)

이 즉위했다. 명이 죽자 아들 진(振)이 즉위했다. 진이 죽자 아들 미(微)가 즉위했다. 미가 죽자 아들 보정(報丁)이 즉위했다. 보정이 죽자 아들 보을(報乙)이 즉위했다. 보을이 죽자 아들 보병(報丙)이 즉위했다. 보병이 죽자 아들 주임(主壬)이 즉위했다. 주임이 죽자 아들 주계(主癸)가 즉위했다. 주계가 죽자 아들 천을(天乙)이 즉위했는데 이이가 성탕(成湯)이 된다.

[契卒 子昭明立 昭明卒 子相土立 相土卒 子昌若立 昌若卒 子曹圉立 曹圉卒 子冥立 冥卒 子振立 振卒 子微立 微卒 子報丁立 報丁卒 子報乙立 報乙卒 子報丙立 報丙卒 子主壬立 主壬卒 子主癸立 主癸卒 子天乙立 是爲成湯]

이 계보에서 중요한 인물이 설의 손자 상토이다. 『춘추좌전』 「노 양공(襄公) 9년(서기전 564)」 조에 상토에 대한 이야기가 나온다.

진후(晉侯)가 사약(士弱)에게 "내 듣건대 송(宋)나라는 화재(火災)로 인해 천도(天道)가 있는 줄 알았다고 하는데 무슨 까닭으로 알았다는 말인가"라고 물었다. 사약이 답하기를 "고대(古代)의 화정(火正)은 혹은 심수분야(心宿分野)를 식읍(食邑)으로 받기도 하고 유수분야(柳宿分野)를 식읍(食邑)으로 받기도 해서 화성(火星)의 제사(祭祀)를 주관하고 성수(星宿)의 출입을 관측해서 불을 출납(出納)하는 정령(政令)을 맡았습니다. 그래서 유수(柳宿)를 순화(鶉火)라고 칭하고 심수(心宿)를 대화(大火)라고 칭한 것입니다. 도당씨(陶唐氏)[요임금]의 화정(火正) 알백(閼伯)이 상구(商丘)에 거주하면서 대화(大火)의 제사를 주관하고 성수(星宿)의 출입을 관측하여 불을 출납하는 때를 기록했는데, 상토(相土)가 알백의 빙법을 계승하였습니다. 그래서 상나라는 대화의 제사를 주관하였습니다. 상나라 사람들은 화란(禍亂)과 실패의 조짐이 반드시 불에서 시작하였다는 것을 살폈기 때문에 일전(日前)에 천도(天道)가 있는 줄을 안 것입니다."라고 답했다.

알백이 곧 설이며, 요임금 때 불을 관장하는 화정이었는데, 상토가 그 벼슬을 계승했다는 것이다.

조상시기는 성탕이 하조를 무너뜨리고 상조를 연 시기이다. 성탕은 물론 자성이고 이름은 이(履)인데, 상탕(商湯), 무탕(武湯), 천을(天乙)이라고도 부른다. 상나라 때 만든 금문과 갑골문에는 당(唐), 성(成), 대을

표12 은나라 왕계① 설에서 성탕까지 선상(先商)시기

설(契)→소명(昭明)→상토(相土)→창약(昌若)→조어(曹圉)→명(冥)→진(振)→미(微)→
보정(報丁)→보을(報乙)→보병(報丙)→주임(主壬)→주계(主癸)→천을(天乙) [성탕(成湯)]

표13 은나라 왕계② 성탕에서 조을까지 조상(早商)시기

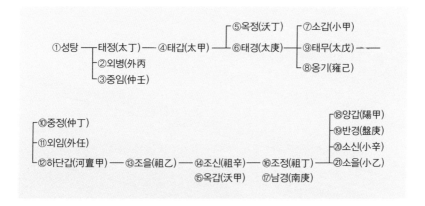

(大乙=太乙) 등으로 기록되어 있다. 곽말약(郭沫若) 주편(主編)의『갑골
문합집(甲骨文合集)』등에 따르면 갑골문에 "대을의 배필은 비병이
다.[大乙配妣丙]"라고 기록되어 있는데, 비병은 유신씨(有莘氏)의 딸이며
태정(太丁)의 어머니다. 또한 비갑(妣甲)은 갑골문에 "복병의 어머니는
비갑이다.[卜丙母妣甲]"라고 기록되어 있는 것처럼 외병(外丙)의 어머니
다. 탕왕은 사(姒)성의 이윤(伊尹)과 중훼(仲虺)의 보좌를 받아 나라 중
흥에 나섰다.

이윤은 동이족이고, 중훼도 제곡(帝嚳)의 후예라는 점에서 동이족이
다. 성탕은 크고 작은 열한 차례의 전쟁으로 지금의 하남성 영릉(寧陵)
북쪽에 있던 갈(葛), 하남성 활현(滑縣) 동남쪽에 있던 위(韋), 하남성 범
현(范縣) 동남쪽에 있던 고(顧), 하남성 허창(許昌) 동쪽의 곤오(昆吾)
등의 소국을 멸망시켜 하나라 걸(桀)왕을 고립시킨 후 서기전 1600년에
명조지전(鳴條之戰)으로 걸왕을 무너뜨리고 상나라 천하를 만들었는데,
이를 '탕무혁명(湯武革命)'이라고 부른다.

자성(子姓)의 국가도 여럿 있다. 먼저 기자조선을 들 수 있다. 기자(箕
子)는 상나라 왕족이니 동이족임은 물론이다. 공자는『논어』에서 기자를
세 사람의 어진 인물인 삼인(三仁)의 한 명으로 꼽았다.

표14 **은나라 왕계③ 소을에서 제신(주)까지 만상(晚商)시기**

```
                            ┌ ㉔조경(祖庚)      ┌ ㉖름신(廩辛) ─
─ ㉑소을(小乙) ─ ㉒무정(武丁) ┤                  ┤
                            └ ㉕조갑(祖甲)      └ 강정(康丁)

─ ㉘무을(武乙) ─ ㉙문정(文丁) ─ ㉚제을(帝乙) ─ ㉛제신(帝辛) ─ [주(紂)]
```

*23대는 갑골문에 기재되지 않음

미자(微子)는 떠났고, 기자(箕子)는 노예가 되었으며, 비간(比干)은 간쟁하다가 죽었다. 공자가 말하기를 '은나라에는 세 명의 어진 사람이 있었다.'고 하였다.

[微子去之 箕子爲之奴 比干諫而死 孔子曰殷有三仁焉]

기자는 은 주왕의 정사에 대해서 간쟁하다가 옥에 갇혔는데, 주(周) 무왕이 은나라를 무너뜨리고 난 후 석방시켰다. 기자는 고국인 은을 무너뜨린 주에 복종할 수 없어서 조선으로 떠났는데, 이 기사는 『상서대전』「은전」등에 나온다. 『주서(周書)』「홍범(洪範)」에서는 이렇게 말하고 있다.

무왕이 기자를 죄수에서 석방시켜 주었는데, 기자는 주에서 석방시켜 준 것을 참을 수가 없어서 조선(朝鮮)으로 도주했다. 무왕이 그 소식을 듣고 그를 조선에 봉해주었다. 기자는 주의 봉함을 받았으니 신하의 예를 하지 않을 수 없어서 (무왕) 13년에 내조하러 왔는데, 무왕이 그가 내조했을 때 홍범에 대해 물었다.

[武王釋箕子之囚 箕子不忍周之釋 走之朝鮮 武王聞之 因以朝鮮封之 箕子既受周之封 不得無臣禮 故於十三祀來朝 武王因其朝而問洪範]

이 구절에서 중요한 것은 석방된 기자가 도주한 곳이 '조선'이라는 것이다. 기자가 가서 조선을 만든 것이 아니라 이미 있는 '조선'으로 간 것이다. 그가 간 조선은 마땅히 '단군조선'이다. 기자가 조선으로 갔다는 말을 듣고 무왕이 그를 조선에 봉했다는 것은 선언적인 의미이다. 조선은 무왕의 제후국이 아니기 때문이다. 그래서 『사기』「송미자세가(宋微

子世家)」에 이런 구절이 나오는 것이다.

이에 무왕이 기자를 조선에 봉했으나 신하는 아니었다.
[於是武王乃封箕子於朝鮮而不臣也]

한때 기자가 봉함을 받은 지역이 지금의 평양이라고 알려져 있었지만 이는 고려 후기의 사대주의 유학자들이 만든 '기자동래설(箕子東來說)'에 의한 창작이다. 중국 학계에서는 기자가 실제 있었던 지역을 지금의 하북성 노룡현(盧龍縣)이라고 보고 있다. 연산산맥 조금 동쪽으로 한나라가 설치한 낙랑군(樂浪郡)이 있던 지역이다. 이 지역을 기자에게 봉해준 인물은 단군조선의 군주였을 것이다.

그런데 「송미자세가」의 기자에 대한 주석에서 두예(杜五)는 "양국(梁國) 몽현(蒙縣)에 기자의 무덤이 있다.[梁國 蒙縣有箕子冢]"라고 말했는데, 양국 몽현은 지금 산동성과 하남성이 교차하는 곳에 있는 하남성 상구시(商丘市) 지역이고, 실제로 지금도 기자의 무덤이 있다. 평양에 있던 기자무덤은 14세기경에 고려의 유학자들이 만든 가짜 무덤이다. 기자가 평양까지 간 적이 없으니 평양에 무덤이 있을 까닭도 없다. 그러나 기자의 활동지가 하북성 노룡현 지역이라면 왜 무덤은 하남성에 있는지 이 또한 수수께끼가 아닐 수 없다. 고려, 조선의 유학자들은 기자가 동이족인 것을 모르고 은나라에서 온 것만 중시해서 기자를 존숭했지만 기자는 공자와 같은 동이족이다.

다음으로 은나라 왕족 미자가 봉해졌던 송(宋)나라를 들 수 있다. 송나라는 주나라가 은나라를 무너뜨리기 전에 존재했던 세 왕조의 왕족들을 제후로 봉한 삼각(三恪) 중의 하나이다. 삼각이란 우(虞), 하(夏), 상

(商)의 후예들을 각각 진(陳), 기(杞), 송(宋)나라에 봉한 것을 뜻한다. 송나라는 동이족 국가이고 그 후예인 공자 또한 동이족의 후예이다.

또한 미자의 후손이 봉해졌던 소국(蕭國)도 자성의 국가인데, 나중에 초나라에 멸망했다. 등국(鄧國)은 22대 무정(武丁)[23대라고도 함]이 그 계부를 하북의 만(蔓) 땅에 봉하면서 시작되었는데, 그래서 유만(有蔓)씨, 만씨(蔓氏) 등이 여기에 속한다. 또한 백이 숙제의 고사로 유명한 고죽국(孤竹國)도 자성(子姓)의 묵태(墨胎)씨 국가인데, 중국 학계에서는 고죽국의 도읍을 지금의 하북성 노룡현의 성 남쪽에 있었다고 보고 있다. 또한 대국(代國)도 자성의 국가인데, 성탕이 자성의 인물을 봉하면서 시작되었고 서기전 475년에 같은 동이족인 조(趙) 양자(襄子)에게 멸망했다.

은으로 천도한 반경

사마천은 성탕을 중시해서 「은본기」에 따로 항목을 만들어 서술했다.

성탕은 설로부터 탕(湯)에 이르기까지 여덟 번 천도했다. 탕이 비로소 박(亳) 땅에 자리 잡았다.
[成湯 自契至湯八遷 湯始居亳]

시조 설부터 탕임금에 이르기까지 국도(國都)를 여덟 번 옮겼다는 것이다. 상나라는 첫 도읍지인 박(亳)에서 탕이 임금이 되어 반경(盤庚)으로 천도하기까지 여덟 번, 그 후에 다섯 번을 천도했다고 해서 '선팔후

오(先八後伍)'라고 부른다. 그중 중요한 것이 박과 은이다. 박은 제곡과 상탕의 도읍지다. 탕임금부터 10대 중정(仲丁)까지 상나라 6대 11명의 이 150년 동안 박을 도읍으로 삼았다. 중정은 박에서 효(囂) 땅으로 천도했는데, 효는 오(隞)라고도 기록되어 있다. 이것이 상나라의 1차 천도이다.

박의 위치에 대해서는 여섯 개의 주장이 있는데, 서박(西亳)설, 남박(南亳)설, 북박(北亳)설, 두박(杜亳)설, 원박(垣亳)설, 정박(鄭亳)설이 그것이다. 그중 서박설과 정박설이 유력한데, 서박설은 지금의 하남성 낙양시 언사(偃師)가 도읍지인 박이라는 주장이고, 정박설은 하남성 정주(鄭州)시의 상성유지(商城遺址)라는 주장이다. 또한 하남성 상구시(商丘市)라는 주장도 있다.

『상서(尙書)』의 「주서(周書)」 '입정(立政)' 편에 삼박(三亳)이 나오는데, 황보밀은 『제왕세기』 「은상(殷商)」 조에서 이렇게 썼다.

> 그런즉 은나라는 삼박이 있었는데, 두 박은 양국(梁國)에 있었고, 한 박은 하수와 낙수 사이에 있었다. 곡숙(穀熟)은 남박인데, 즉 탕의 도읍지다. 몽현(蒙縣)은 북박인데, 즉 경박(景亳)으로 탕왕이 천명을 받은 곳이다. 언사는 서박이 되는데, 즉 반경이 천도한 곳이다.
>
> [然則殷有三亳, 二亳在梁國, 一亳在河, 洛之間, 穀熟爲南亳, 即湯都也. 蒙爲北亳, 即景亳. 是湯所受命地° 偃師爲西亳, 即盤庚所徙也]

양국이나 몽현은 모두 하남성 상구시 일대이고, 언사는 하남성 낙양시 산하이다. 결국 성탕부터 150년 동안 상나라의 수도였던 박은 하남성 상구시 일대이거나 하남성 낙양시 언사 일대라는 뜻이다.

그다음에 천도한 은은 반경천은(盤庚遷殷)이라고 불릴 정도로 중요한 지역이다. 상나라의 19대 임금 반경이 황하 북부의 엄(奄)[현 산동성 곡부(曲阜)]에서 황하 남쪽 탕왕의 도읍이었던 박(亳)[현 하남성 상구(商丘)로 비정]으로 천도했다가 다시 은(殷)[하남성 안양(安陽)시 은허(殷墟)]로 천도한다. 이를 '반경천은'이라고 하는데 후세에 상나라를 '은상(殷商)', 또는 은(殷)이라고 부른 유래가 되었다.

사마천은 「은본기」에 반경에 대해서 자세하게 서술했다.

> 제양갑(帝陽甲)이 붕어하고 아우 반경이 즉위했는데 이이가 제반경(帝盤庚)이다. 제반경 때는 은나라가 이미 하수(河水)의 북쪽에 도읍하고 있었는데, 반경이 하수 남쪽으로 건너가서 다시 성탕(成湯)의 옛 도읍으로 옮겨 살았다. 도읍을 다섯 번이나 옮겨 정처(定處)가 없었으니 은나라 백성들이 탄식하고 서로 모두 원망하면서 이사하려 하지 않았다.
>
> [帝陽甲崩 弟盤庚立 是爲帝盤庚 帝盤庚之時 殷已都河北 盤庚渡河南 復居成湯之故居 迺伍遷 無定處 殷民咨胥皆怨 不欲徙]

탕왕부터 반경까지 모두 다섯 번이나 도읍을 이전하니 백성들이 원망했다는 것이다. 장수절은 『사기정의』에서 "탕임금이 남박(南亳)에서 서박으로 옮겼고 중정(中丁)이 오(隞)로 옮겼고 하단갑(河亶甲)이 상(相)에 거주했으며 조을(祖乙)이 경(耿)에 거주했고 반경이 하수를 건너 남쪽 서박(西亳)에 거주했으니 도읍을 다섯 번 옮긴 것이다."라고 말했다.

서기전 1300년경 상왕 반경은 엄에서 박으로 천도했다가 다시 은으로 천도했는데, 이곳이 은허로 현재 하남성 안양시 서북쪽 은도구(殷都區) 소둔촌(小屯村) 지역이다. 『죽서기년』에는 "반경이 은으로 천도해서

주(紂)가 멸망할 때까지 253년인데, 다시는 도읍을 옮기지 않았다.[自盤
庚徙殷至紂之滅二百伍十三年 更不徙都]"라고 말하고 있다. 도읍 은(殷)
은 '북몽(北蒙)', '은읍(殷邑)' 등으로 불렸는데, 갑골문에는 '대읍상(大邑
商)', '상읍(商邑)'으로 적고 있다.

사마천은 『사기』 「위강숙(衛康叔)세가」에서 "강숙을 하수(河水)와 기
수(淇水) 사이에서 살게 했으므로 '상허(商墟)'라고 했다."고 썼고, 『수
경』 경문(經文), 즉 원문(原文)에는 "원수(洹水)는 산동에서 나와서 동쪽
으로 흘러 은허(殷墟) 북쪽으로 흐른다.[洹水出山東逕殷墟北]"라고 썼다.
일찍부터 '상허(商墟)', '은허(殷墟)' 등으로 표현했다는 뜻이다. 송(宋)·
원(元) 시기에 이 일대에서 다수의 청동기가 출토되었는데, 송나라 때의
『통감지리통석(通鑑地理通釋)』에 "안양현은 본래 은허로 이른바 북몽이
다. 단갑성이 서북 5리 40보에 있는데, 원수(洹水)의 남안이다.[安陽縣本
殷墟 所谓北蒙者 亶甲城在西北伍里四十步 洹水南岸]"라는 기록이 있다.
단갑성은 상나라 12대 하단갑(河亶甲)의 도읍이라는 뜻이다.

은허에서 일찍부터 청동기가 나왔지만 청나라 말기에 갑골문이 다수
출토되기 전까지 중국인들은 은허의 존재를 믿지 않았다. 갑골문의 존
재를 처음 세상에 알린 왕의영과 유악, 나진옥(羅振玉), 왕국유(王國維)
등이 갑골에 새겨진 글자가 은나라 문자이며 은허가 반경이 천도한 도
성(都城)이라는 사실을 드러내면서 은허는 전설이 아니라 실제 존재했
던 왕조로 받아들여졌다. 또한 은이 동이족 국가라는 사실은 누구나 동
의하고 있다.

주 무왕에게 멸망되다

은나라는 주왕이 즉위하면서 국력이 크게 쇠약하게 된다. 사마천은 주왕의 계보에 대해서 「은본기」에서 이렇게 설명했다.

제을(帝乙)의 장자(長子)는 미자계(微子啓)인데 미자계의 어머니가 미천해서 제위를 계승하지 못했다. 막내아들은 신(辛)이었는데 신(辛)의 어머니는 정후(正后)여서 신(辛)이 제위를 계승했다. 제을이 붕어하고 아들인 신(辛)이 즉위했는데 이이가 제신(帝辛)이고 천하에서는 주(紂)라고 일렀다.

[帝乙長子曰微子啓 啓母賤 不得嗣 少子辛 辛母正后 辛爲嗣 帝乙崩 子辛立 是爲帝辛 天下謂之紂]

제을의 맏아들이 미자고, 막내아들이 신인데, 미자의 어머니가 정비(正妃)가 아닌 반면 신의 어머니가 정비여서 막내아들 신이 즉위했다는 것이다. 주(紂)의 이름은 수(受)인데 수덕(受德)이라고도 한다. 제을의 막내아들로 상의 후예들이 올린 시호는 제신(帝辛)인데, 그를 무너뜨린 주(周) 무왕(武王)이 '주(紂)'라고 부른 것이 통칭이 되었다.

사마천은 제신이 자질이 총명했고, 재주와 힘이 보통 사람보다 뛰어났지만 신하들의 간쟁을 막았고, 주지육림(酒池肉林)이란 고사가 말해주는 것처럼 향락에 빠져서 몰락하기 시작했다고 비판했다. 공자가 『논어』 「미자」에서 "은나라에 세 사람의 인자(仁者)가 있었다."라고 높였던 미자, 기자, 비간 세 사람의 어진 이, 즉 삼인(三仁)이 모두 주신에 의해서 만들어졌다.

주왕은 더욱 음란행위를 그치지 않았다. 미자가 자주 간했는데 듣지 않자 이에 대사(大師), 소사(少師)와 모의하고 드디어 떠나갔다. 비간이 말했다. "사람의 신하가 된 자로서 죽음으로 간쟁하지 않을 수 없다." 이에 굳세게 주왕에게 간했다. 주왕이 노해서 말했다. "내가 들으니 성인의 심장에는 7개의 구멍이 있다고 한다." 비간의 가슴을 갈라서 그 심장을 꺼내 보았다. 기자가 두려워하고 이에 거짓으로 미친 척하며 노예가 되려고 했지만 주왕이 가두었다.

[紂愈淫亂不止 微子數諫不聽 乃與大師 少師謀 遂去 比干曰 爲人臣者 不得不以死爭 迺强諫紂 紂怒曰 吾聞聖人心有七竅 剖比干 觀其心 箕子懼 乃詳狂爲奴 紂又囚之]

그러나 제신이 약해진 근본 이유는 은나라가 동이를 공격했기 때문이다. 중국의 최근 연구결과 등에 따르면 제신은 재위 10년(서기전 1066) 동이 정벌에 나서 회수(淮水) 유역의 수국(修國)을 공격했고, 재위 15년(서기전 1061)에도 다시 동이 정벌에 나섰다.[송진호 주편(宋震豪 主編), 나곤 저(罗琨 著), 「상대전쟁과 군제(商代战争与军制)」, 『상대사(商代史) 권9』, 2010, 중국사회과학출판사(中国社会科学出版社)]

동이족 출신의 은나라가 동이 정벌에 나서면서 고립되었고, 이틈에 서백(西伯)인 주 무왕이 제후들을 손잡고 상조(商朝) 타도에 나섰다. 드디어 제신 29년(서기전 1047)에 주 무왕은 군사를 일으켰고, 이듬해 주군(周軍)은 지금의 하남성 맹진(孟津)에서 여러 제후들과 여러 겨레들의 우두머리들과 맹서하는 '맹진지서(孟津之誓)'를 거행했다. 은나라 제신역시 은군(殷軍)을 이끌고 목야(牧野)에서 주군(周軍)과 부딪치는 '목야지전(牧野之戰)'을 전개했다.

사마천은 「은본기」에서 이렇게 서술했다.

주나라 무왕이 이에 제후들을 인솔하고 주를 정벌했다. 주왕도 또한 군
사를 일으켜 목야(牧野)에서 막았다. 갑자(甲子)일에 주왕의 군사가 무너
졌다. 주왕이 달아나서 녹대(鹿臺)에 올라 그 보옥으로 만든 옷을 입고
불 속으로 뛰어들어 죽었다. 주나라 무왕이 마침내 주왕의 머리를 베어
대백기(大白旗)에 매어 달았다. 달기(妲己)도 죽였다.
[周武王於是遂率諸侯伐紂 紂亦發兵距之牧野 甲子日紂兵敗 紂走 入登鹿臺
衣其寶玉衣 赴火而死 周武王遂斬紂頭 縣之〔大〕白旗 殺妲己]

이렇게 상조(商朝)는 망하고 주조(周朝)가 중원을 차지하게 되었다.
목야는 현재 정확하지는 않지만 하남성 기현 남쪽이자 위하(衛河) 북쪽,
신향(新鄕)시 부근이라고 추측된다. 『춘추좌전』「노 소공 11년」전(傳)
은 "주왕은 동이를 이기려다가 자신이 멸망했다.[紂克東夷 而損其身]"라
고 쓰고 있다. 동이족 국가 은나라 주왕이 동이를 공격하다가 되레 자신
이 멸망했다는 것이다. 주왕은 동이와 등졌다가 나라를 잃고 만 것이다.

기자(箕子)를 감옥에서 석방시키고 왕자 비간의 묘지를 봉해주고 상용
(商容)을 이문(里門)에서 현창(顯彰)했다.
[釋箕子之囚 封比干之墓 表商容之閭]

무왕은 기자를 석방시키고 비간의 묘지를 봉해주면서 자신을 은 주왕
의 폭정을 종식시킨 어진 임금으로 포장했다. 『사기』「은본기」는 은나라
사람들이 주왕의 정벌을 학수고대했던 것처럼 묘사했지만 『사기』「백이

숙제 열전」은 다른 이야기를 전해주고 있다.

서백이 죽고 무왕이 나무 신주를 수레에 싣고 문왕이라고 부르면서 동쪽
으로 주(紂)를 정벌했다.

백이와 숙제가 말을 잡아당기며 간해서 말했다.

"아버지가 죽었는데 장례를 치르지 않고 이에 방패와 창을 이르게 하는
것을 효도라고 이를 수 있는가? 신하로서 임금을 시해하는 것을 인(仁)
이라고 이를 수 있는가?"

무왕의 좌우 신하들이 병기로 죽이고자 했다.

태공(太公)이 말했다.

"이 사람들은 의인(義人)입니다."

그들을 부축해서 떠나보냈다.

무왕이 이미 은나라의 어지러움을 평정했으며 천하에서 주(周)나라를
높이자 백이와 숙제는 부끄럽게 여기고 의(義)로 주(周)나라의 곡식을
먹지 않고 수양산(首陽山)에 숨어서 고사리를 캐어 먹고 살았다.

[西伯卒 武王載木主 號為文王 東伐紂 伯夷 叔齊叩馬而諫曰 父死不葬 爰及
干戈 可謂孝乎 以臣弑君 可謂仁乎 左右欲兵之 太公曰 此義人也 扶而去之
武王已平殷亂 天下宗周 而伯夷 叔齊恥之 義不食周粟 隱於首陽山]

백이, 숙제는 은나라의 왕성인 자성(子姓)의 국가 고죽국의 왕자로 동
이족이다. 그들은 제후국인 주(周)가 상국인 상(商)을 공격하는 것을
"신하로서 임금을 시해하는 것을 인(仁)이라고 이를 수 있는가?"라고 비
판했다. 주위에서 백이, 숙제를 죽이려고 했으나 신농씨의 후예이자 같
은 동이족인 강태공이 말려서 죽이지 못했다. 동이족 은나라를 무너뜨

리려는 것에 대한 반발이 적지 않았던 것이다.

그러나 은나라는 망했고 이후 동양 유학사회의 역사 서술에서는 하나라 마지막 걸(桀)임금과 은나라 마지막 주(紂)임금을 함께 뜻하는 '걸주(桀紂)'를 폭군의 대명사로 썼다. 『한비자』「오두(伍蠹)」편에 "근고(近古) 때에 걸주(桀紂)가 폭란(暴亂)해서 은나라 탕왕과 주나라 무왕이 정벌했다.[近古之世 桀紂暴亂 而湯 武征伐]"고 쓴 것이 이런 예이다.

망한 왕조는 폄하되기 일쑤인 것이 역사 기록이다. 은 주왕은 동이족을 억압하려다가 동이족 국가들의 불만을 이용한 주 무왕에게 망하고 말았다.

은나라는 갑골문에서 군주가 중요한 일을 신탁(神託)에 의해서 처리했던 국가, 즉 종교와 정치가 하나인 제정일치 국가, 곧 신정국가(神政國家)였다. 이런 상조(商朝)를 무너뜨리고 들어선 주조(周朝)는 어떤 왕조일까?

3
주나라와 화이관의 탄생

주나라의 시조와 계보

주(周)나라는 수수께끼의 나라처럼 여겨진다. 사마천은 『사기』 「주본기(周本紀)」에서 주나라의 시조 후직(后稷)에 대해 이렇게 서술했다.

> 주나라 후직의 이름은 기(棄)이다. 그의 어머니는 유태씨(有邰氏)의 딸 강원(姜原)이다. 강원은 제곡(帝嚳)의 원비(元妃)가 되었다.
> [周后稷 名棄 其母有邰氏女 曰姜原 姜原爲帝嚳元妃]

주나라 시조 후직은 제곡의 아들이라는 뜻이다. 제곡은 소호의 손자이다. 그런데 제곡의 아버지, 즉 후직의 할아버지는 교극(蟜極)이다. 교극은 제곡의 아버지이자 후직의 할아버지이고 요(堯)와 설(契)의 할아버지이다. 『백도백과』는 교극의 민족귀속성을 말하는 민족족군(民族族群) 항목에서 '화하족(華夏族)'이라고 써놓고, 아버지를 '현효(玄囂)'라고 써

놓았다. 사마천처럼 소호라는 잘 알려진 이름 대신 잘 알려지지 않은 현효라는 이름을 썼지만 아버지 소호[현효]가 동이족인데, 아들 교극이 하화족이 될 수는 없다. 마찬가지로 교극의 손자인 요, 설, 후직은 모두 동이족일 수밖에 없다. 2,000년 전 사마천이 했던 고민을 현재의 중국공산당 정부가 그대로 반복하고 있는 것이다.

후직의 어머니 강원(姜原)은 유태씨(有邰氏)다. 태(邰)는 나라 이름이다. 유태씨는 염제 신농씨의 후손이니 동이족이다. 중국에서는 유태씨가 현재의 섬서성(陝西省) 미현(眉縣)의 태정(邰亭)에서 기원해 동쪽의 분수(汾水) 하류로 이전했다고 본다. 이때부터는 태태(台駘)로 불렸다는 것이다. 이들은 나중에 다시 동쪽의 산동성 비현(費縣)의 태정(台亭)으로 이주해서 묵태(墨胎)씨라고 불렸는데, 묵태국은 춘추 초기에 노국(魯國)에 합병되었다. 묵태씨의 국가로는 고죽국(孤竹國)도 있다.

동이족 유태씨의 딸인 강원이 제곡의 원비, 즉 첫째 왕비가 되었다. 제곡 고신이 동이족이고, 어머니 강원이 동이족이니 아들 후직이 동이족인 것은 분명하다.

은나라 시조 설(契)의 아버지와 주나라 시조 기(棄)[후직]의 아버지는 모두 제곡 고신씨이다. 설의 어머니 간적은 제곡의 차비이고, 기의 어머니 강원은 제곡의 원비이다. 설과 기는 어머니가 다른 이복(異腹)형제다. 제곡은 동이족 소호의 손자고 간적과 강원은 모두 동이족이니 은나라 시조 설과 주나라 시조 설도 모두 동이족이다.

또한 제요(帝堯)는 제곡이 진봉씨의 딸에게서 낳은 아들이니 또한 동이족이다. 황제와 누조의 첫째 아들은 소호이고 둘째 아들은 창의다. 첫째 아들 소호가 동이족인데, 아버지 어머니가 같은 동부동복(同父同腹) 동생 창의가 동이족이 아닐 수 없다. 또 두 아들이 모두 동이족인데, 그

그림50 **제곡 고신씨**

아버지 황제가 동이족이 아닐 수 없다. 황제의 아들 창의의 후손인 제순(帝舜)과 하우(夏禹)도 모두 동이족이다. 이는 사마천의 『사기』 뿐만 아니라 금문(金門)에 쓰인 문자를 연구했던 낙빈기의 『금문신고』와도 일치하는 내용이다. 『금문신고』는 후직의 어머니가 강원이 아니라 간적이라고 기록하고 있지만 아버지는 제곡으로 같다. 또한 『금문신고』는 황제 헌원, 소호 김천, 전욱, 곡, 당요, 우순은 물론 하(夏)·상(商)·주(周)의 삼대 왕조가 모두 동이족이라고 서술했다. 고사변학파의 양관도 「중국상고사도론」에서 "제준, 제곡, 대호, 제순은 은나라 사람과 동이의 상제(上帝) 및 조상이다."라고 말하고 있다. 『사기』 「오제본기」 '황제' 조의 『사기색은』 주석에서 사마정은 "현효[소호]는 제곡의 할아버지[祖]이다"라면서 송충의 말을 인용해서 "현효와 청양이 바로 소호이다. 황제를 계승해 즉위했다."라고 말했다.

사마천은 계보를 모호하게 서술했지만 『사기』 본문과 주석을 분석하면 황제, 제전욱, 제곡, 제요, 제순의 오제는 물론 하·은·주 삼대가 모두 동이족이라는 사실이 드러난다.

주나라의 건국사화

주나라의 건국사화는 한국인이라면 어디선가 들어본 듯한 느낌이 든다. 사마천이 「주본기」에 쓴 내용을 먼저 살펴보자.

강원이 들에 나갔다가 거인(巨人)의 발자국을 보았는데 마음이 흔연히 즐거워져서 그 발자국을 밟고 싶어졌다. 그 발자국을 밟자 몸이 흔들리면서 임신한 것처럼 느꼈다. 때가 차서 아들을 낳았지만 상서롭지 못하다고 여기고 비좁은 골목에 버렸는데 말과 소가 지나가면서 모두 피하고 밟지 않았다. 옮겨서 숲속에 놓아두었는데 마침 산림 속에 많은 사람들이 모여들었다. 이를 옮겨서 도랑의 얼음 위에 버렸으나 나는 새가 그 날개로 덮어주고 깔아 주었다. 강원이 신기하게 여기고 마침내 거두어 길렀다. 처음에 버리고자 했으므로 이로 인해 이름을 기(棄)라고 했다.

[姜原出野 見巨人跡 心忻然說 欲踐之 踐之而身動如孕者 居期而生子 以爲不祥 棄之隘巷 馬牛過者皆辟不踐 徙置之林中 適會山林多人 遷之 而棄渠中冰上 飛鳥以其翼覆薦之 姜原以爲神 遂收養長之 初欲棄之 因名曰棄]

이 내용을 『삼국사기』 「동명성왕 본기」의 고구려 건국사화와 비교해 보자.

금와가 이상하게 여겨서 (유화를) 방 안에 가두었는데, 햇빛이 비추어 몸을 끌어 피하였으나 햇빛이 또 따라와 비쳤다. 이로 인해 임신하여 알 하나를 낳았는데, 크기가 다섯 되[升] 정도였다. 왕이 이를 버려[棄, 기] 개와 돼지에게 주었으나 모두 먹지 않았다. 다시 길 가운데에 버렸으나 소나 말이 피하였다. 나중에는 들판에 버렸더니 새가 날개로 덮어 주었다. 왕이 알을 쪼개려고 하였으나 깨뜨릴 수가 없어 마침내 그 어미에게 돌려주었다. 어미가 물건으로 알을 싸서 따뜻한 곳에 두었더니, 한 남자아이가 껍질을 부수고 나왔는데 골격과 의표(儀表)가 뛰어나고 기이했다.

[金蛙異之, 幽閉於室中, 爲日所炤, 引身避之, 日影又逐而炤之. 因而有孕, 生一卵, 大如伍升許. 王棄之與犬豕, 皆不食. 又棄之路中, 牛馬避之. 後棄之野, 鳥覆翼之. 王欲剖之, 不能破, 遂還其母. 其母以物裹之, 置於暖處, 有一男兒破殼而出, 骨表英奇]

강원은 거인의 발자국을 밟고 임신했고, 유화는 햇빛에 감응해 임신했다. 강원이 낳은 아들과 유화가 낳은 알은 모두 버려지는 신세가 되었지만 소나 말 같은 짐승들이 밟지 않았고, 새가 날개로 덮어 보호했다. 그래서 마침내 거두어 길렀다는 것이다. 주나라 시조의 어머니 강원은 아들[子]을 낳고, 고구려 시조의 어머니 유화는 알[卵]을 낳았다는 점이 다를 뿐 어머니 몸에서 나온 후에 겪은 일은 완전히 같다. 주나라 시조기와 고구려 시조 주몽의 건국사화는 같은 겨레에서 나와서 전승된 공통의 건국사화인 것이다. 어머니만 강조되고 아버지의 역할이 모호한 것 역시 동이족 모계사회의 사화(史話)이기 때문이다.

삼국시대 촉(蜀)의 정치가이자 학자 초주는 지금의 사천성(四川省) 서충현(西充縣) 괴수진(槐樹鎮)으로 비정하는 파서군(巴西郡) 서충국현(西充國縣) 출신인데 주(周)의 건국사화를 이해할 수 없었다. 아버지는 모호한 대신 어머니만 부각되는 동이족 건국사화에 대한 이해가 부족했기 때문이다. 그래서 그는 "기는 제곡의 맏아들이지만 그 아버지의 자취는 드러나지 않았다고 했으니 이 기록[제곡이 아버지라는 『사기』 「주본기」]과는 다르다."라고 말했다. 이미 한족화(漢族化), 부계화(父系化)가 진행된 사회에 살던 초주의 시각에서 기[후직]의 아버지를 제곡이라고 해 놓고는 실제 건국사화에서는 후직이 어디론가 사라지고 강원이 거인의 발자국을 밟고 기를 낳았다고 써놓았는지 이해할 수 없었던 것이다.

「주본기」의 내용을 살펴보자.

> (요임금이) 기를 태(邰) 땅에 봉하고 '후직(后稷)'이라고 호칭했으며 따로 희씨(姬氏)라는 성씨를 주었다. 후직의 집안은 도당(陶唐)[요]과 우(虞)[순] 와 하(夏)[우]의 즈음에 일어났는데 모두 아름다운 덕을 가지고 있었다.
> [封棄於邰 號曰后稷 別姓姬氏 后稷之興 在陶唐 虞 夏之際 皆有令德]

기를 봉했다는 태 땅은 어머니 강원의 근거지였던 유태씨의 나라를 뜻한다. 어머니의 땅에 봉했다는 이야기는 역시 동이족 모계사회의 유풍을 그대로 말해주는 것이다. 기를 후직으로 봉하고 희(姬)라는 성을 내려주었다는 것인데, 이 희성이야말로 한국과 중국에 공통적으로 적용되는 상고사의 수수께끼를 풀 수 있는 중요한 열쇠이다.

주 왕조 희성을 찾아서

중국에서 희성지국(姬姓之國)이 희성의 나라, 즉 주 왕조(周王朝)를 뜻한다. 주 왕조를 희국(姬國)이라고도 부른다. 그러나 희성의 시작은 후직이 아니라 황제다. 공자와 동시대 사람인 좌구명이 편찬한 『국어』 「진어」에서는 이렇게 말하고 있다.

옛날 소전(少典)이 유교씨(有蟜氏)를 얻어서 황제(黃帝)와 염제(炎帝)를 낳았다. 황제는 희수(姬水)에서 자랐고, 염제는 강수(姜水)에서 자랐다. 자라서 덕이 달랐다. 그래서 황제는 희성(姬姓)이 되었고, 염제는 강성(姜姓)이 되었다.

황제는 희수에서 살아서 희성이 되었고, 염제는 강수에서 자라서 강성이 되었다는 것이다. 『설문해자(說文解字)』에도 "황제는 희수에서 살아서 강 이름으로 성을 삼았다.[黃帝尻姬水 因水爲姓]"라고 말하고 있다. 사마천의 『사기』 계보를 따지면 주 시조 후직은 황제의 현손이다. '고조부 황제→증조부 소호→조부 교극→부친 제곡→후직'의 순서이다.

그러나 황제 자식들의 성씨 문제는 그렇게 간단하지 않다. 먼저 『사기』 「황제본기」의 다음 구절을 보자.

황제는 스물다섯 명의 아들을 두었는데 그의 성씨(姓氏)를 얻은 자는 열네 명이었다.

[黃帝二十伍子 其得姓者十四人]

"그의 성씨를 얻은 자"란 희성(姬姓)을 얻은 자가 아니라 황제의 성에서 갈라진 여러 성을 얻은 자라는 뜻이다. 이 구절에 대한 사마정의 『사기색은』 주석은 의미심장하다.

옛 해석에서는 사(四) 자를 깨뜨려서 삼(三) 자로 만들고 성씨를 얻은 자가 열세 명뿐이라고 말했다. 지금 살피건대 『국어』에서 서신(胥臣)이 이르기를 '황제의 아들은 25종(宗)이고 그 성씨를 얻은 자는 열네 명인데 열두 개 성씨가 되었다. 희(姬), 유(酉), 기(祁), 기(己), 등(滕), 짐(葴), 임(任), 순(荀), 희(僖), 길(姞), 현(儇), 의(衣) 등이 그것이다. 오직 청양(靑陽)과 이고(夷鼓)는 같은 기성(己姓)이다.'라고 말했다. 또 '청양(靑陽)과 창림(蒼林)은 희성(姬姓)이 되었다.'라고도 한다. 이는 곧 열네 명이 열두 성씨가 된 것을 말한 것이니 그의 문장이 매우 분명하다. 오직 희성(姬姓)만을 다시 청양과 창림이라고 일컬었던 것이니 대개 (청양과 이고를 기성이라고 한)『국어』의 문장이 잘못된 것이다. 그래서 지금까지 앞의 유학자들이 함께 의심했던 것이다. 그 희성인 청양은 마땅히 현효(玄囂)가 되어야 하는데 이는 제곡의 시조는 본래 황제와 같은 희성이기 때문이다. 그『국어』에서 말한 앞의 청양이란 글귀는 곧 소호 김천씨(金天氏)가 기성(己姓)이 된 것일 뿐이다. 이미 이치가 의심할 것이 없으니 번거롭게 사(四) 자를 깨뜨려서 삼(三) 자로 만들 일이 없었다.

사마정의 논리는 이런 것이다. 황제에서 갈라져 나온 성은 모두 열두 개라는 것이다. 곧 희(姬), 유(酉), 기(祁), 기(己), 등(滕), 짐(葴), 임(任), 순(荀), 희(僖), 길(姞), 현(儇), 의(衣)가 그것이다. 그런데 이 성을 받은 사람은 열네 명이라는 것이다. 같은 성을 받은 두 아들에 대해서는 두 가지 설이 있는데, 청양과 이고는 같은 기성이라는 설과 청양과 창림이 같은 희성이라는 설이다.

사마정은 청양과 이고를 기성이라고 한 좌구명의『국어』가 그른 것이고, 청양과 창림이 희성이라고 한 것이 맞다고 보았다. 여기에서 청양은 곧 소호 김천씨를 뜻한다. 사마정의 "그 희성인 청양은 마땅히 현효가 되어야 하는데 이는 제곡의 시조는 본래 황제와 같은 희성이기 때문"이라는 말은 황제는 물론 맏아들 소호도 모두 희성이라는 말이다. 소호가

그림51 희(姬) 갑골문(왼쪽)과 희(姬) 금문(오른쪽)

황제와 같은 희성이라면 소호가 제위를 이었다고 서술한 『제왕세기』의
기록이 타당하다는 말이다. 창림에 대해서 사마정은 『사기색은』에서 황
제의 첫 번째 비인 원비는 누조, 차비는 여절이고, 그다음 비는 "동어씨
(彤魚氏)의 딸이며 이고(夷鼓)를 낳았는데 일명 창림(蒼林)이라고 한다."
라고 이고와 창림을 한 사람으로 보아서 서로 다른 사람으로 본 좌구명
의 『국어』와 다르다. 그다음 비(妃)가 모모(嫫母)로서 반열이 앞 3인의
아래에 있었다는 것이다. 『한서(漢書)』 「고금인표 제8」은 "모모(悔母)는
황제의 비로 창림을 낳았다. 모(悔)는 발음이 모(暮)인데 글자가 건(巾)
에서 나왔다. 즉 모모(嫫母)이다."라고 말하고 있다. 그런데 모녀(嫫女)는
축녀(丑女)와 동의어로 쓰이고, 축녀는 추녀(醜女)와 동의어로 쓰인다.
아마도 모모의 용모가 아름답지 못한데서 나온 말인지도 모른다.

　중국의 족보연구가들에 따르면 희성(姬姓)에서 갈라져 나온 것이 주성
(周姓), 오성(吳姓), 정성(鄭姓), 왕성(王姓), 노성(魯姓), 조성(曹姓), 위성
(魏姓) 등 무려 411개 성이라고 한다. 희성을 중국에서는 '만성지조(萬姓
之祖)', 즉 "모든 성씨의 시조"라고 부르는데 중국의 주요 성을 모은 『백
가성(百家姓)』의 총 숫자 504성 중에서 82퍼센트를 점유하고 있다는 것

이다. 그래서 중국에서는 희성을 "한족(漢族) 성씨의 기원"이라고 말하는데, 그 희성이 동이족이니 "중국 한족의 기원이 어디인가?" 또는 "중국 한족의 실체는 무엇인가?"라는 의문이 자연히 나올 수밖에 없다.

중국에서는 오제 중에서 희성으로 황제 헌원씨(軒轅氏)와 전욱 고양씨(高陽氏), 제곡 고신씨(高辛氏)의 셋을 꼽지만 위에서 살펴본 것처럼 황제의 맏아들 소호 역시 희성이다. 오제의 마지막 제순(帝舜)은 요성(姚姓) 규씨(嬀氏)인데, 순이 동이족인 것은 이미 설명했으니 오제는 모두 동이족임이 다시 확인된다.

주나라 왕족 이외에 희성의 인물들은 정(鄭) 장공(莊公) 희오생(姬悟生), 진(晉) 문공(文公) 희중이(姬重耳), 오왕 합려(闔閭), 연(燕) 소왕(昭王) 희직(姬職)가 있고, 신의(神醫)로 유명했던 편작(扁鵲), 법가의 상앙(商鞅) 등이 있다.

표15 희성(姬姓)에서 나온 성씨

가(賈), 감(甘), 강(康), 강(江), 경(耿), 고(顧), 공(孔), 공(龔), 곽(郭), 곽(霍), 관(管), 교(喬),
노(魯), 단(段), 단(單), 당(唐), 대(戴), 동(董), 두(杜), 등(滕), 로(盧), 뢰(賴), 려(呂), 뢰(雷),
료(廖), 룡(龍), 류(劉), 륙(陸), 리(李), 림(林), 만(萬), 맹(孟), 모(毛), 모(茅), 무(武), 문(文),
반(潘), 방(方), 부(傅), 사(史), 사(謝), 상(常), 석(石), 소(召), 소(蘇), 손(孫), 습(習), 심(沈),
양(楊), 양(梁), 여(余), 역(易), 염(閻), 오(吳), 왕(王), 왕(汪), 우(于), 우(虞), 원(袁), 임(任),
위(衛), 위(魏), 장(張), 장(蔣), 전(田), 전(錢), 조(曹), 정(鄭), 정(程), 주(周), 주(朱), 지(智),
진(秦), 채(蔡), 첨(詹), 최(崔), 초(焦), 추(鄒), 팽(彭), 풍(馮), 필(畢), 하(何), 하(賀), 한(韓),
허(許), 형(邢), 호(胡), 황(黃), 후(侯)

*중국 보학연구 연구결과에 따름(姬傳東, 『姬姓史話』, 南昌, 江西人民出版社, 2007)

주나라 때 탄생한 중국 개념

　현재 중국인들은 자칭 한족(漢族)이라고 한다. 그 한족의 전신은 하화(夏華)[화하족(華夏族)]이라고 말한다. 하(夏) 자의 유래에 대해 하(夏)나라에서 땄다고도 하고, 하수(夏水)[한수(漢水)]에서 땄다고도 한다. 화(華) 자의 유래에 대해서는 섬서성 화산(華山)에서 땄다고 한다. 현재 중국학자들은 중국 역사상 가장 오래된 하왕조(夏王朝)는 황토 고원상에 건립되었는데, 이들이 스스로 중앙의 대국으로 인식하면서 '하(夏)' 자를 '중국(中國)'의 의미로 사용했다고 주장한다. 중국이라는 의미는 자신들을 천하의 중심으로 생각하고 나머지 민족이나 나라들을 이(夷)로 생각했다는 뜻이다. 그러나 하나라가 자신들을 중국으로 여겼다는 사료적 근거는 찾기 힘들다.

　고대 문헌 사료에서 하(夏)나 화(華)를 이(夷)를 대립되는 개념으로 사용한 가장 오랜 사료는 『춘추좌전』이다. 『춘추좌전』 「노 양공 4년(서기전 569)」 조에 무종자가보(無終子嘉父)가 맹악(孟樂)을 진(晉)나라에 보내서 위장자(魏莊子)[위강(魏絳)]를 통해 진후(晉侯)에게 호랑이와 표범 가죽을 바치는 기사가 나온다. 위장자가 제융(諸戎)[여러 이민족]과 화친하기를 청하면서 진후와 나누는 대화이다.

　　진후가 위강에게 말했다.
　　"융적(戎狄)은 친척(親戚)도 돌아보지 않고 탐욕(貪慾)만 부리니, 토벌하는 것만 못하다."
　　위강이 말했다.
　　"제후(諸侯)가 새로 복종(服從)하고, 진(陳)나라가 새로 와서 화친(和親)

했는데, 우리의 행위를 보고 우리에게 덕(德)이 있으면 친목할 것이고 그렇지 않으면 배반할 것입니다. 우리 군대가 융(戎)의 토벌에 나선다면 초(楚)나라가 진(陳)나라를 토벌하더라도 반드시 구원할 수 없습니다. 이는 진(陳)나라를 버리는 것이니 제화(諸華)가 반드시 우리를 배반할 것입니다. 융(戎)은 금수같은 무리인데, 융을 얻고 화(華)를 잃는 것은 불가하지 않습니까?"

[無終子嘉父使孟樂如晉 因魏莊子納虎豹之皮 以請和諸戎 晉侯曰 戎狄無親 而貪 不如伐之 魏絳曰 諸侯新服 陳新來和 將觀於我 我德則睦 否則攜貳 勞師於戎 而楚伐陳 必弗能救 是棄陳也 諸華必叛 戎禽獸也 獲戎失華 無乃不可乎]

융적(戎狄)이 이민족이고, 제화(諸華)가 하화족이라는 것이다. 그러나 이는 진(晉)나라가 자신들을 화(華)로 자처하는 춘추 때의 상황이지 하(夏)나라 사람들의 생각은 아니다. 『춘추좌전』「노 정공(定公) 하(下) 10년(서기전 500)」조에는 하(夏)가 나온다. 노(魯)와 제(齊)가 축기(祝其)에서 회맹할 때 공자가 "먼 곳의 나라는 하(夏)에 대해서 간섭하지 못하는 것이고, 이(夷)는 하(夏)를 어지럽히지 못하는 것입니다.[裔不謀夏 夷不亂華]"라고 말한 내용이다. 이 역시 공자가 노나라를 하(夏)라고 생각해서 한 말이지 하나라 사람들의 생각은 아니다. 역사서 『춘추』에서 화이관을 만들었던 공자의 생각이지 하나라 사람들이 자신들을 중국으로 생각했다는 뜻은 아니다.

중국에서는 상(商)과 서주(西周) 시기에 두 나라의 동쪽에 사는 민족들을 이(夷)라고 부르기 시작했다고 주장하고 있는데, 이처럼 정확한 방위개념으로 분류한 것은 아니다. 하나라 시조 하우(夏禹)에 대해 황보밀은『제왕세기』에서 "우의 이름은 문명(文明)이고 자(字)는 고밀(高密)인데 신체가 9자 2치로, 서강(西羌)에서 자랐는데 본래 서이(西夷) 사람이다."라고 말했다. 하나라 시조 우 자체가 '본래 서이사람[本西夷人]'이었으므로 중국에서 하(夏)와 이(夷)를 나누는 하이(夏夷) 개념 자체가 성립될 수 없다.

특히 갑골문에서는 이(夷) 자라고 여겨지는 글자를 찾기 힘들고, 청동기에 새긴 금문(金文)에서 이(夷) 자가 보이기 시작한다는 것도 이의 출현과 관련해 의미심장한 일이다. 갑골문에서 시위를 풀어놓은 활의 형상이 이(夷) 자를 뜻한다는 주장이 있는데, 이(夷) 자는 활, 즉 궁(弓)과 관계가 깊다.『설문해자』는 이(夷) 자에 대해서 "평안한 것이다. 큰 것을 따르고, 활을 따른다. 동방사람이다.[平, 从大, 从弓, 東方之人也]"라고 말하고 있다. 그래서 이(夷) 자는 이(怡) 자와 서로 통했는데, 이(怡) 역시 평안하다, 기쁘다는 뜻이 있다.

이(夷)가 자신들과 다른 나라나 민족을 뜻하는 것으로 사용된 때는 역시 주(周)나라 때다.『일주서(逸周書)』「명당(明堂)」조에는 "이로써 주공(周公)이 주나라 무왕(武王)을 도와 상나라 주(紂)를 정벌해서 천하를 평정했다.[是以周公相武王伐紂 夷定天下]"라고 쓰고 있다. '이때의 이(夷)는 평정하다'는 뜻도 있는데, 상나라를 정벌한 것을 '이정(夷定)'이라고 표현한 것은 상나라를 이(夷)로 보는 관점이 들어 있다고 볼 수 있다.

같은 이족이지만 상나라의 서쪽에 있어서 서이(西夷)라고 불렸던 주나라가 수도 낙양(洛陽)과 낙양 북쪽의 황하를 뜻하는 하락(河洛)을 천하의 중심이자 '중국(中國)'이라고 자처하면서 실질적인 화이(華夷)개념이 생겨난다. 주나라가 자신들을 중심으로 사방의 겨레들을 동이, 서융, 남만, 북적으로 분류하면서 하화(夏華)와 이(夷)의 개념이 생겼다. 그러나 주나라 때의 문헌들은 물론 전국시대의 문헌들에서도 정확한 방위개념으로 동이, 서융, 남만, 북적을 서술한 사례는 찾기 힘들다.

하화(夏華)와 사이(四夷) 개념은 사마천의 『사기』 이후에 뚜렷해지는데, 후대에 만들어진 이런 개념을 앞 시대에 적용해서 상고시대부터 하화와 사이의 개념이 있었던 것처럼 호도된 것이다. 고사변학파가 말한 것처럼 중국상고사는 뒤로 갈수록 시대는 올라가며, 뒤로 갈수록 상고시대의 내용이 풍부해지는 것이 특징이기도 하다. 사이의 개념 역시 후대에 만든 것을 앞 시대로 소급시켜 마치 옛날부터 그랬던 것처럼 '만든 역사'이다.

선대 성왕들의 후손을 제후에 봉한 무왕

『사기』「주본기」에는 중원을 장악한 무왕이 선대의 성왕들을 추모하는 의미로 그들의 후예들을 각지에 봉한 사실을 기록하고 있다.

> 무왕이 선대의 성왕들을 추모해서 이에 신농씨(神農氏)의 후예를 초(焦) 땅에 봉해 기리고, 황제(黃帝)의 후예를 축(祝) 땅에 봉하고, 제요(帝堯)의 후손을 계(薊) 땅에 봉하고, 제순(帝舜)의 후예를 진(陳) 땅에 봉하고, 대우(大禹)의 후예를 기(杞) 땅에 봉했다. 이에 공신인 모사(謀士)들을 봉했는데 사상보(師尙父)가 제일 먼저 봉해졌다. 상보(尙父)를 영구(營丘)에 봉하고 제(齊)라고 했다. 아우인 주공 단을 곡부(曲阜)에 봉하고 노(魯)라고 했다. 소공 석(召公奭)을 연(燕) 땅에 봉했다. 아우인 숙선(叔鮮)을 관(管) 땅에 봉하고, 아우인 숙도(叔度)를 채(蔡) 땅에 봉했다. 나머지

도 각각 차례대로 봉함을 받았다.

[武王追思先聖王 乃襃封神農之後於焦 黃帝之後於祝 帝堯之後於薊 帝舜之後於陳 大禹之後於杞 於是封功臣謀士 而師尙父爲首封 封尙父於營丘 曰齊 封弟周公旦於曲阜 曰魯 封召公奭於燕 封弟叔鮮於管 弟叔度於蔡 餘各以次 受封]

무왕이 선대의 성왕들을 추모한다면서 그 후손들을 제후로 봉했는데, 물론 선조들과 관련이 있는 땅으로 봉했을 것이다. 첫 번째가 동이족임이 명백한 신농씨의 후예였다. 그가 봉함 받은 초(焦) 땅, 즉 초국(焦國)에 대해 배인은 『사기집해』에서 「지리지」를 인용해서 "홍농(弘農) 섬현(陝縣)에 초성(焦城)이 있는데 옛 초국(焦國)이다."라고 말했다. 초국이 있던 홍농군 섬현에 대해서 현재 중국에서는 하남성 삼문협(三門峽)시 섬주(陝州)구로 비정하고 있다.

황제의 후예를 봉한 축(祝) 땅에 대해서 장수절은 축기(祝其)가 축 땅이라는 설들을 인용하고는 복건(服虔)이 "동해군 축기현(祝其縣)이다."라고 했다는 말을 덧붙였다. 축국(祝國)이 동해군 축기현이라는 뜻인데, 그 위치에 대해서 현재 중국 학계에서는 산동성 제남(齊南)시 장청(長淸)구로 보고 있다. 이 지역은 춘추 때인 서기전 768년 제국(齊國)에게 망해 제나라 영토로 편입되었다.

요(堯)의 후손을 봉한 계(薊) 땅에 대해서 배인은 『사기집해』에서 「지리지」를 인용해 "연(燕)나라에 계현(薊縣)이 있다."고 말했다. 이 계현에 대해 현재 중국에서는 천진(天津)시 계주(薊州)구 지역으로 보고 있다. 북경, 천진, 당산(唐山), 승덕(承德)시의 복심(腹心)으로 불리는 지역이다.

순(舜)의 후예를 봉한 진(陳) 땅에 대해서 장수절은 『괄지지』를 인용해서 "진주(陳州) 완구현(宛丘縣)은 진성(陳城) 안에 있는데 곧 옛 진국(陳國)이다. 제순(帝舜)의 후예인 알보(遏父)가 주 무왕(周武王)의 도정(陶正)이 되었는데 무왕이 그의 그릇을 사용한데서 힘입어서 그의 아들 규만(嬀滿)을 진(陳)에 봉해 완구(宛丘)의 곁에 도읍했다."라고 구체적으로 말하고 있다. 완구현에 대해 중국 학계에서는 현재의 하남성 회양(淮陽)현으로 비정하고 있다.

우(禹)의 후예를 봉한 기(杞) 땅에 대해서 사마정은 『사기정의』에서 『괄지지』를 인용해 "변주(汴州) 옹구현(雍丘縣)이 옛 기국(杞國)이다."라고 했다. 『지리지』에는 "옛 기국(杞國)에서 이 성을 다스렸다. 주 무왕이 우(禹)임금의 후예를 기(杞)에 봉하고 동루공(東樓公)이라고 호칭했는데 21대에 이르러 초(楚)나라에 의해 멸망했다."라고 했다.

기땅에 있었던 기국(杞國)에 대해 현재 중국 학계는 산동성 유방(濰坊)시 방자(坊子)구 황기보가도(黃旗堡街道) 지역으로 보고 있다. 기국은 사성(姒姓)의 나라, 곧 우임금의 후예들이 세운 국가였다.

무왕은 태공망(太公望)이라고도 불린 사상보(師尙父) 여상(呂尙)을 영구(營丘)에 봉했다. 이것이 제(齊)나라의 시작으로 영구는 제국(齊國)의 가장 이른 도성(都城)이다. 정확한 위치에 대해서는 여러 설이 다투고 있다. 영구라는 지명이 중국에 여럿 있기 때문이다. 산동성 치박(淄博)시의 임치(臨淄)구라는 설을 비롯해서 산동성 유방시 관할의 창락(昌樂)현 영구라는 설 등이 있다. 무왕의 동생 주공 단 등을 봉한 지역에 대해서는 『사기』「세가」를 논할 때 구체적으로 언급할 것이다.

지금까지 살펴본 것처럼 이들 지역들은 모두 동이족들이 살던 지역이고, 각지에 봉해진 나라들은 모두 동이족 국가들이다. 중원 고대 국가들의 민족귀속성을 살펴보면 이른바 하화족의 국가는 찾을 수가 없다. 중국상고사의 가장 큰 미스터리가 아닐 수 없다. 공자가 이상사회로 높인 하·은·주(夏殷周) 삼대도 모두 동이족 국가이다. 은나라가 동이족 국가인 것은 말할 것도 없고 중국에서 하화족의 나라로 믿어 의심치 않는 주나라도 다름 아닌 사마천이 작성한 계보를 보면 동이족 국가이다. 주나라 시조 후직이 동이족 소호의 손자인 제곡의 아들이자 후직의 어머니 강원이 동이족 유태씨니 부계로 보나 모계로 보나 주나라는 동이족 국가이다. 하화족이라고 볼 수 있는 사료적 근거가 없다.

5장

史記

『사기』「세가」의 세계

「세가」가 말하는 제후들의 혈통

　「세가」는 제후들의 사적이다. 제후들도 왕(王)이라고 부르지만 진왕(秦王) 영정이 중원을 통일하고 황제(皇帝)라고 자칭하기 전까지는 작위를 받은 귀족들을 뜻했다. 그래서 『사기』「한흥이래 제후왕연표(漢興以來諸侯王年表)」에 대해 사마정은 『사기색은』에서 응소(應劭)는 "비록 명칭은 왕이라고 했으나 그 실상은 옛날의 제후와 같은 것이다."라고 말한 것이다. 삼황오제 및 하은주의 삼대 군주만이 왕이었고, 나머지 제후들은 왕으로부터 식읍을 나누어받은 제후들이었다. 나중 중원을 통일한 제왕을 황제라고 높이면서 그의 신하들인 제후들도 왕으로 칭하게 되었다. 그나마 사마천은 「세가」를 설정해 제후들의 독자적 성격을 인정했지만, 반고는 『한서』에 「세가」를 두지 않고 모두 신하들의 사적인 「열전」으로 처리했다. 그 이유는 제후들은 임금의 신하들에 불과하기 때문에 따로 항목을 설정하지 않았던 것이다.

　사마천은 「한흥이래 제후왕연표」의 '태사공은 말한다'에서 "은(殷)나라 이전의 역사는 오래 되었다. 주(周)나라에는 다섯 등급의 봉작(封爵)

이 있었다. 공(公), 후(侯), 백(伯), 자(子), 남(男)이다."라고 말했다. 『예기(禮記)』 「왕제(王制)」 편에 "왕은 녹작(祿爵)을 제정했는데, 공작(公爵), 후작(侯爵), 백작(伯爵), 자작(子爵), 남작(男爵)의 다섯 등급이다."라고 말한 것처럼 제후들을 공작, 후작, 백작, 자작, 남작의 다섯 등급으로 봉했다.

이중 공작으로 봉함을 받은 나라들은 우국(虞國)·송국(宋國)·괵국(虢國)·주국(周國) 등이고, 후작으로 봉함을 받은 나라들은 노(魯)·진(晉)·제(齊)·위(衛)·채(蔡)·연(燕)·진(陳)·사(祀)·설(薛)이고, 백작으로 봉함을 받은 나라들은 조(曹)·정(鄭)이고, 자작으로 봉함을 받은 나라들은 초(楚)·주(邾)·거(莒)·오(吳)·월(越)이고, 남작으로 봉함을 받은 나라들은 허국(許國) 등이다.

표16 작위를 받은 나라들

작위	나라
공작(公爵)	우(虞)·송(宋)·괵(虢)·주(周)
후작(侯爵)	노(魯)·진(晉)·제(齊)·위(衛)·채(蔡)·연(燕)·진(陳)·사(祀)·설(薛)
백작(伯爵)	조(曹)·정(鄭)
자작(子爵)	초(楚)·주(邾)·거(莒)·오(吳)·월(越)
남작(男爵)	허(許)

오나라 후예는 왜가 되었나

사마천은 『사기』 「세가」의 시작을 「오태백세가(吳泰伯世家)」로 시작했다. 「열전」의 시작을 「백이숙제 열전」으로 시작한 것과 마찬가지 사상에서 나온 것이다. 즉 제후의 자리를 물려받지 않고 사양한 태백이나 고국에 대한 충성을 끝까지 지킨 백이, 숙제 같은 충신들을 높이겠다는 의도이다. 여기에서는 그런 사마천의 의도보다 사마천이 「세가」에서 제후로 내세운 인물들의 민족귀속성을 주로 살펴보려고 한다.

『사기』 「오태백세가」는 이렇게 시작한다.

> 오(吳)나라 태백(太伯)이다. 태백과 아우 중옹(仲雍)은 모두 주(周)나라 태왕(太王)의 아들이며 왕계력(王季歷)의 형이다. 계력이 어진데 성스러운 아들[聖子] 창(昌)을 낳자 태왕은 계력을 세워서 창에게 나라가 이르게 하려 했다. 이에 태백과 중옹 두 사람은 형만(荊蠻)으로 달아나 몸에 문신을 하고 머리털을 잘라 자신들은 등용될 수 없음을 보였는데 이로써 계력을 위해 피한 것이었다
>
> [吳太伯 太伯弟仲雍 皆周太王之子 而王季歷之兄也 季歷賢 而有聖子昌 太王欲立季歷以及昌 於是太伯 仲雍二人乃犇荊蠻 文身斷髪 示不可用 以避季歷]

주나라 태왕의 큰아들은 태백이고 둘째가 중옹이다. 셋째 계력이 아들 창을 낳았는데, 그가 성스러운 아들이라는 것이다. 태백과 중옹은 계력이 제후 자리를 이어야 창이 그 뒤를 이을 수 있으므로 스스로 형만으로 도주했다는 것이다. 마치 메시아의 도래를 희구하는 선지자의 행위처럼 서술했다. 그런데 문제는 "형만으로 달아나 몸에 문신을 하고 머리털을 잘라"라는 구절이다. 왜 이들은 몸에 문신을 하고 머리털을 잘랐을까? 그 해답의 일단이 『삼국지』 「위지(魏志)」 '왜(倭)' 전에 있다.

(왜의) 남자는 크고 작고 모두 얼굴에 검은 색으로 문신을 했다. 예부터 그 사신이 중국에 이르러 대부라고 자칭했다. 하후(夏后) 소강의 아들을 회계에 봉했는데, 머리털을 자르고 문신을 해서 교룡의 해를 피하고자 했다. 지금 왜(倭)의 물가 사람들은 물속에 들어가 물고기와 조개를 잡기를 좋아한다. 문신 또한 큰 물고기와 물짐승들이 싫어하는 것이다. 그 후에 점차 장식이 되었다. 여러 나라의 문신이 각각 다른데, 혹은 왼쪽에 있고 혹은 오른쪽에 있고, 혹은 크고 혹은 작은데, 존귀하고 비천한 차이가 있다.

[男子無大小皆黥面文身 自古以來 其使詣中國 皆自稱大夫 夏后少康之子封 於會稽 斷髮文身以避蛟龍之害 今倭水人好沈沒捕魚蛤 文身亦以厭大魚水 禽 後稍以為飾 諸國文身各異 或左或右或大或小 尊卑有差]

『삼국지』「위지」 동이열전에 나오는 왜의 계보는 『사기』「오태백세가」와는 다르다. 『사기』는 오의 선조가 주(周) 태왕의 아들이라고 했는데 『삼국지』「위지」에서는 하후 소강의 아들이 회계에 봉해졌다는 것이다. 『사기』는 월왕(越王) 구천(句踐)의 선조가 하후 소강의 서자(庶子)라는 것이다. 『사기』「월왕구천세가」는 "월왕 구천은 그 선조가 우(禹)임금의 먼 자손으로 하후 제(帝)소강의 서자이다."라고 말하고 있다. 그런데 그 서자가 "회계(會稽)에 봉해져 우(禹)임금의 제사를 지키며 받들었다. 문신을 하고 머리를 짧게 깎았으며 거친 풀밭을 파헤쳐 읍(邑)을 만들었다."라고 말해서 오나라와 같이 문신을 하고 머리를 짧게 깎았다는 것이다. 즉, 오나라와 월나라의 풍습이 같다는 것인데, 『삼국지』는 이것이 왜의 풍습이라는 것이다. 『삼국지』「위지」 동이열전은 '부여, 고구려, 동옥저, 읍루, 예(濊), 한(韓), 왜(倭)'의 일곱 나라에 대해서 서술했는데 여기에 나오는 왜를 일본 열도의 왜로 해석할 수는 없다. 동이족의 많은 역사가 그런 것처럼 왜의 역사 또한 이동설을 근거로 바라보지 않으면 설명할 수가 없다. 이 문제는 「월왕구천세가」를 설명할 때 보다 자세하게 다룰 것이다.

「오태백세가」는 태백과 중옹이 형만 땅으로 도주한 이후의 일에 대해서 이렇게 서술하고 있다.

> 계력이 과연 태왕의 뒤를 이어 섰는데 이 사람이 왕계(王季)가 되었고 그의 아들인 창(昌)은 문왕(文王)이 되었다. 태백은 형만으로 달아나서 스스로 구오(句吳)라고 불렀다. 형만에서 태백을 의인으로 여겨서 그를 따르고 돌아온 자가 1천여 가구나 되었다. 백성들이 세워서 오태백(吳太伯)으로 삼았다.
>
> [季歷果立 是為王季 而昌為文王 太伯之犇荊蠻 自號句吳 荊蠻義之 從而歸之千餘家 立為吳太伯]

이 내용은 오나라 건국사화고 오나라의 뿌리는 주나라 왕실에 있다는 것이다. 여기에서 말하는 태왕(太王)은 문왕(文王)의 할아버지 고공단보(古公亶父)인데, 물론 이때는 왕이 아니었다. 주나라가 상나라를 무너뜨리고 난 후 추존한 왕호들이다. 당시는 태왕이 제후로 있던 작은 제후국 시절이었다. 태왕의 아들 태백과 중옹이 계력의 아들 창에게 왕위가 이르게 하기 위해서 스스로 형만의 땅으로 갔으며 그래서 태왕은 셋째아들 계력에게 자리를 물려줄 수 있었고, 그 자리를 다시 창이 이어 문왕이 되었다. 문왕은 상나라를 무너뜨리고 주나라 천하를 만든 무왕의 아버지이다.

표17 세가 시조들의 성과 민족귀속성

나라이름	선조	시조	성씨	민족귀속성
오(吳)	후직(后稷)	태백(太伯)	희성(姬姓) 오씨(吳氏)	동이(東夷)
제(齊)	신농 염제	여상(呂尙)	강성(康姓) 여씨(呂氏)	동이
노(魯)	후직(后稷)	주공(周公)	희성(姬姓) 노씨(魯氏)	동이
북연(北燕)	후직(后稷)	소공(召公)	희성(姬姓) 연씨(燕氏)	동이
남연(南燕)		백조(伯儵)	희성(姬姓) 길씨(姞氏)	동이
관(管)	후직(后稷)	숙선(叔鮮)	희성(姬姓) 관씨(管氏)	동이
채(蔡)	후직(后稷)	숙도(叔度)	희성(姬姓) 채씨(蔡氏)	동이
진(陳)	유우씨(有虞氏) [순]	호공(胡公)	규성(嬀姓) 진씨(陳氏)	동이
위(衛)	후직(后稷)	강숙(康叔)	희성(姬姓) 위씨(衛氏)	동이
송(宋)	설(契)	미자(微子)	자성(子姓) 송씨(宋氏)	동이
진(晉)	후직(后稷)	당숙우(唐叔虞)	희성(姬姓) 진씨(晉氏)	동이
초(楚)	제전욱(顓頊)	웅역(熊繹)	미성(芈姓) 웅씨(熊氏)	동이
월(越)	우(禹)	무여(無餘)	사성(姒姓) 월씨(越氏)	동이
정(鄭)	후직(后稷)	정환공 희우(姬友)	희성(姬姓) 정씨(鄭氏)	동이
조(趙)	소호(少昊)	조보(造父)	기성(己姓) 조씨(趙氏)	동이
진(秦)	소호(少昊)	대업(大業)	기성(己姓) 영씨(嬴氏)	동이
위(魏)	후직(后稷)	필만(畢萬)	희성(姬姓) 위씨(魏氏)	동이
고한(古韓)				동이(맥)
한(韓)	후직(后稷)	한만(韓萬)	희성(姬姓) 한씨(韓氏)	동이
공자(孔子)	설(契)	공보가(孔父嘉)	자성(子姓) 공씨(孔氏)	동이

태백과 중옹이 도주한 형만이 지금의 강소성(江蘇省) 소주(蘇州)이니 강소성 소주에서 오나라 역사가 시작한다는 것이다. 오나라는 주 무왕이 서기전 12세기에 자작으로 봉하는데, 서기전 473년 부하(夫差) 시절에 월왕 구천(句踐)에게 멸망해서 '오월동주(吳越同舟)'라는 유명한 사자성어를 남기고 역사 속으로 사라진다.

오국의 국성은 희성(姬姓)인데, 희성의 유래는 앞에서 살펴본 것처럼 동이족이다. 「오태백세가」를 더 살펴보자.

> 태백이 죽었는데 아들이 없었다. 아우인 중옹이 섰는데 이이가 오중옹(吳仲雍)이 되었다. 중옹이 죽자 아들 계간(季簡)이 뒤를 이어 섰다. 계간이 죽자 아들 숙달(叔達)이 섰다. 숙달이 죽자 아들 주장(周章)이 섰다. 이때 주나라의 무왕이 은(殷)나라를 정벌해 이기고 태백과 중옹의 후사들을 찾아 주장을 얻었다. 주장이 이미 오(吳)나라의 군주가 되어 있기 때문에 오나라에 봉하게 되었다.
>
> 주장의 동생인 우중(虞仲)을 북쪽인 옛 하(夏)나라의 터에 봉했는데 이 사람이 우중(虞仲)이 되었다. 제후에 반열했다. 주장이 죽자 아들 웅수(熊遂)가 섰다. 웅수가 죽자 아들 가상(柯相)이 섰다.
>
> [太伯卒 無子 弟仲雍立 是為吳仲雍 仲雍卒 子季簡立 季簡卒 子叔達立 叔達卒 子周章立 是時周武王克殷 求太伯 仲雍之後 得周章 周章已君吳 因而封之 乃封周章弟虞仲於周之北故夏虛 是為虞仲 列為諸侯 周章卒 子熊遂立 熊遂卒 子柯相立]

무왕이 상나라를 무너뜨리고 중원을 차지한 후 자신의 할아버지에게 왕위를 양보한 두 큰할아버지인 태백과 중옹의 후손을 찾았다. 태백은 아들이 없어서 중옹이 형의 자리를 이었다가 아들인 계간에게 물려주었다. 계간은 숙달에게, 숙달은 주장에게 자리를 물려주었는데, 무왕이 중원을 차지한 후 주장을 오나라에 봉해 주었다. 그리고 주장의 동생인 우중을 하나라의 옛 터에 봉했다.

이 하나라의 옛 터에 대해서 배인은 『사기집해』에서 서광(徐廣)의 말을 인용해서 "하동(河東) 대양현(大陽縣)에 있다."고 말했다. 이에 대해서 사마정은 『사기색은』에서 "하(夏)나라는 안읍(安邑)에 도읍했고 우중(虞仲)은 대양(大陽)의 우성(虞城)에 도읍했는데 안읍의 남쪽에 있다. 그러므로 하허(夏虛)라고 했다."라고 주석했다. 우중을 우국(虞國)으로 봉한 곳이 하동 대양현이라는 뜻이다. 대양은 춘추 때는 진(晉) 소속이었다가 한(漢)나라 때 대양현을 설치해 하동군에 속하게 했다. 현재 산서성 운성(雲城)시 산하에 속해 있던 지역이다.

중국에서는 현재 오나라 강역을 강소성(江蘇省) 남부라고 비정하고 있는데, 담기양(潭其驤)이 편찬한 『중국역사지도집』 제1책은 오나라 북부를 회이(淮夷)[구이(九夷)] 지역으로 그려서 스스로 모순을 보이고 있다. 북부를 동이족 구이 중의 하나인 회이가 차지하고 있는데 남부를 오(吳)가 차지했다고 보기는 힘들다.

태공망은 동이족

사마천이 「오태백세가」에 이어 「세가」의 두 번째로 설정한 인물이 제태공(齊太公)이다. 「제태공세가」는 태공망 여상(太公望呂尚)의 이야기로 시작하는데 그가 동이족이라는 사실은 앞서 이미 설명했다. 『사기』「제

「태공세가」는 이렇게 시작한다.

　　태공망(太公望) 여상(呂尙)은 동해(東海) 바닷가 사람이다.
　　[太公望呂尙者 東海上人]

　이 구절에 대해서 배인과 사마정은 각각 『사기집해』와 『사기색은』에
서 이런 주석을 달았다.

　　『여씨춘추(呂氏春秋)』에는 '동이(東夷)의 땅이다.'라고 했다.

　　초주(譙周)는 "성(姓)은 강(姜)이고 이름은 아(牙)이다. 염제(炎帝)의 후
　　예이고 백이(伯夷)의 후손이며 사악(四嶽)을 맡은 공로가 있어서 여(呂)
　　에 봉해졌다. 자손들이 그 봉지의 성(姓)을 따른 것으로 상(尙)이 그의 후
　　손이다."라고 했다. 상고해 보니 뒤에 문왕(文王)이 위수(渭水)의 물가에
　　서 얻었다고 하고 이르기를 "우리의 선군(先君)이신 태공(太公)께서 그
　　대를 바란 지가 오래이다."라고 했다. 그러므로 태공망(太公望)으로 불렀
　　다. 아마도 아(牙)는 자(字)가 옳고 상(尙)이 그의 이름이며 뒤에 무왕이
　　사상보(師尙父)로 삼아 불렀다.

　『여씨춘추』에는 동해 바닷가가 동이의 땅이라고 기록되어 있다는 것
이다. 『여씨춘추』는 『여람(呂覽)』이라고도 하는데, 진(秦)의 재상 여불위
(呂不韋)[?~서기전 235]가 각 분야의 전문가들을 모아 편찬한 책이다. 여
기에서 말하는 동해에 대해서 『사기』「시황본기(始皇本紀)」는 진시황이
통일한 강역이 "동쪽으로는 바다에 이르러 조선까지 이르렀다.[地東至海

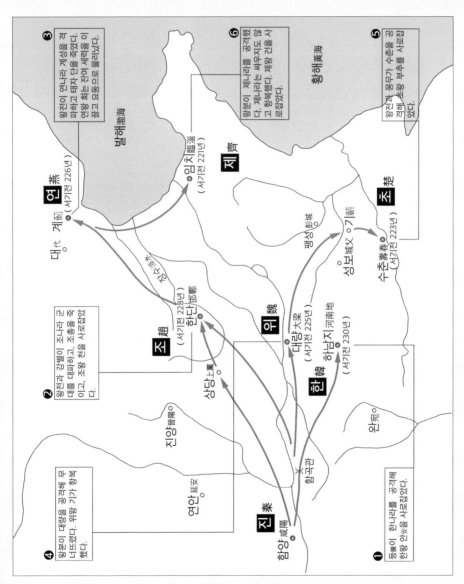

그림52 **진시황의 통일과정**

曁朝鮮]"라는 구절을 주목해야 한다. 동쪽으로 바다에 이르렀다는 바다
가 동해인데, 여기에 대해서 장수절은 『사기정의』에서 "바다는 발해 남
쪽의 양주(揚州), 소주(蘇州), 태주(台州) 등지의 동해다. 동북쪽은 조선
국이다."라고 설명하고 있다. 양주, 소주, 태주 등이 있는 바다는 곧 우리
의 서해이자 황해이다. 그 위쪽은 동이의 땅이고, 그 동북쪽은 조선국이
라는 것이다.

그의 선조는 일찍이 사악(四嶽)이 되어서 우(禹)임금이 홍수와 토지를
평정하는 데 보좌해 많은 공로가 있었다. 우(虞)나라와 하(夏)나라의 시
대에는 여(呂)에 봉해졌는데 혹은 신(申)에 봉해졌다고 하며 성은 강씨
(姜氏)였다.
하(夏)나라와 상(商)나라 때에는 신(申)이나 여(呂)에 혹은 지서(支庶)의
자손들을 봉했다고 했다. 어떤 이는 서인(庶人)이 되었다고 했는데 여상
은 그들의 후예라고도 했다.
본성은 강씨(姜氏)였는데 그 봉한 곳의 성(姓)을 따랐으므로 여상(呂尙)
이라고 했다. 여상은 대개 일찍이 곤궁했으며 나이가 들어 늙어서는 낚
시질을 하면서 주(周)나라 서백(西伯)에게 쓰이기를 바랐다. 서백(西伯)
이 장차 사냥을 나가려고 점을 쳤다. 그 점괘에서 말했다.
"얻는 것은 용(龍)도 아니고 이무기도 아니고 호랑이도 아니고 말곰도
아니다. 얻는 것은 패왕(霸王)의 보좌이다."
이에 주나라의 서백이 사냥을 나갔는데 과연 태공(太公)을 위수(渭水)의
북쪽에서 만나 함께 이야기를 해보고 크게 기뻐서 말했다.
"나의 선군(先君)인 태공(太公)께서 말씀하시기를 '마땅히 성인(聖人)이
있어서 주(周)나라로 가면 주나라를 흥성하게 한다.'라고 했습니다. 그대

가 참으로 이 사람입니까? 우리의 태공(太公)께서는 그대를 기다린 지가 오래입니다."

그러므로 '태공망(太公望)'이라고 부르게 되었다. 이에 수레에 태우고 함께 돌아와 세워서 스승으로 삼았다.

[其先祖嘗為四嶽 佐禹平水土甚有功 虞夏之際封於呂 或封於申 姓姜氏 夏商之時 申 呂或封枝庶子孫 或為庶人 尙其後苗裔也 本姓姜氏 從其封姓 故曰呂尙 呂尙蓋嘗窮困 年老矣 以漁釣奸周西伯 西伯將出獵 卜之曰 所獲非龍非彲 非虎非羆 所獲霸王之輔 於是周西伯獵 果遇太公於渭之陽 與語大說曰 自吾先君太公曰 當有聖人適周 周以興 子眞是邪 吾太公望子久矣 故號之曰太公望 載與俱歸 立為師]

사악(四嶽)이란 요임금 때의 네 대신으로 희중(羲仲), 희숙(羲叔), 화중(和仲), 화숙(和叔)을 뜻한다. 사방의 제후를 관장했으므로 사악이라고 불렀는데, 한(漢)나라의 공안국과 송(宋)나라의 공평중(孔平仲) 등은 이들이 늘 "모두 말하기를[皆曰]"이라고 답했다는 이유에서 네 사람이 아니라 한 사람을 뜻한다고 보기도 했다. 우(虞)[순]와 하(夏)나라 때 여(呂)와 신(申)에 봉해졌다는 것은 출신 자체는 제후 집안이란 의미이다. 서광은 여 땅에 대해서 "여는 남양(南陽)의 완현(宛縣) 서쪽에 있다."라고 했고, 신 땅은 "『지리지(地理志)』에는 '신은 남양 완현에 있고 신백국(申伯國)이다. 여는 또한 완현의 서쪽에 있다.'고 했다."고 설명하고 있다. 남양군 완현은 전국시대 초나라 땅이었다가 진(秦) 소양왕(昭襄王)이 현을 설치했는데, 지금의 하남성 남양(南陽)시 완성(完城)구로 비정한다. 여 땅에 봉해졌으므로 이를 성(姓)으로 삼았다는 것인데, 후대에 평민으로 전락했다는 것이다.

여상은 낚시하다가 주 문왕 희창(姬昌)을 만난 것으로 유명하다. 그가 낚시질한 곳이 '반계(磻溪)'인데, 자천(玆泉)과 밀접한 관계가 있다. 장수절은 『사기정의』에서 그가 낚시질하다가 주 문왕 희창을 만난 곳에 대해 이렇게 설명했다.

『괄지지(括地志)』에 이르기를 "자천수(玆泉水)는 근원이 기주(岐州) 기산현 서남쪽 범곡(凡谷)에서 나온다."고 했다. 『여씨춘추』에는 "태공(太公)이 자천(玆泉)에서 낚시를 하다 문왕을 만났다."라고 했다. 여원(酈元)은 "반계(磻磎) 안에는 샘이 있는데 자천(玆泉)이라고 이른다."……『설원(設苑)』에는 "여망(呂望)이 나이 70세에 위수의 물가에서 낚시를 하는데 3일 동안 밤낮으로 해도 고기가 낚시에 물리지 않았다. 태공망은 곧 분노하고 그의 의복과 관을 벗었다. 위에는 농사를 짓는 사람이 있었는데 옛날의 특이한 사람이었다. 태공망에게 이르기를 '그대가 다시 낚시를 한다면 반드시 그 낚싯줄을 가늘게 하고 그 낚싯밥을 향기롭게 해서 서서히 던지면 물고기가 놀라는 일이 없을 것이다.'라고 했다. 태공망이 그의 말과 같이 하자 처음에는 붕어를 잡았고 다음에는 잉어를 잡았다. 고기를 갈라 뱃속에서 글을 얻었는데 그 글의 내용에 '여망(呂望)을 제(齊)에 봉한다.'라고 했다. 태공망은 그가 특이한 사람이라는 것을 알았다."라고 했다.

여상이 낚시하던 반계는 지금의 섬서성 보계현(寶鷄縣) 경내에 있었던 것으로 추정하는데, 이곳에서 희창을 만났다는 것이다. 문왕은 자신의 부친인 '태공이 바라던 인물'이라는 뜻에서 '태공망'이라고 부르고 스승으로 삼았다. 문왕이 나이 일흔에 아무 주목할 행적이 없는 서인을 태공망으로 발탁한 것은 그가 같은 희성(姬姓)인 것도 중요한 역할을 했을 것이다. 태공망 여상은 동이족이다. 사마천이 『사기』「세가」에서 첫 번째와 두 번째 제후로 설정한 오태백과 제태공은 모두 동이족이다.

공자가 성인으로 떠받드는 주공

공자가 성인으로 떠받든 인물이 주공(周公) 단(旦)이다. 공자는 주공 단이 무왕 사후 어린 조카 성왕의 왕위를 빼앗을 것이라는 예상이 많았지만 예상을 뒤엎고 끝까지 성왕을 보좌했다는 이유로 성인으로 떠받들었다. 사마천이 『사기』「세가」의 세 번째 주인공으로 삼은 「노주공(魯周公)」은 단이다. 주나라에 봉해졌으므로 주공 단이라고 했는데, 사마천은 『사기』「노주공세가」를 이렇게 시작하고 있다.

> 주공 단은 주(周)나라 무왕(武王)의 아우이다. 문왕(文王)이 살아 있을 때부터 주공 단은 아들로서 효도하고 인(仁)이 두터워 여러 아들들과는 달랐다. 무왕이 즉위함에 이르자 단은 항상 무왕을 보좌해 돕고 정사를 맡아서 한 것이 대부분이었다.
>
> 무왕 9년, 동쪽을 정벌해 맹진(孟津)에 이르렀는데 주공이 보좌해 행동했다. 11년 주(紂)를 정벌할 때 목야(牧野)에 이르러 주공이 무왕을 도와 『서경』의 목서(牧誓)를 만들었다. 은(殷)나라를 부수고 상(商)나라 궁(宮)에 들어갔다. 이미 주(紂)를 죽이고 주공이 대월(大鉞)을 잡고, 소공(召公)이 소월(小鉞)을 잡고 무왕을 부축해 사(社)에 희생의 피를 칠하고 주(紂)의 죄를 하늘에 고하고 은나라의 백성에게도 이르도록 했다.

그림53 주공 단

기자(箕子)가 갇혀 있었는데 석방시켰다. 주(紂)의 아들 무경(武庚) 녹보(祿父)를 봉하게 하고, 관숙(管叔)과 채숙(蔡叔)에게 보좌하게 해서 은나라의 제사를 잇게 했다. 두루 공신과 동성의 친척들을 봉하게 했다. 주공 단을 소호(少昊)의 터인 곡부(曲阜)에 봉했는데, 이이가 노공(魯公)이다. 주공은 봉지에 나아가지 않고 경사(京師)에 머물러 무왕을 보좌했다.

[周公旦者 周武王弟也 自文王在時 旦爲子孝 篤仁 異於羣子 及武王卽位 旦常輔翼武王 用事居多 武王九年 東伐至盟津 周公輔行 十一年 伐紂 至牧野 周公佐武王 作牧誓 破殷 入商宮 已殺紂 周公把大鉞 召公把小鉞 以夾武王 釁社 告紂之罪于天 及殷民 釋箕子之囚 封紂子武庚祿父 使管叔 蔡叔傅之 以續殷祀 徧封功臣同姓戚者 封周公旦於少昊之虛曲阜 是爲魯公 周公不就封 留佐武王]

노주공 주공 단은 문왕 희창(姬昌)의 넷째 아들이자 주 무왕 희발(姬發)의 동생이다. 그를 주공으로 부르는 이유에 대해서 배인은 『사기집해』에서 초주의 입을 빌어 "태왕(太王)이 거처한 주(周) 땅을 그의 채읍(采邑)으로 삼았으므로 주공(周公)이라고 일렀다."라고 설명하고 있다. 사마정은 『사기색은』에서 "주(周)는 지명(地名)이다. 기산(岐山) 남쪽에 있는데 본래 태왕이 거처했다. 뒤에 주공(周公)의 채읍이 되었다. 그러므로 주공(周公)이라고 했다. 곧 지금의 부풍(扶風)의 옹(雍) 땅 동북쪽의 옛 주성(周城)이 이곳이다."라고 설명하고 있다.

주공 단이 봉함을 받은 주(周)는 기산 남쪽에 있었다는 것이다. 현재 중국에서 '중화민족의 발상지 중 하나'라고 주장하는 기산현(岐山縣)이 있는 곳이다. 지금의 섬서성 보계(寶鷄)시에 속해 있는데 관중(關中)의 서부에 속해 있다. 관중이란 사관(四關), 즉 네 관문 안에 있어서 생긴 지역 이름인데, 동쪽의 동관(潼關), 서쪽의 산관(散關), 남쪽의 무관(武關), 북쪽의 소관(蕭關)을 뜻하는 곳으로 지금의 섬서성 중부 지역이다. 서안(西安), 함양(咸陽), 위남(渭南), 동천(銅川), 양릉(楊陵)의 다섯 시가 포함된 지역이다. 기산현은 서쪽에 보계시가 있고 동북쪽에 인유(麟游) 현이 있고, 남쪽으로 태백(太白)현과 접하고 있고 동쪽으로 부풍(扶風) 현 및 미(眉)현과 접해 있는데 대부분의 지역들이 역사성 짙은 지역들로 둘러싸여 있다.

중국에서는 기산현을 염제가 나서 자란 곳이라면서 주 왕실의 발상지이고, 주 문화의 발상지라고 말한다. 주 문왕이 지금의 서안인 풍(豊)으로 천도하면서 기(岐) 땅의 동쪽을 주공 단에게 떼어주고 그 서쪽을 소공(召公) 석(奭)에게 나누어주었다는 것이다. 서주(西周)시대에 기 땅은 왕이 직접 관할하는 왕기(王畿)에 속해서 주국(周國)과 소국(召國)은 주 왕실에서 직접 관할했던 지역이다.

주공 단이 노주공이 되는 것은 지금의 산동성 곡부에 봉했는데 이 나라가 노(魯)이기 때문이다. 곡부에 대해서 장수절은 『사기정의』에서 『괄지지』를 인용해, "연주(兗州) 곡부현(曲阜縣) 외성(外城)이 곧 노공(魯公) 백금(伯禽)이 쌓은 것이다."라고 했다. 그런데 이 내용보다 곡부는 동이족 소호의 왕성이자 훗날 공자의 고향이라는 점에서 중요하다. 물론 동이족 지역이다.

주공은 노나라 곡부에 봉해졌지만 큰아들 백금을 대신 보내고 주 조정에 남아서 정사를 주관했다. 무왕이 죽고 어린 성왕이 즉위하자 주공이 섭정했는데, 이때 관숙(管叔), 채숙(蔡叔), 곽숙(霍叔)의 삼숙(三叔)이 주공이 왕위를 빼앗을까 우려해 봉기하면서 주나라가 흔들리게 된다.

무경과 결탁해 난을 일으킨 삼감

사마천이 「세가」의 다섯 번째 인물로 관숙과 채숙을 다룬 「관채(管蔡)세가」를 설정했다. 관숙·채숙·곽숙의 삼숙은 상나라 왕족 무경(武庚)과 손잡는 한편 동이족과 연합해서 군사를 일으켰다. 이 부분은 뒤에 보다 자세히 서술할 것인데 일단 주공은 군사를 이끌고 동쪽으로 진군해 봉기를 평정하고 엄국(奄國)을 멸망시켰다. 엄국은 지금의 산동성 곡부로 비정한다. 이 사건은 주공에게 큰 충격을 주는 한편 주공의 지위를 더욱 튼튼하게 했다. 주공은 주 왕실을 강화하기 위해서 성주(成周) 낙읍(洛邑)을 건설하는데, 지금의 하남성 낙양이다.

『사기』「관채세가」는 이렇게 시작한다.

> 관숙선(管叔鮮)과 채숙도(蔡叔度)는 주(周)나라 문왕(文王)의 아들이고 무왕(武王)의 동생들이었다. 또 무왕과 어머니를 같이한 10명의 형제들이었다. 어머니는 태사(太姒)로 문왕의 정비(正妃)였다.
> [管叔鮮 蔡叔度者 周文王子而武王弟也 武王同母兄弟十人 母曰太姒 文王正妃也]

관숙선이 관숙이고 채숙도가 채숙이다. 무왕과 주공을 포함한 이들

10형제는 아버지가 문왕, 어머니 태사인 동부동복(同父同腹) 형제들이다. 어머니의 이름이 태사(太姒)인 것은 사성(姒姓)이기 때문이다. 사성은 하우(夏禹)의 성인데, 우(禹)는 황제의 고손자로 동이족이다. '황제→창의→제전욱→곤→우'로 이어지는 계보를 갖고 있다. 우가 동이족이고, 사성(姒姓)의 태사 역시 동이족이다.

장수절은 『사기정의』에서 태사에 대해서 이렇게 설명했다.

> 『국어(國語)』에는 "기(杞)와 증(繒)의 두 나라가 사성(姒姓)이고 하우(夏禹)의 후예이며 태사(太姒)의 집안이다. 태사는 문왕(文王)의 비이고 무왕의 어머니이다."라고 했다. 『열녀전(列女傳)』에는 "태사는 무왕의 어머니이고 우(禹)임금의 후예이며 사씨(姒氏)의 딸이다. 합수(郃水)의 북쪽에 있고 위수(渭水)의 물가에 있다. 인(仁)하고 도(道)를 밝혀 문왕(文王)이 아름답게 여겨서 친히 위수에서 맞이하는데 배를 만들어 다리로 삼았다. 들어옴에 이르러 태사(太姒)가 태강(太姜)과 태임(太任)의 아름다운 것을 생각하고 아침저녁으로 근로해 며느리의 도로 나아갔다. 태사를 불러 문모(文母)라고 했다. 문왕은 밖을 다스리고 문모는 안을 다스렸다. 태사는 10명의 사내아이를 낳았으며 어려서부터 장성하는 데까지 교육시켜 일찍이 사벽한 일을 보이지 않았고 항상 정상적인 도를 가진 것으로 말을 했다."고 했다.

문왕과 태사 사이의 장남은 백읍고(伯邑考)이고, 차남이 무왕 발(武王發)이고, 삼남이 관숙선이고, 사남이 주공 단이고, 오남이 채숙도이다. 사마천은 장남 백읍고가 문왕의 뒤를 잇지 못한 이유에 대해서 「관채세가」에서 두 가지로 설명하고 있다.

어머니가 같은 형제 10명 가운데 오직 발(發)과 단(旦)이 현명해서 문왕을 좌우에서 보좌했다. 그래서 문왕이 (장남) 백읍고(伯邑考)를 버리고 발을 태자로 삼았다. 문왕이 붕어함에 이르러 발이 섰는데 이가 무왕(武王)이다. 백읍고는 이미 이전에 죽었다.

무왕이 이미 은(殷)나라의 주(紂)를 이기고 천하를 평정해 공신과 형제들을 봉했다. 이에 숙선(叔鮮)은 관(管)에 봉하고, 숙도(叔度)는 채(蔡)에 봉했다. 두 사람은 주(紂)의 아들 무경녹보(武庚祿父)를 도와 은나라 유민들을 다스렸다.

[同母昆弟十人 唯發旦賢 左右輔文王 故文王舍伯邑考而以發為太子 及文王崩而發立 是為武王 伯邑考既已前卒矣 武王已克殷紂 平天下 封功臣昆弟 於是封叔鮮於管 封叔度於蔡 二人相紂子武庚祿父 治殷遺民]

문왕은 장남 백읍고를 버리고 차남 발을 태자로 삼았다. 문왕이 세상을 떠나고 발이 즉위했는데, 백읍고는 이미 죽었다. 무왕이 은나라를 무너뜨리고 주나라 천하를 만든 후 관숙선을 관 땅에 봉해 관국(管國)의 제후가 되게 했다. 관국에 대해서 두예(杜五)는 "형양(滎陽)의 경현(京縣)의 동북쪽에 있다."고 말했다. 채숙도는 채(蔡) 땅에 봉해 채국의 제후가 되게 했는데 『사기집해』는 『세본』을 인용해 채숙도가 "상채(上蔡)에 거처했다."고 설명하고 있다. 현재 중국 학계에서는 관숙선이 후작으로 봉함을 받은 관국을 지금의 하남성 정주(鄭州)시 관성구(管城區)로 보고, 채숙도가 제후로 봉함을 받은 채국(蔡國)의 위치를 하남성 상채(上蔡)현으로 보고 있다.

무왕은 관숙선과 채숙도 등을 보내 상나라 주왕(紂王)의 아들인 무경(武庚)을 도와 상나라 유민들을 다스리게 했다. 무경을 도우라고 했지만 사실상 무경을 감시하고 통제하는 역할이었을 것이다. 그러나 세 숙부가 본래 의도와는 달리 무경과 결탁하고 나아가 동이족들과 결탁해 주공 타도에 나서면서 주나라 정세는 위태롭게 흘러간다.

『사기』「주본기」에 이와 관련한 기사가 나온다.

> 상(商)나라 주(紂)의 아들인 녹보(祿父)를 은(殷)의 남은 백성들을 다스리게 봉했다. 무왕은 은나라가 처음에는 안정되게 민심이 모아지지 않자 이에 그의 아우인 관숙(管叔) 선(鮮)과 채숙(蔡叔) 도(度)로 하여금 녹보를 도와 은나라를 다스리게 했다
>
> [封商紂子祿父殷之餘民 武王為殷初定未集 乃使其弟管叔鮮 蔡叔度相祿父治殷]

무경은 자성(子姓)에 무씨(武氏)이고 이름이 경(庚)이라서 무경이라고 불렀는데, 자(字)가 녹보이다. 무왕이 상나라를 무너뜨렸지만 상나라 유민들은 주나라를 거부했다. 그래서 무왕은 투항한 주왕의 아들 무경에게 은나라 즉 상나라 유민들을 다스리게 하는 한편 두 동생 관숙선과 채숙도를 보내 무경을 도와 은나라 유민들을 다스리게 했다. 이 구절에 대해서 장수절은 『사기정의』에서 보다 자세한 상황을 설명하고 있다.

> 『지리지』에 "하내(河內)는 은(殷)나라의 옛 도읍지이다. 주(周)나라가 이미 은나라를 멸망시키고 그 기내(畿內)를 나누어 세 개의 나라를 만들었는데『시경』의 패(邶), 용(鄘), 위(衛)가 이곳이다. 패는 주(紂)의 아들 무경(武庚)을 봉했다. 용은 관숙이 맡게 했다. 위는 채숙이 다스리게 했다. 이들이 은나라의 백성을 감독하게 해서 삼감(三監)이라고 일렀다."고 했

다. 『제왕세기』에는 "은나라 도읍에서 동쪽은 위(衛)가 되었는데 관숙이 감독했다. 은나라 도읍에서 서쪽은 용(鄘)이 되었는데 채숙이 감독했다. 은나라 도읍에서 북쪽은 패(邶)가 되었는데 곽숙(霍叔)이 감독했다. 이를 삼감이라 했다."고 했다. 조사해 보니 두 가지의 설명이 각각 달라서 자세하지가 않다.

은나라 국왕이 직접 통치하던 기내(畿內)[수도권]를 셋으로 나누어 주의 아들 무경과 무왕의 두 동생이 다스리게 했는데, 이를 '삼감(三監)'이라고 일렀다는 것이다. 주왕의 아들 무경 녹보와 무왕의 동생 관숙과 채숙에게 은나라 기내 지역을 셋으로 나누어 다스리게 했던 것이다. 무경이 다스리던 지역을 지금의 하남성 상구(商丘)로 비정한다.

은나라를 무너뜨린 무왕이 죽고 어린 성왕이 즉위하자 주공이 섭정했는데, 삼감이 이에 반발해 군사를 일으켰다. 이것이 유명한 '삼감지란(三監之亂)', 즉 '삼감의 난'이다. 주동자가 관숙과 채숙이라는 관점에서는 '관채의 난'이라고도 부르고, 무경이 은나라를 되살리려 했다는 점에서는 '무경의 난'이라고도 부른다. 『사기』「관채세가」는 이 상황을 짧게 설명하고 있다.

> 무왕이 이미 붕어했는데 성왕(成王)이 어려서 주공 단이 왕실을 오로지 했다. 관숙과 채숙은 주공이 하는 것이 성왕에게 불리하다고 의심하고 이에 무경을 끼고 난을 일으켰다. 주공 단이 성왕의 명을 받아 무경을 정벌하고 죽었다. 그는 관숙을 살해하고 채숙을 추방시켜 옮기는데 수레 10대와 무리 70명만 따르게 했다.
>
> [武王既崩 成王少 周公旦專王室 管叔 蔡叔疑周公之爲不利於成王 乃挾武

庚以作亂 周公旦承成王命伐誅武庚 殺管叔 而放蔡叔 遷之 與車十乘 徒
七十人從]

삼감의 난이 쉽게 이해가지 않는 것은 은나라를 멸망시킨 주역인 무
왕의 동생들이 은나라를 부흥시키려는 은 주왕의 아들 무경과 함께 군
사를 일으켰다는 점이다. 이를 진압하기 위해서 주공 단이 직접 출전했
는데, 성왕의 명을 받았다고 했으나 주공이 섭정할 때이니 자신이 직접
결정했을 것이다. 그만큼 주공 단에게도 큰 충격이자 자신이 직접 나서
야 했을 정도로 위기였다.

진압에 성공한 주공은 관련자들을 가차 없이 처벌했다. 주공은 주왕
의 아들 무경뿐만 아니라 형인 관숙도 살해하고 동생 채숙은 추방했다.
뿐만 아니라 또 다른 동생 곽숙도 형들을 따랐다면서 폐위시켜 서인(庶
人)으로 강등시켰다. 삼감이 군사를 일으키면서 내세운 명분은 주공 단
의 섭정이 어린 성왕에게 불리하다는 것이었다. 『사기』「주본기」는 주공
과 형제들이 서로 믿지 못하는 상황을 서술하고 있다.

성왕은 나이가 어리고 주나라가 비로소 천하를 안정시켰지만 주공은 제
후들이 주(周)나라를 배반할까 두려워해 주공이 이에 국정을 섭정하고
국사를 담당했다. 관숙, 채숙 등 여러 아우들은 주공을 의심해서 무경과
난을 일으켜서 주나라를 배반했다. 주공이 성왕의 명을 받들어 무경과
관숙을 주벌하고 채숙을 귀양 보냈다.
[成王少 周初定天下 周公恐諸侯畔周 公乃攝行政當國 管叔 蔡叔羣弟疑周
公 與武庚作亂 畔周 周公奉成王命 伐誅武庚 管叔 放蔡叔]

4남 주공과 친동기간들은 원수처럼 적대했다. 3남 관숙과 5남 채숙은 부왕이 멸망시킨 은 주왕의 아들과 손잡고 친동기간인 주공 단을 무너뜨리려 했다.

삼감의 봉기에서 가장 이해할 수 없는 대목은 이들이 동이족과 연합했다는 점이다. 이는 상조(商朝)는 동이족, 주조(周朝)는 하화족이라는 기존의 사고로는 이해하기가 쉽지 않다. 주 무왕의 동생들이 동이족과 연합했다는 것은 주나라 왕족들도 동이족이라는 같은 겨레의 동질성이 있었기 때문일 것이다. 상나라 시조 설(契)과 주나라 시조 후직의 아버지가 같은 제곡(帝嚳)이라는 사실은 상나라와 주나라가 모두 동이족 국가라는 사실을 말해준다. 그래서 주 무왕의 동생들이 동이족과 손을 잡고 주공 단을 무너뜨리기 위해 봉기할 수 있었을 것이다.

송국, 위국, 연국도 동이족 성씨들

주공 단은 '삼감의 난'을 진압하고 관숙 등을 처벌한 후 근본적인 대책을 강구했다. 그것은 은나라 백성들을 다른 지역으로 옮기는 것이었다. 『사기』「관채세가」는 '삼감의 난' 이후 은나라의 백성들을 나누는 과정에서 송(宋)나라와 위(衛)나라가 생겼다고 말하고 있다.

> 이에 은(殷)나라의 남은 백성을 둘로 나누어 한곳은 미자계(微子啓)를 송(宋)나라에 봉해서 은나라의 제사를 받들게 했다. 다른 한곳은 강숙(康叔)을 봉해 위(衛)나라 군주로 삼았는데 이이가 위강숙(衛康叔)이다.
> [而分殷餘民為二 其一封微子啓於宋 以續殷祀 其一封康叔為衛君 是為衛康叔]

주공 단은 상조(商朝)의 마지막 주왕과 대립했던 은나라 왕족을 제후로 봉해서 은나라 국민들의 추가 봉기를 막고자 했다. 그래서 은왕 제을(帝乙)의 장자이자 주왕(紂王)의 서형(庶兄)이었던 미자를 공작(公爵)으로 삼아 송나라에 봉했다. 송나라는 지금의 하남성 상구시 휴양구(睢陽區)로 비정한다. 이이를 송미자(宋微子)라고 한다. 송나라 개국군주 미자는 은나라 왕족이므로 자성(子姓)이다.

강숙은 위강숙이라고 불리는데 희성의 위씨(衛氏)이기 때문에 희성 위씨라고 불린다. 문왕과 태사 사이에서 난 열 명의 아들 중에 아홉째 아들로 무왕의 동생이다. 원래 분봉받은 지역은 기내의 강국(康國)으로 지금의 하남성 우주(禹州) 서북쪽인데, 하읍(夏邑), 양적(陽翟), 영천(潁川) 등으로 불리던 유서 깊은 지역이다. 삼감의 난 이후 강숙은 다시 은나라의 옛 고도였던 조가(朝歌)에 봉해졌는데, 현재의 하남성 기현(淇縣)으로 이곳에 위국(衛國)을 건립하고 초대 군주가 되었다.

송나라에 봉한 미자가 은나라 왕족이니 동이족이고, 위나라도 희성으로 동이족이다.

연(燕)나라도 마찬가지다. 연국(燕國)은 소공(召公) 석(奭)이 개국군주인데, 『사기』「연소공(燕召公)세가」는 이렇게 시작하고 있다.

소공석(召公奭)은 주(周)나라와 동성(同姓)이며, 성은 희씨(姬氏)이다. 주(周)나라 무왕(武王)이 주(紂)를 멸망시키고 소공을 북연(北燕)에 봉했다. 성왕(成王) 때는 소공이 삼공(三公)이 되었는데 섬(陝)부터 서쪽은 소공이 주관했다. 섬부터 동쪽은 주공이 주관했다

[召公奭與周同姓 姓姬氏 周武王之滅紂 封召公於北燕 其在成王時 召王為三公 自陝以西 召公主之 自陝以東 周公主之]

소공은 희성으로 이름이 석(奭)인데, 주 문왕의 서장자로 소(召) 땅을 봉해 받아서 소공으로 불렸다. 소공 희석은 무왕이 은왕조를 멸망시킨 후 계(薊) 땅을 받아서 연국(燕國)을 세웠는데, 이것이 북연(北燕)이다. 현재 중국에서는 북연의 수도인 계를 지금의 북경이라고 말하고 있다. 그러나 앞서 요의 후손을 봉한 계 땅에 대해서는 천진(天津)시 계주(薊州)구라고 보고 있어서 서로 다르다. 중국의 고대 위치비정은 전체적 관점을 가지고 모순이 없는지 살펴봐야 한다.

보다 중요한 문제는 남연(南燕)의 존재다. 소공 석이 주나라 무왕 때 북연에 봉해졌다는 구절에 대해서 송충(宋忠)이 "남연이 있다. 그러므로 북연이다."라고 주석했던 것처럼 남연이 따로 있다는 뜻이다. 남연은 어디일까? 북연이 지금의 하북성 일대에 있었다면 남연은 하남성 신향(新鄕)시 산하의 연진(延津)현 동북쪽 황하 유역 일대라고 비정한다.

표18 **남연과 북연의 비교**

	남연	북연	비고
지역	하남성 연진(延津) 동북쪽	하북성 계(薊)	
개국군주	길백조(姞伯儵)	희석(姬奭)	길백조는 황제의 후손
국성(國姓)	희성(姬姓) 길씨(姞氏)	희성(姬姓) 연씨(燕氏)	

남연과 북연은 모두 황제의 후손인데, 남연은 공영달(孔穎達) [574~648]이 "남연국은 길성(姞姓)으로 황제의 후예다. 시조는 백조(伯儵)인데 작은 나라이므로 세가(世家)가 없어서 그 임금의 호칭을 알 수 없다."고 한 것처럼 자세한 사항은 알 수 없다.

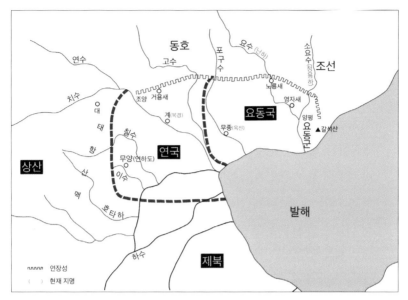

그림54 **연나라 강역**

일반적으로 연국(燕國)이라고 부르는 것은 북연[서기전 1044~서기전 222]인데, 서기전 7세기경 계국(薊國)을 합병하고 국도를 계로 옮겼는데, 중국에서는 이 계에 대해서 북경과 천진시 계주구 등으로 각각 비정하고 있다. 연나라는 연 소왕(昭王)[재위 서기전 311~서기전 279] 때 일시 전성기를 이루지만 서기전 222년 연왕 희(喜)가 진나라의 포로가 되면서 멸망하고 말았다.

동이족 순의 후예인 호공만

사마천이 『사기』 「세가」에서 서술한 오태백, 제태공, 노주공, 연소공,

관채는 모두 동이족임을 살펴보았다. 여섯 번째로 서술한 「진기(陳杞)세가」에 대해 살펴보자. 「진기세가」는 진(陳, chén)의 시조 호공만(胡公滿)이 순임금의 후예라는 것으로 시작한다.

　　진 호공만은 우제(虞帝) 순임금의 후예이다. 옛날 순이 서인이었을 때 요임금이 두 딸을 아내로 삼아 주고 규예(嬀汭)에 살게 했다. 그 후예들이 이 때문에 씨성(氏姓)으로 삼아 규씨(嬀氏) 성이 되었다. 순임금이 붕어하고 우임금에게 천하를 전하자 순임금의 아들 상균(商均)은 봉국(封國)이 되었다. 하후(夏后)의 시대에는 혹은 나라를 잃기도 하고 혹은 계승하기도 했다.

　　주(周)나라 무왕(武王) 때에 이르러 은(殷)나라 주(紂)를 쳐서 승리하고 이에 다시 순임금의 후예를 찾아 규만(嬀滿)을 얻어 진(陳)나라에 봉했다. 이에 순임금의 제사를 받들게 했는데, 이 사람이 호공(胡公)이다.

　　[陳胡公滿者 虞帝舜之後也 昔舜爲庶人時 堯妻之二女 居于嬀汭 其後因爲氏姓 姓嬀氏 舜已崩 傳禹天下 而舜子商均爲封國 夏后之時 或失或續 至于周武王克殷紂 乃復求舜後 得嬀滿 封之於陳 以奉帝舜祀 是爲胡公]

　　진(陳)의 개국시조인 호공만은 순임금의 후예다. 순임금이 요성(姚姓)에 규씨(嬀氏)이므로 호공만도 규를 성으로 삼았다. 그래서 규만(嬀滿), 진호공(陳胡公), 또는 진만(陳滿)이라고도 불렸다. 진국(陳國)에 봉함을 받았으므로 진씨(陳氏)가 되었다. 자(字)는 소탕(少湯)으로 도정알보(陶正遏父)의 아들이다. 도정(陶正)이란 주나라 때 도자기를 만드는 일을 관장하던 벼슬인데 그 이전에는 제사 지내는 일도 수행했다.

　　주 무왕이 상나라를 멸망시킨 후 자신의 장녀 대희(大姬)를 순임금의 후예인 규만에게 시집보내고, 진 땅을 봉해주었는데, 이것이 진국의 시작으로 서기전 1046년의 일이라고 한다. 진국의 수도는 완구(宛丘)에 있었는데 지금의 하남성 주구(周口)시 회양(淮陽)구 성관(城關) 일대로 비정한다. 서기전 478년 진 민공(湣公)이 초(楚) 혜왕(惠王)에게 피살됨으로써 25세, 568년 만에 멸망했는데, 그사이에 두 차례 망국과 복국을 경험한 신산스런 역사를 가지고 있다.

서기전 672년 진 공자 완(完)이 제국(齊國)의 대부가 되자 그 후예들이 전씨(田氏)로 바꾸었으니 곧 규성(嬀姓) 전씨(田氏)이다.

주 무왕의 아들 당숙우

또 다른 진(晉, Jin)나라에 대해서 살펴보자. 『사기』「진세가」는 이렇게 시작한다.

진(晉)의 당숙우(唐叔虞)는 주(周) 무왕의 아들이며 성왕의 아우였다. 처음에 무왕이 숙우의 어머니와 함께 만났을 때 꿈에서 하늘이 무왕에게 일러 말했다.

"내가 너에게 명해 아들을 낳게 할 것인데 이름을 우(虞)라고 했으니 너는 당(唐)을 주어라."

이에 자식을 낳았는데 그의 손바닥에 우라는 글자가 있었다. 드디어 이에 명을 따라서 우라고 했다. 무왕이 붕어하고 성왕이 섰는데 당(唐)나라에 난리가 있어서 주공이 그들을 죽이고 당을 멸망시켰다. 성왕이 숙우와 함께 놀면서 오동잎을 따서 규(珪)를 만들어 숙우에게 주고 말했다.

"이것으로써 너를 봉하노라."

사일(史佚)이 이에 따라 청하고 날을 가려 숙우를 세웠다.

성왕이 말했다.

"나는 장난으로 준 것이다."

사일이 말했다.

"천자(天子)는 장난치는 말이 없는 것입니다. 말을 하면 역사에 기록하고 예로써 이루고 음악으로써 노래하는 것입니다."

이에 드디어 숙우를 당(唐)에 봉했다.

당(唐)나라는 하수(河水)와 분수(汾水)의 동쪽에 있으며 사방 1백 리였다. 그러므로 당숙우(唐叔虞)라고 했다. 성씨는 희성(姬姓)이고, 자는 자우(子于)이다. 당숙(唐叔)의 아들 섭(燮)이 이에 진후(晉侯)가 되었다.

[晉唐叔虞者 周武王子而成王弟 初 武王與叔虞母會時 夢天謂武王曰 余命女生子 名虞 余與之唐 及生子 文在其手曰虞 故遂因命之曰虞 武王崩 成王立 唐有亂 周公誅滅唐 成王與叔虞戲 削桐葉為珪以與叔虞 曰 以此封若 史佚因請擇日立叔虞 成王曰 吾與之戲耳 史佚曰 天子無戲言 言則史書之 禮成之 樂歌之 於是遂封叔虞於唐 唐在河 汾之東 方百里 故曰唐叔虞 姓姬氏 字子于]

진(晉)의 시조 당숙우는 주(周) 무왕의 아들이자 성왕의 아우이니 희성의 동이족이다. 당숙우의 이름 우(虞)에 대해서 사마정은 『사기색은』에서 이렇게 말하고 있다.

상고해 보니 태숙(太叔)이 꿈을 꾸고 손바닥의 무늬가 있자 이름을 '우(虞)'라고 했는데, 성왕(成王)이 당(唐)의 후예를 처단한 후에 오동잎을 꺾어서 희롱한 것에 따라 봉한 것이다. 숙(叔)은 자이다. 그러므로 당숙우(唐叔虞)라고 했다. 당에는 진수(晉水)가 있는데 아들 섭(燮)에 이르러 그 국호를 고쳐 진후(晉侯)라고 했다. 그러나 진나라는 처음에 당에 봉해졌다. 그러므로 '진당숙우'라고 칭했다. 또 당은 본래 요임금의 후손인데 봉한 곳이 하허(夏墟)에 있어 악(鄂)에 도읍했다. 지금 대하(大夏)가 있는 것이 이곳이다. 성왕이 당의 후예를 멸망시킴에 이르러 이에 분리해 허(許)와 영(郢)의 사이로 옮겼다. 그러므로 『춘추』에 당성공(唐成公)이 있는 것이 이것이다. 곧 지금의 당주(唐州)이다.

진나라는 처음에 당국(唐國)이었는데, 진(晉)으로 바꿨다는 것이다. 손바닥에 무늬가 있어서[手文] 우(虞)라고 지었다는 것은 무슨 뜻일까? 우자에는 추후(騶虞)라는 뜻도 있는데, 추후는 흰 바탕에 검은 무늬가 있고 꼬리가 긴 짐승으로 성인(聖人)의 덕에 감응하면 나타난다고 한다. 당숙우가 손바닥에 검은 무늬가 있어서 지어진 이름으로 생각된다. 또한 우자는 '장난칠 오(虞)' 자와도 통용된다. 그래서 오동잎을 꺾어서 희롱한 것에 따라 봉했다는 뜻일 것이다. 사일(史佚)은 주(周)나라에서 역사를 기록하고 관장하던 태사(太史)인데, 길성(姞姓)으로 역시 동이족이다.

당국은 요(堯)의 후손들을 봉했던 나라였다. 중국의 『백가성(百家姓)』 중에 당성(唐姓)이 있는데 기성(祁姓)에서 나왔다. 당성에 대해 원래는 제요가 그 뿌리라는 학설과 당숙우의 후예를 뜻하므로 원래는 희성이라는 설이 있다. 원래 당국에 살다가 허국(許國)과 영국(郢國) 사이로 옮겼다는 요의 후예인지, 처음에 당국에 봉해진 당숙우의 후예인지에 따라서 학설이 나뉜다.

장수절은 『사기정의』에서 "주 성왕(周成王) 때 당(唐)나라 사람이 난을 일으켜 성왕이 멸망시키고 대숙(大叔)을 봉하고 다시 당나라 사람의 자손들을 두(杜)에 옮기고 두백(杜伯)이라고 했다."고 말했다.

두백이 두씨(杜氏)의 시조인데,『춘추좌전(春秋左傳)』과 『묵자(墨子)』 등에는 "두백이 주(周)의 대부로서 주 선왕(宣王)을 섬겼다."고 기록하고 있다. 두백은 요(堯)의 아들 단주(丹朱)의 아홉째 아들의 후예인데, 주 선왕 재위 43년[서기전 785]에 죽임을 당한다. 그러나 그의 죽음에는 반발이 작지 않았다. 선왕이 애매한 혐의로 두백을 죽이려고 하자 좌유(左儒)가 아홉 번을 되풀이하며 말리고 나섰고 선왕은 "너는 군주와 벗을 구분하라."고 경고했다. 좌유가 "군주가 도(道)를 행하고 친구가 도를 거스를 때는 군주를 좇아서 친구를 죽여야 합니다. 친구가 도를 행하고 군주가 도를 거스를 때는 친구를 좇아서 군주에게 반대해야 합니다."라고 답했다. 선왕이 노해서 "네 말을 바꾸면 살 것이고 바꾸지 않는다면 죽게 될 것이다."라고 했으나 좌유는, "사(士)는 올바름을 굽히지 않고 죽을지언정 말을 바꾸어 살기를 구하지 않습니다. 저는 군주의 잘못을 밝힘으로써 두백의 무죄를 드러내겠습니다."라고 답했다. 선왕이 두백을 죽이자 좌유도 따라서 죽었는데, 나중에 선왕이 사냥 나갔다가 두백이 자기를 활로 쏘는 꿈을 꾸고 사당을 세워 제사지내주었다. 그러나 선왕은 끝내 이 때문에 병을 얻어 죽고 말았다. 이 내용은『국어(國語)』주어(周語)에 나오는 일화다.

그런데 두백은 두씨의 시조일뿐만 아니라 유씨(劉氏)의 50세조가 된다. 또한 두백이 죽임을 당하자 그의 아들 습숙(隰叔)이 진(晉)으로 도망가서 진국의 사사(士師)가 되는데 이 습숙이 바로 범씨(范氏)의 시조다.

진국의 초기 국명은 당국(唐國)이었는데, 당숙우의 아들 섭이 진국으로 개칭한 것이다.

2
초국과 월국 혈통의 수수께끼

초나라 시조는 전욱의 후예

사마천이 『사기』「세가」에서 열한 번째로 서술한 나라가 초국(楚國)이다. 사마천은 초국의 역사를 앞서 서술한 「세가」들과는 다른 내용으로 시작한다. 제전욱부터 시작하는데 초국의 개국군주 웅역(熊繹)까지 이르는 과정이 아주 복잡하다.

> 초나라 선조는 제전욱 고양씨에게서 나왔다. 고양은 황제의 손자이며 창의(昌意)의 아들이다.
>
> [楚之先祖出自帝顓頊高陽 高陽者 黃帝之孫 昌意之子也]

초국의 계통과 혈통은 아주 중요하다. 통일제국 진(秦)이 약화된 후 한(漢)의 유방(劉邦)과 중원의 패권을 다투는 국가이기 때문이다. 또한 중국의 남방 국가로 남방인들의 혈통적 계보를 유추할 수 있다. 사마천은 초나라의 선조가 제전욱 고양씨라고 말했다. 전욱은 황제의 둘째 아들 창의의 아들로 사마천이 오제의 두 번째 제왕으로 설정했다. 창의는 앞에서 동이족임을 알아보았는데 초나라의 시조가 제전욱이라면 초나라 왕실 또한 동이족일 수밖에 없다. 또한 고구려 광개토태왕 때 북연왕 고운(高雲)이 제전욱 고양씨의 후예이므로 성을 고(高)로 했다는 기사가 『삼국사기』「광개토태왕 본기」에 실려 있는 것처럼 한국 고대사와도 밀접한 관련이 있다. 「초세가」의 내용을 더 살펴보자.

> 고양은 칭(稱)을 낳았고, 칭은 권장(卷章)을 낳았고, 권장은 중려(重黎)를 낳았다. 중려는 제곡(帝嚳) 고신(高辛)씨에 의해 화정(火正)의 벼슬에 있었다. 매우 공로가 있어서 천하를 밝게 빛낼 수 있었다. 이에 제곡이 축융(祝融)으로 명했다.
>
> [高陽生稱 稱生卷章 卷章生重黎 重黎為帝嚳高辛居火正 甚有功 能光融天下 帝嚳命曰祝融]

고양의 아들이 칭이고, 그 아들이 권장이고, 그 아들 중려가 제곡에 의해 화정이 되었다는 내용이다. 이 계보에 대해서는 여러 주석가들도 견해가 엇갈리고 있다. 배인은 『사기집해』에서 "서광은 『세본』을 보고 "노동(老童)이 중려(重黎)와 오회(吳回)를 낳았다고 했다."고 했지만 초주는 "노동은 곧 권장(卷章)이다."라고 했다며 서로 다른 해석을 소개했다. 노동이 중려와 오회를 낳았다는 해석과 노동이 곧 권장이라는 해석이 양립했던 것이다. 이런 해석들에 대해서 사마정은 『사기색은』에서 자신의 견해를 정리해서 피력했다.

상고해 보니 『좌씨전』에는 소호씨(少昊氏)의 아들을 중(重)이라고 하고 전욱씨의 아들을 여(黎)라고 했다. 지금 중려(重黎)를 한 사람으로 여겼으니, 이는 전욱의 자손이라고 여긴 것이다. 유씨는 "소호씨의 후손은 중(重)이고, 전욱씨의 후예는 중려(重黎)인데, 저 중(重)에 대해서 단수로 칭하면 여(黎)라고 일컫는 것이니 만약 스스로 가(家)에 합당한 칭호는 중려라고 말하는 것이다. 그러므로 초(楚)와 사마씨(司馬氏)의 후손은 모두 중려의 후손인데 소호씨의 (아들인) 중(重)과는 관계가 없다."라고 했다. 나[사마정]는 이 해석이 마땅하다고 이른다.

소호씨의 후손은 중(重)이고, 전욱씨의 후예는 중려인데 그 후손 일가를 말할 때는 중려라고 한다는 것이다. 그러니 초와 사마씨의 후손은 전욱씨의 후예이지 소호씨의 후예가 아니라는 주장이다. 이후 사마천이 「초세가」에서 설명하는 초나라의 계통은 복잡하다.

공공씨(共工氏)가 난을 일으키자 제곡이 중려를 시켜 처벌케 했는데 처벌을 다하지 못했다. 제곡이 이에 경인(庚寅)일에 중려를 처단하고 그의 아우인 오회를 중려의 후임으로 삼아서 다시 화정(火正)으로 삼고 축융(祝融)이 되게 했다. 오회는 육종(陸終)을 낳았다. 육종은 아들 6명을 낳았는데 배를 가르고 출산했다. 그 장자는 곤오(昆吾)라고 하고, 둘째는 삼호(參胡)라고 했다. 셋째는 팽조(彭祖)라고 하고, 넷째는 회인(會人)이라 했다. 다섯째는 조성(曹姓)이 되었다. 여섯째는 계련(季連)이라고 했는데 미성(羋姓)이니 초나라가 그의 후예이다.
[共工氏作亂 帝嚳使重黎誅之而不盡 帝乃以庚寅日誅重黎 而以其弟吳回為重黎後 復居火正 為祝融 吳回生陸終 陸終生子六人 坼剖而產焉 其長一日

昆吾 二曰參胡 三曰彭祖 四曰會人 伍曰曹姓 六曰季連 羋姓 楚其後也]

초나라의 국성(國姓)이 미성(羋姓)인데, 계보는 '제전욱→칭 →권장
→중려→중려 동생 오회 →육종→육종의 여섯째 아들 계련[미성]'이
다. 육종의 장자 곤오와 셋째 팽조, 여섯째 계련에 대한 「초세가」의 설명
을 보자.

곤오씨는 하(夏)나라 때 일찍이 후백(侯伯)이 되었고, 걸(桀) 때 탕(湯)에
게 멸망당했다. 팽조씨는 은(殷)나라 때 일찍이 후백이 되었다가 은나라
의 말세에 팽조씨는 멸망했다.

계련(季連)이 부저(附沮)를 낳았고, 부저는 혈웅(穴熊)을 낳았다. 그의 후
예는 중간에 미약해져서 혹은 중국에 있기도 하고 혹은 만이(蠻夷)에 있
기도 했는데 그들은 능히 그들의 세대(世代)를 기록하지 못했다.

주(周)나라 문왕 때 계련의 후예를 육웅(鬻熊)이라고 했다. 육웅의 아들
이 문왕을 섬겼는데 일찍 죽었다. 그의 아들은 웅려(熊麗)라고 했다. 웅
려는 웅광(熊狂)을 낳았고, 웅광이 웅역(熊繹)을 낳았다.

[昆吾氏 夏之時嘗為侯伯 桀之時湯滅之 彭祖氏 殷之時嘗為侯伯 殷之末世
滅彭祖氏 季連生附沮 附沮生穴熊 其後中微 或在中國 或在蠻夷 弗能紀其
世 周文王之時 , 季連之苗裔曰鬻熊°鬻熊子事文王 , 蚤卒°其子曰熊麗°熊麗
生熊狂 , 熊狂生熊繹]

육종의 여섯째 아들 계련의 후예인 육웅이 중요하다. 그가 초국의 선
조이자 초국 개국군주 웅역의 증조부인데, 상왕조 말년에 상나라에서
도주해 주 문왕에게 가서 제사 때 불을 관장하는 관직인 화사(火師)가

되었다. 그래서 그 증손 때 주나라에서 웅역에게 자작(子爵)의 작위를 내려주어 초나라의 개국군주가 되었다는 것이다.

계련 이후의 계통은 다음과 같다. 계련→부저→혈웅……→육웅→ 육웅의 아들→웅려→웅광→웅역[초 시조]으로 이어지는데, 웅역에 대해서 「초세가」를 더 살펴보자.

> 웅역은 주(周)나라의 성왕(成王) 때에 해당한다. 성왕 때에 문왕과 무왕에게 부지런히 일한 후예들을 천거하게 했다. 웅역도 추천되어 초만(楚蠻)에 봉해졌다. 이때는 자남(子男)의 전답으로 봉하고 미씨(羋氏)성으로 단양(丹陽)에 살게 했다. 초(楚)나라 자작 웅역은 노나라 공작 백금(伯禽)과 위(衛) 강숙의 아들 모(牟)와 진(晉)나라 후작 섭(燮)과 제나라 태공의 아들 여급(呂伋) 등과 함께 성왕을 섬겼다.
>
> [熊繹當周成王之時 舉文武勤勞之後嗣 而封熊繹於楚蠻 封以子男之田 姓羋氏 居丹陽 楚子熊繹與魯公伯禽 衛康叔子牟 晉侯燮 齊太公子呂伋俱事成王]

사마천은 「초세가」에서 초나라 시조 웅역이 노의 백금, 위의 모, 진의 섭, 제의 여급 등과 함께 성왕을 섬겼다고 강조했다. 이들과 같은 중원의 제후국이라는 것이다. 그러나 다른 세가들의 계보는 비교적 단순해서 혈통 추적이 용이한데 초나라 계보는 대단히 복잡해서 혈통 추적이 어렵다. 사마천이 설정한 「초세가」의 계보를 일별해 보자.

웅역→웅애(熊艾)→웅단(熊䵣)→웅승(熊勝)→웅승 아우 웅양(熊楊)→웅거(熊渠)

주(周) 이왕(夷王) 때 주나라 왕실이 미약해지자 웅거가 군사를 일으켜 용(庸)과 양월(楊粵)을 정벌하고 악(鄂) 땅에 이르면서 나라를 세울 기틀을 잡았다. 악에 대해서 장수절은 『사기정의』에서 "등주(鄧州) 향성현(向城縣) 남쪽 20리 서악(西鄂)의 고성이 이 초나라 서악이다."라는 『괄지지』를 인용했다. 등주는 현재 하남성 남단의 등주시를 뜻한다. 이 지역에는 원래 등국(鄧國)이 있었는데, 초 문왕이 재위 12년(서기전 678)에 멸망시키고 양읍(穰邑)을 설치했다. 이후 초 회왕(懷王) 17년(서기전 312)에 한국(韓國)이 초국을 습격해 양읍을 빼앗아갔다가 진(秦) 소왕(昭王)이 재위 11년(서기전 296)에 한국을 격퇴하고 양읍을 빼앗아 남양군(南陽郡)을 설치했다.

그런데 악 땅을 빼앗은 웅거는 "우리는 만이(蠻夷)이다. 중국과 부르는 시호를 함께하지 않을 것이다.[我蠻夷也 不與中國之號諡]"라고 선언했다. 그가 스스로 주나라를 거부했다는 점에서 그의 뿌리가 실제 제전욱인지 의문이 생긴다. 웅거는 장자 웅강(熊康)을 세워 구단왕(句亶王)으로 삼고, 둘째 웅홍(熊紅)을 악왕(鄂王)으로 삼고, 막내 웅집자(熊執疵)를 월장왕(越章王)으로 삼았다. 주나라의 제후직을 벗어던지고 스스로 주나라와 같은 왕이 되어 아들들을 제후로 봉했다. 주나라 봉건제를 거부하고 스스로 왕이 되겠다는 것이다.

주 왕실을 무시하고 왕위에 오른 초 무왕

웅거의 뒤를 열두 번째로 이은 초국 군주가 웅철(熊徹)이었다. 웅철은 한 무제 이후에는 무제의 이름이 유철(劉徹)이라는 이유로 웅철 대신

웅통(熊通)으로 불렸다. 웅철은 웅거 이후 열한 번째 군주인 분모(蚡冒) 웅순(熊眴)의 동생이었는데, 웅순의 아들을 죽이고 초나라 자작 작위를 차지했다. 그가 초 무왕(楚武王)이다.

그림55 **초 무왕**

그가 초나라 제후로서 자작의 직위를 차지한 이후 중원은 시끄러웠다. 주 왕조의 제후 통제력이 약화되면서 각 제후국들에서 하극상이 발생했는데, 그 상황을 사마천은 「초세가」에서 꽤 자세히 나열했다.

무왕(武王) 17년, 진(晉) 곡옥(曲沃) 장백(莊伯)이 주인의 나라인 진(晉)나라 효후(孝侯)를 시해했다.

19년, 정나라 백작의 아우 단(段)이 난을 일으켰다.

21년, 정나라에서 천자(天子)의 전답을 침범했다.

23년, 위(衛)나라에서 그의 군주 환공(桓公)을 시해했다.

29년, 노나라에서 그의 군주 은공(隱公)을 시해했다.

31년, 송(宋)나라의 태재(太宰) 화독(華督)이 그의 군주 상공(殤公)을 시해했다.

35년, 초나라에서 수(隨)나라를 정벌했다.

[武王十七年 晉之曲沃莊伯弑主國晉孝侯 十九年 鄭伯弟段作亂 二十一年 鄭侵天子之田 二十三年 衛弑其君桓公 二十九年 魯弑其君隱公 三十一年 宋太宰華督弑其君殤公 三十伍年 楚伐隨]

초나라가 수(隋)를 정벌한 내용에 대해서 배인은 『사기집해』에서 가규(賈逵)의 말을 인용해 "수(隨)는 희성(姬姓)이다."라고 설명했다. 주 왕실과 같은 희성의 국가 수국(隨國)을 초나라에서 정벌한 것이다. 이때 수나라는 "나는 죄가 없다."고 했으나 초나라는 "나는 만이(蠻夷)이다. 지금 제후들이 모두 반역하고 서로 침략하고, 혹은 서로를 죽였다. 나는 해진 갑옷을 갖고 있으나 중국의 정사를 보려고 하니 왕실에서 우리의 호칭을 높여주기를 청한다."라고 했다.

그래서 수나라 사람이 주 왕실로 가서 초나라를 높여달라고 청했는데, 주 왕실에서 거절했다. 수나라 사람이 돌아와서 초나라에 보고한 이후의 상황을 사마천은 이렇게 설명하고 있다.

> 37년, 초나라의 웅통이 화가 나서 말했다.
> "나의 선조 육웅(鬻熊)은 문왕의 스승이었는데 일찍 돌아가셨다. 성왕이 나의 선공을 천거해서 자남(子男)으로 초나라에 살게 명했다. 그래서 만이(蠻夷)들을 모두 거느려 복종시켰는데 왕께서 지위를 더해주지 않았다. 나는 스스로를 높일 것이다."
> 이에 스스로 서서 무왕(武王)이라 하고 수(隨)나라 사람과 맹세를 하고 떠나갔다. 이에 처음으로 복(濮) 땅을 갖게 되었다.
> [三十七年 楚熊通怒曰 吾先鬻熊 文王之師也 蚤終 成王舉我先公 乃以子男田 令居楚 蠻夷皆率服 而王不加位 我自尊耳 乃自立為武王 與隨人盟而去 於是始開濮地而有之]

이 사건은 중대한 의의가 있다. 그 전까지는 제후들끼리 서로 죽고 죽여도 스스로 주 왕실과 같은 등급의 왕으로 자칭하지는 못했다. 자작인 초 웅철이 수나라 사람을 통해서 주왕에게 상급 작위를 요청했을 때 주 왕실에서 공작·후작·백작 등의 지위를 내려주었다면 상황이 어떻게 변했을지 알 수 없다. 그러나 주 왕실은 초 웅철의 요청을 거절했다. 그러자 웅철은 스스로 왕위에 올라 주 왕실과 같은 왕으로 자칭했는데, 그가 바로 초 무왕이다. 이때가 서기전 704년인데 드디어 여러 제후들이 스스로 왕이라고 자칭하는 문을 연 것이다. 이를 '참람하게 호칭을 참칭했다'는 뜻의 '참호(僭號)'라고 부른다. 이때 주 왕실이 초나라를 정벌할 군사력이 갖고 있었다면 즉각 군사를 동원했을 것이다. 그러나 주 왕실은 초나라를 제압할 군사력을 갖고 있지 못해 초나라가 자신과 같은 왕으로 자칭하는 것을 지켜보아야만 했다. 초나라를 정벌하지 못하는 주 왕조의 실력이 여실히 드러나면서 주 왕실의 권위는 한층 떨어졌다. 각 제후들이 서로 자립해 패권을 추구하는 춘추시대[서기전 770~서기전 403]의 혼란상이 한층 심해진 것이다.

초나라가 주 왕실을 무시하고 스스로 왕으로 자칭할 수 있었던 배경은 무엇일까? 비교적 단순했던 다른 제후들의 혈통과 달리 초나라의 계보는 대단히 복잡하다. 사마천이 제시한 초 왕실의 선조 계보, 즉 '제전욱→칭→권장→중려→중려 동생 오회→육종→계련' 중에서 제전욱 외에는 출처가 분명하지 않다. 육종의 여섯째 아들 계련이 초나라 왕성인 미성(芈姓)을 사용했으니 아주 중요한 인물이다. 그가 초국 시조이자 미성뿐만 아니라 계성(季姓), 웅성(熊姓), 굴성(屈姓), 경성(景姓), 소성(昭姓)의 시조도 된다. 중국에서는 계련에 대해서 황제의 7세손, 창의의 6세손, 전욱의 5세손, 칭(稱)의 현손(玄孫)[4세손]이라고 말한다. 그와 황제 및 전욱을 잇는 인물이 칭인데, 그가 어떻게 전욱의 아들이 되는지에 대해서는 설명이 없다.

사마천은 「초세가」에서 "고양이 칭을 낳았고, 칭이 권장을 낳았고, 권장이 중려를 낳았다.[高陽生稱 稱生卷章 卷章生重黎]"라고 썼는데, 삼가 주석자들도 전욱 고양의 아들이라는 칭과 아들 권장에 대해서 아무 설명을 하지 않았다. 다만 중려에 대해서는 많은 주석이 붙어 있는데, 배인은 『사기집해』에서 이렇게 말했다.

서광은 "『세본』에는 노동(老童)이 중려(重黎)와 오회(吳回)를 낳았다고 했다."라고 했다. 초주(譙周)는 "노동(老童)은 곧 권장(卷章)이다."라고 했다.

이는 노동과 권장이 같은 인물이라는 것과 노동[권장]이 중려와 오회를 낳았다는 두 내용으로 되어 있다. 사마정은 『사기색은』에서 보다 많은 인용과 설명을 하고 있다.

권장(卷章)의 이름은 노동(老童)이다. 그러므로 『계본』에는 "노동이 중려를 낳았다."라고 했다. 중씨(重氏)와 여씨(黎氏)의 두 관직은 천지(天地)를 번갈아 맡아 중(重)은 목정(木正)이 되었고, 여(黎)는 화정(火正)이 되었다. 상고해 보니 『좌씨전』에는 소호씨(少昊氏)의 아들을 중(重)이라고 하고 전욱씨(顓頊氏)의 아들을 여(黎)라고 했다. 지금 중려(重黎)를 한 사람으로 여기고, 이는 전욱의 자손이라고 한 것에 대해 유씨(劉氏)는 "소호씨의 후손은 중(重)이고, 전욱씨의 후예는 중려인데, 중(重)에 대해서 단수로 칭하면 여(黎)라고 일컫고 만약 스스로 가(家)에 합당하면 중려라고 일컫는다. 그러므로 초(楚)와 사마씨(司馬氏)의 후손은 모두 중려의 후손이지 소호씨의 중과는 관계가 없다."라고 했다. 나(사마정)는 이 해석이 마땅한 것이라고 이른다.

초나라의 선조 계보를 정리하기 힘들다 보니까 여러 의견들이 나왔다. 그중 하나가 중과 여를 두 인물로 나누는 것이다. 중은 목정(木正)이 되고, 여는 불을 관장하는 화정(火正)이 되었다는 것인데, 목정과 화정은 모두 오행관(伍行官)의 하나이다. 『좌씨전』에는 소호씨의 아들이 중(重)이고, 전욱씨의 아들이 여(黎)인데, 중려(重黎)가 한 사람이고 전욱씨의 후손이라고 한 것에 대한 유씨의 견해를 피력한 것이다. 유씨는 중을 단수로 칭하면 여라고 하는데, 집안으로 칭하는데 합당하면 중려라고 부른다는 것이다. 그래서 초나라 왕실은 중려의 후손이지 소호씨와는 관계가 없다는 것인데, 사마정도 유씨의 해석에 동의했다. 문제는 중려의 계보가 정확하지 않다는 점이다. 중려는 제전욱 고양씨의 후손이자 희씨(羲氏), 화씨(和氏)의 시조이고, 제곡 고신씨 때 화정을 역임했다고만 알려져 있는 인물이다. 어떤 계보를 거쳐 전욱의 후손이 되는지 명확하지 않다. 이 부분에 대해서는 아직 결론을 내릴 만큼 연구가 진행되지 않았다. 초국의 6대 군주인 웅거(熊渠)가 "우리는 만이이다. 중국과 부르는 시호를 함께하지 않을 것이다."라면서 자신을 '만이'로 지칭해서 '중국', 즉 주(周)와 대립했다는 초나라의 뿌리가 황제족이 아닐 가능성이 있음을 말해준다.

월나라와 왜의 관계

『사기』 「초세가」 다음이 「월왕구천세가」다. 월나라는 오나라 남쪽에 있었는데, 왕실의 계보에 대해서 사마천은 이렇게 서술하고 있다.

월왕(越王) 구천은 그 선조가 우(禹)임금의 먼 자손으로 하후(夏后) 제소강(帝少康)의 서자(庶子)이다. 회계(會稽)에 봉해져 우(禹)임금의 제사를 지키며 받들었다. 문신을 하고 머리를 짧게 깎았으며 거친 풀밭을 파헤쳐 읍(邑)을 만들었다.

그 뒤 20여 대에 걸쳐 윤상(允常)에 이르렀다. 윤상의 시대에는 오왕(吳王) 합려(闔廬)와 싸웠으며 서로를 원망하고 정벌했다. 윤상이 졸하고 아들 구천(句踐)이 섰는데, 이 사람이 월왕(越王)이다.

[越王句踐 其先禹之苗裔 而夏后帝少康之庶子也 封於會稽 以奉守禹之祀 文身斷髮 披草萊而邑焉 後二十餘世 至於允常 允常之時 與吳王闔廬戰而相 怨伐 允常卒 子句踐立 是為越王]

사마천은 월왕 구천의 선조가 우(禹)의 먼 후손이자 소강(少康)의 서자라고 말했다. 소강은 사성(姒姓)으로서 사소강(姒少康)을 뜻한다. 아들 무여(無餘)가 월나라 시조라는 것이니 이것이 사실이면 사성(姒姓) 월씨(越氏)라고 볼 수 있다. 월나라의 계보는 여러 가지로 수수께끼이다. 우임금의 제위는 아들 계(啓)가 이었다가 다시 아들 태강(太康)이 이었다. 하나라 3대 군주 태강은 수렵 도중에 동이족에게 체포되어 과(戈) 땅까지 유망하는데 이를 '태강실국(太康失國)'이라고 한다. 그 뒤를 태강의 동생인 중강(仲康)이 이었는데 그가 소강의 할아버지이다. 즉 하나라의 4대 군주 소강의 서자 무여가 월나라의 시조라는 것이다.

소강이 무여를 제후로 봉했는데, 첫 도읍지가 진여망(秦餘望)으로 지금의 절강성 항주시 동남쪽이라는 것이다. 이후 무여를 다시 절강성 소흥인 회계에 봉했다. 무여를 소흥에 봉한 이유는 우임금이 월 땅에서 세상을 떠났는데, 그곳에서 우임금을 제사지낼 후손이 없기 때문에 소강이 서자 무여를 월 땅에 봉해서 제사지내게 했다는 것이다.

우임금이 하나라 강역이 아니었던 월 땅에서 세상을 떠났다는 기사나 하나라 4대 군주 소강이 우임금의 제사를 모시기 위해서 서자 무여를 월 땅에 봉했다는 기사는 모두 작위적 색채가 짙다. 이런 의미에서 앞서 「오태백세가」를 서술하면서 잠시 살펴봤던 『삼국지』 「위지」 '동이열전 왜' 조를 다시 살펴볼 필요가 있다.

> (왜의) 남자는 크고 작고 모두 얼굴에 검은색으로 문신을 했다. 예부터 그 사신이 중국에 이르러 대부라고 자칭했다. 하후(夏后) 소강의 아들을 회계에 봉했는데, 머리털을 자르고 문신을 해서 교룡의 해를 피하고자 했다. 지금 왜(倭)의 물가 사람들은 물속에 들어가 물고기와 조개를 잡기를 좋아한다.
>
> [男子無大小皆黥面文身 自古以來 其使詣中國 皆自稱大夫 夏后少康之子封 於會稽 斷髮文身以避蛟龍之害 今倭水人好沈沒捕魚蛤]

『삼국지』 「위지」 동이열전 왜 조의 기사는 하후 소강의 아들이 봉해진 회계가 왜의 강역이라고 시사하고 있다. 머리카락을 자르고 문신을 하는 것은 왜의 풍속인데, 이에 대해서 『사기』 「조세가」는 이렇게 설명하고 있다. 조 무령왕(武靈王)은 스스로 호복(胡服)을 입었던 군주인데, 숙부인 공자 성(成)에게 이렇게 말했다.

> 무릇 머리를 깎고 몸에 문신을 하고 팔을 문채로 꾸미고 옷섶을 왼쪽으로 하는 것은 구월(甌越)의 백성입니다. 검은 이와 이마에 문채를 새기고 가죽관을 바늘로 기워 쓰는 곳은 대오(大吳)의 나라입니다.

[夫翦髮文身 錯臂左袵 甌越之民也 黑齒雕題 卻冠秫絀 大吳之國也]

구월의 백성은 곧 월나라 백성을 뜻한다. 이 구절에 대해서 장수절은
『사기정의』에서 "상고해 보니 남월(南越)에 소속한다. 그러므로 구월(甌
越)이라고 말했다."라고 설명했다. 구월이 남월이라는 것인데, 당시의 남
월은 지금의 베트남이 아니라 중국의 남방을 뜻했다. 월과 오나라는 풍
습이 같은데, 그것이 왜의 풍습이라는 것이다.

앞서 「월왕구천세가」에서 무여가 "문신을 하고 머리를 짧게 깎았으며
거친 풀밭을 파헤쳐 읍(邑)을 만들었다."는 기사는 월 땅이 왜인들의 강
역임을 말해준다. 이 강역에 우임금의 후예인 무여가 월나라를 세우는
것은 쉽지 않았을 것이다. 무여가 "문신을 하고 머리를 짧게 깎았다."는
것은 사마천의 설정과는 달리 그가 하나라의 왕족이 아닐 가능성을 시
사해준다.

중국에서 활동하던 왜(倭)를 대륙왜(大陸倭)라고 부를 수 있다면 그
유래는 오래된 것이다. 왕충(王充)[27~97]이 쓴 『논형(論衡)』에는 이런
구절이 있다.

주나라 때 천하가 태평해서 월상은 흰 꿩을 바치고, 왜인은 창초(鬯草)를
바쳤다.

[周時天下泰平 越裳獻白雉 倭人貢鬯草]

창초란 고대 술을 빚을 때 욱창주(郁鬯酒)의 원료가 되는 향기 나는
풀을 뜻한다. 이 시기는 주 성왕 때[서기전 1043~서기전 1021]를 뜻하는
데, 이때 이미 왜인들이 창초를 가지고 주나라와 거래했음을 알 수 있

다. 앞서 말한 『삼국지』「위지」는 '오환(烏桓), 선비(鮮卑), 동이(東夷)'를 묶어서 '오환·선비·동이열전'인데, 그중 '동이열전'에는 '부여, 고구려, 동옥저, 읍루, 예(濊), 한(韓), 왜(倭)'에 대한 내용을 싣고 있다. 『삼국지』「위지」'동이열전'은 주로 3세기 때의 상황을 기록했다고 해석하는 경우가 많지만 3세기 때의 상황만 기록한 것이 아니라 고대부터 3세기 때까지의 상황을 기록했다고 보는 것이 정확하다. 하후 소강 때의 일이 기록된 것이 이를 말해 주는데, 소강은 중국에서 서기전 1800여 년 전에 제위에 있었다고 추정하는 인물이다.

왜는 상고시대에는 중국 남부와 발해 유역에 살다가 한반도를 거쳐서 나중에 일본 열도로 이동한 것으로 보이는데, 이 내용에 대한 연구는 앞으로의 과제이다.

초나라와 월나라의 계보는 사마천이 「세가」에 수록한 모든 제후들의 혈통을 오제나 하은주 3대의 혈통과 무리하게 연결시킨 것처럼 보인다. 초나라가 오제의 두 번째 제전욱의 후손이라면서도 스스로를 '만이(蠻夷)'라고 자칭하는 것이나 하(夏)나라 시조 우임금의 제사를 받들기 위해 월 땅에 봉해졌다는 무여가 "문신을 하고 머리를 짧게 깎았다."는 것은 모순이다. 월 땅에 봉해진 지 20여 대 후에 윤상에 이르렀다는 것은 윤상 때에야 비로소 족보를 이야기할 수 있다는 뜻이기도 하다. 윤상에 대해 장수절은 『사기정의』에서 이렇게 설명했다.

『여지지(輿地志)』에는 "월의 제후[越侯]가 국가를 전한 것이 30여 대였고, 은(殷)나라를 거쳐 주경왕(周敬王) 때 이르러 월후(越侯) 부담(夫譚)이 있었는데 그 아들이 윤상(允常)이다. 땅을 개척하는 것으로 시작을 크게 해서 왕(王)이라고 칭했는데 『춘추』에서는 자작으로 폄하하고 호칭을

월(越)이라고 했다"고 했다.

사마천이나 장수절의 설명은 마치 고월(古越)과 신월(新越)이라는 두 월나라가 있었음을 말해주는 것 같다. 우임금의 후손 제소강의 서자 무여부터 20여 대 후의 윤상까지가 마치 고월에 대한 사료이고, 그 이후가 구천의 선조에 대한 사료인 것처럼 여겨진다. 장수절의 주석도 월나라가 하(夏)나라의 봉함을 받아 시작되었다고 전제하고 있지만 하나라 시조였던 우임금에게 월의 제후로 봉함을 받았다는 사실을 전제로 하고 있다. 현재 중국에서는 무여 이후의 왕계(王系)에 대해서 서술은 해 놨지만 연대를 특정하기 시작하는 것은 35대 군주 무임(無任)[재위 서기전 621~서기전 591]이 초현(嶕峴)으로 천도했다는 서기전 621년이다. 『수경주』에 초현은 "월왕 무여의 옛 도읍"이라고 쓰여 있는데 지금의 절강성 소흥시 동남쪽이다.

월나라가 왕으로 칭했는데 공자가 『춘추』에서 자작으로 깎았다는 내용도 의미심장하다. 월나라가 왕으로 칭했다는 것은 주나라의 봉건제도와 상관이 없는 나라임을 뜻하기 때문이다. 무임의 아들이 무심(無瞫)[재위 서기전 591~서기전 565]이고, 무심의 아들이 부담(夫譚)[재위 서기전 565~서기전 538]이고, 그 아들이 윤상[재위 서기전 538~서기전 497]이다. 윤상의 아들이 월나라 중흥군주 구천(句踐)[재위 서기전 496~서기전 465]이다. 구천은 서기전 489년 지금의 소흥 월성(越城)인 회계로 천도했고, 서기전 468년에는 오(吳)나라를 멸망시키고 패자(霸者)로 칭했다. '춘추오패(春秋伍霸)' 구천은 지금의 산동성 임기(臨沂) 부근인 낭야(琅琊)로 천도해 패자로서 중원을 호령했다.

월나라에서 직접 사용하던 이름은 구천(句踐)이 아니라 구천(鳩淺)인

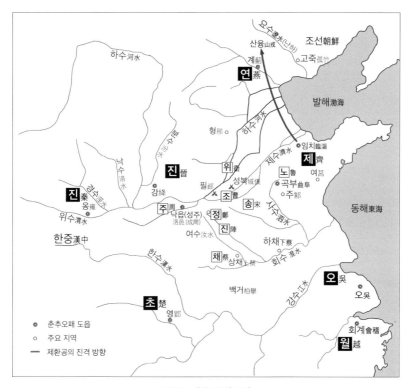

그림56 **춘추시대(오패)**

데, 이것이 월왕의 본명이다. 현재 중국에서는 월국과 중원 각국의 언어가 같지 않으므로 구천(鳩淺)을 발음으로 옮긴 음역(音譯)이 구천(句踐)이라고 설명하고 있는데, 이 역시 월나라를 중원 세가(世家)의 범주에 넣은 것이 무리라는 사실을 시사해준다.

오패(伍霸)는 오백(伍伯)라고도 해 제후들의 장자라는 뜻이다. 춘추오패가 누구인가에 대해서는 『순자(荀子)』와 사마정의 『사기색은』의 분류가 다르다. 『순자』는 진환공, 진문공, 초장왕, 오왕합려, 월왕 구천을 춘추오패로 분류한 반면 사마정은 『사기』「12제후연표」에 대해 『사기색은』에서 제 환공, 진(晉) 문공(文公), 진(秦) 목공(穆公), 송 양공(襄公), 초 장왕으로 분류했다.

사마천은 월국(越國)을 우(禹)의 후손이라고 설정했지만 사실로 받아들이기에는 무리가 많다. 이런 점에서 살펴볼 것이 고월족(古越族)이다. 이들은 월(越), 백월(百越)로도 불리는데, 오월(吳越), 민월(閩越), 양월(揚越), 남월(南越), 서구(西甌), 낙월(駱越) 등을 포괄한다. 월(越) 혹은 백월(百越)이란 이들 모두를 포괄하는 호칭이다. 『한서(漢書)』「지리지」는 '백월이 교지(交趾)부터 회계(會稽)까지 7~8천 리에 섞여 거주하는데 각각 여러 종류의 성(姓)이 있다.'고 말하고 있다. 이들이 살던 곳은 소남(蘇南)이라고 불리는 강소성(江蘇省) 남부에서 동남 연해의 상해, 절강, 복건, 광동, 해남, 광서, 월남 북부 등에 광범위했다. 그런데 이들의 건국사화는 동이족의 난생사화다. 이는 황제와 싸웠던 치우 집단의 이동로를 검토해볼 필요가 있다. 황제 집단도 동이족이지만 치우 집단은 동이족 색채가 더 강한 집단이었다. 치우 집단은 황제족 집단과 싸움에서 패한 후 한 갈래는 지금의 산동·하남성 등지에 남았고, 한 갈래는 북부로 이주했고, 다른 한 갈래는 남부로 이주했는데, 월도 그중의 하나일 가능성이 있다.

3 중원을 뒤덮은 동이족 제후국들

주 유왕과 함께 죽은 정 환공

앞서 주 왕조의 왕성(王姓)인 희성(姬姓)에서 갈라져 나온 성씨가 주성(周姓), 오성(吳姓), 왕성(王姓), 노성(魯姓), 조성(曹姓), 위성(魏姓) 등 411개 성이라고 했다. 사마천이 「월왕구천세가」 다음으로 서술한 「정세가」의 정성(鄭姓)도 희성에서 갈라진 성이다.

『사기』 「정세가」는 이렇게 시작한다.

정(鄭) 환공(桓公) 우(友)는 주(周)나라 여왕(厲王)의 막내아들이며 선왕(宣王)의 서제(庶弟)이다. 주 선왕(宣王)이 즉위한 지 22년, 우(友)를 처음으로 정나라에 봉했다. 정나라에 봉해진 33년 동안 백성이 모두 편안하게 여기고 그를 사랑했다. 유왕(幽王)이 사도(司徒)로 삼았다. 주(周)나라 백성을 화목하게 모아 주나라 백성이 모두 기뻐하고 하수(河水)와 낙수(雒水) 사이의 사람들이 편안하게 생각했다.

[鄭桓公友者 周厲王少子而宣王庶弟也 宣王立二十二年 友初封于鄭 封三十三歲 百姓皆便愛之 幽王以爲司徒 和集周民 周民皆說 河雒之閒 人便思之]

정 환공은 희성의 정씨로 이름이 우(友)다. 주 여왕 희호(姬胡)의 막내아들이자 주 선왕 희정(姬靜)과 어머니가 다른 이모(異母) 형제이다. 서기전 806년 정(鄭) 땅을 받아 정국(鄭國)을 건립했는데, 현재의 섬서성 화현(華縣) 동쪽으로 비정한다. 백작(伯爵)으로 봉함을 받았으므로 정백우(鄭伯友)라고도 한다. 서기전 774년 주 왕실의 사도가 되었지만 이듬해 주 왕실에 변고가 많은 것을 보고 나라를 옮길 것을 구상하는데, 「정세가」에 그 내용이 자세하게 기록되어 있다.

사도가 된 지 1년, 유왕이 포후(褒后)의 일로 인해 왕실을 다스리는 데 간사한 것들이 많아서 제후들이 혹은 배반하기도 했다. 이에 환공이 태사백(太史伯)[주나라 태사]에게 물었다.
"왕실에 일이 많은데 나는 어떻게 죽음에서 도망칠 수 있겠는가?"
태사백이 대답했다.
"오직 낙(雒)의 동쪽 땅이나 하수(河水)와 제수(濟水)의 남쪽이 살 만한 곳입니다."
환공이 말했다.
"무엇 때문인가?"
태사백이 대답했다.
"지역이 괵(虢)나라, 회(鄶)나라에 가까운데 괵과 회의 군주는 탐욕스럽고 이익을 좋아해서 백성이 따라 붙지 않습니다. 지금 공께서 사도가 되어 백성이 모두 공을 사랑하는데 공께서 진실로 거처하기를 청하고 곽나라, 회나라 군주를 공이 만나서 일을 하신다면 가볍게 공의 땅을 분리할 수가 있을 것입니다. 공께서 진실로 거처하고자 한다면 곽나라, 회나라의 백성은 모두 공의 백성이 될 것입니다."

환공이 말했다.

"내가 남쪽의 강수(江水) 위로 가면 어떻겠습니까?"

태사백이 대답했다.

"옛날 축융(祝融)은 고신씨(高辛氏)의 화정(火正)이 되었는데 그의 공이 컸습니다. 그들은 주(周)나라에서 흥하지 못했는데 초나라가 그 후예입니다. 주나라가 쇠약해지면 초나라가 반드시 흥할 것입니다. 초나라가 흥하는 것은 정나라에 이로움이 있지 않을 것입니다."

환공이 말했다.

"내가 서쪽에서 살고자 한다면 어떻겠소?"

태사백이 대답했다.

"그 백성은 탐욕스럽고 이익만 좋아하니 오래 살기는 어려운 곳입니다."

환공이 말했다.

"주나라가 쇠약해지면 어느 나라가 일어나겠소?"

태사백이 대답했다.

"제(齊)나라와 진(秦)나라와 진(晉)나라와 초(楚)나라일 것입니다. 대저 제나라는 강성(姜姓)이고 백이(伯夷)의 후예입니다. 백이는 요(堯)임금을 보좌해 예를 맡았습니다. 진(秦)나라는 영성(嬴姓)이고 백예(伯翳)의 후예인데 백예는 순(舜)임금을 보좌해 온갖 사물을 감싸서 부드럽게 했습니다. 초나라의 선조에 이르러서는 모두 일찍이 천하에 공로가 있었습니다. 주나라 무왕이 주(紂)를 토벌한 뒤에 성왕이 숙우(叔虞)를 당(唐)에 봉했는데 그 땅이 막히고 험난했습니다. 이로써 덕을 갖고 주나라가 쇠약해지는 것과 함께하면 또한 반드시 일어날 것입니다."

환공이 말했다.

"좋은 말이오."

이에 마침내 왕에게 말해 동쪽으로 그 백성을 낙수(雒水)의 동쪽으로 옮겼다. 괵나라와 회나라에서 과연 10개의 읍을 바쳐서 마침내 국가가 되었다.

[為司徒一歲 幽王以褎后故 王室治多邪 諸侯或畔之 於是桓公問太史伯曰 王室多故 予安逃死乎 太史伯對曰 獨雒之東土 河濟之南可居 公曰 何以 對曰 地近虢鄶 虢鄶之君貪而好利 百姓不附 今公為司徒 民皆愛公 公誠請居之 虢鄶之君見公方用事 輕分公地 公誠居之 虢鄶之民皆公之民也 公曰 吾欲南之江上 何如 對曰 昔祝融為高辛氏火正 其功大矣 而其於周未有興者 楚其後也 周衰 楚必興 興非鄭之利也 公曰 吾欲居西方 何如 對曰 其民貪而好利 難久居 公曰 周衰 何國興者 對曰 齊秦晉楚乎 夫齊姜姓 伯夷之後也 伯夷佐堯典禮 秦嬴姓 伯翳之後也 伯翳佐舜懷柔百物 及楚之先 皆嘗有功於天下 而周武王克紂後 成王封叔虞于唐 其地阻險 以此有德與周衰並 亦必興矣 桓公曰 善 於是卒言王 東徙其民雒東 而虢鄶果獻十邑 竟國之]

이 기사는 주 왕실과 적대적 관계에 있는 나라들의 상황을 잘 말해주고 있다. 주나라가 쇠약해지면 제(齊), 진(秦), 진(晉), 초(楚)나라가 흥할 것이라는 내용이다. 이는 같은 동이족이지만 희성(姬姓)의 주 왕실과 제(齊), 진(秦), 진(晉), 초(楚)는 긴장관계에 있는 제후국들이라는 뜻이다. 제나라는 신농씨의 후예인 강태공이 분봉받은 나라이고, 진나라는 『사기』「진본기」에서 "진의 선조는 제전욱의 후예다."라고 말했지만 사마정이 『사기색은』에서 "진(秦)과 조(趙)의 조상은 마땅히 소호씨다."라고 주석한 것처럼 동이족 나라들이다. 당숙우(唐叔虞)가 봉함을 받은 진(晉)나라는 주(周)와 같은 희성이지만 서북방의 강자로 발돋움한 상태이니 언제든 주를 대체할 수 있었다. 초나라는 사마천이 제전욱의 후예라고 설정했는데, 스스로 '만이'라고 말하면서 주 왕조와 대결의식을 감추지 않았던 나라이다.

주나라 정세가 어지러워지자 환공은 재위 33년(서기전 774) 기내(畿內)에서 괵나라와 회나라 사이로 천도하는데 이곳이 바로 하남성 신정(新鄭)이다.

서주의 멸망과 동주의 시작

포후(褒后)는 포사(褒姒)를 뜻하는데 이름에서 알 수 있듯이 사성(姒姓)이다. 사성은 곧 우(禹)의 성씨로 앞서 설명한 것처럼 증국(繒國), 기국(杞國), 월국(越國) 등이 사성의 국가인데, 포사는 지금의 섬서성 한중(漢中)에 있던 포국(褒國) 출신이었다. 그래서 포국 출신의 사성 여인이라는 뜻에서 포사로 불렸다. 서기전 779년 주 유왕(幽王)이 포국을 공격하자 포국은 미녀 포사를 바치면서 항복했는데, 유왕은 포사를 총애해서 서기전 778년 그녀와의 사이에서 희백복(姬伯服)을 낳았다. 유왕은 포사와 그 아들을 사랑해서 왕비였던 신후(申后)와 태자 희의구(姬宜臼)를 내쫓고 포사를 왕비로 삼고, 희백복을 태자로 삼았다. 그러니 정국이 혼란스럽지 않을 수가 없었다.

신후(申后)는 강성(姜姓)의 나라였던 신국(申國)의 군주인 신후(申侯)

의 딸로 유왕의 왕비가 되어 이미 태자 희의구를 낳았는데 유왕에게 쫓겨나자 크게 분개했다. 신후는 이족(夷族)인 견융(犬戎)을 끌어들여 주 유왕을 공격했다.

서기전 771년 신국 군주 신후가 견융과 연합해 주나라 수도 호경(鎬京), 곧 지금의 서안시 장안구(長安區)를 공격하면서 주 왕실은 위기에 빠졌다. 서안 장안구는 풍경(豊京)과 호경(鎬京)이 있었던 곳이라는 이유로 지금도 풍호(豐鎬)라고 불리는데, 풍경은 주 문왕이 섬서성 관중(關中)에 있던 숭국(崇國)을 멸망시킨 후 풍수(豐水) 서쪽 강안에 세운 수도로 지금의 서안 서남쪽이다. 이때 신후는 견융만 끌어들인 것이 아니라 증국(繒國)까지 끌어들여 주의 수도인 호경을 공격해 함락시키고 여산(驪山) 아래에서 주 유왕을 죽였는데, 이때 환공도 함께 죽고 말았다. 『사기』「정세가」가 "2년에 견융(犬戎)이 유왕을 여산 아래에서 살해하고 아울러 정 환공도 살해했다."라고 말하는 것이 이 사건인데, 이를 서주(西周)의 멸망으로 본다. 이후 신국(申國), 노국(魯國), 허국(許國) 등이 주 왕실을 재건하면서 서주를 멸망시킨 주역인 신후(申侯)의 외손자이자 신후(申后)의 아들인 희의구를 옹립했으니 그가 바로 주(周) 평왕(平王)이다.

이때 신후가 견융을 끌어들였다는 것은 견융이 주나라 수도에서 그리 멀지 않은 곳에 있었음을 말해준다. 중국에서는 견융을 서융(西戎)이라고도 부른다. 후대에는 험윤(獫狁)이라고도 부르며 몽골족의 전신이라고 설명하고 있다. 견융은 지금의 섬서성(陝西省), 감숙성(甘肅省) 일대에 살았는데 감숙성 정녕현(定寧縣) 위융진(威戎鎭) 일대가 도읍이었다고 설명하고 있다. 그러나 견융을 언제부터 서융이라고 부르기 시작했는지는 분명하지 않다. 견융을 다른 말로 견이(畎夷), 견이(犬夷), 곤이(昆夷),

곤이(緄夷)라고도 부른다. 『춘추좌전』「민공(閔公) 2년」 조에 "괵공(虢公)이 위예(渭汭)에서 견융(犬戎)에게 패했다."는 구절이 나오는데, 이에 대해 두예(杜五)가 "견융은 중국 서쪽에 따로 있는 융이다.[西戎別在中國者]"라는 주석을 달았다. 두예[222~285]는 지금의 서안 출신으로 위진(魏晉) 시대의 인물이니 견융이 신후와 함께 주 유왕을 죽인 지 거의 1천여 년 후의 인물이다. 서융처럼 방위를 기준으로 이족(夷族)을 구분하는 것이 후대에 생긴 것임을 유추할 수 있게 해준다.

신후가 주 호경을 공격하기 위해서 견융을 끌어들였다는 것은 무슨 의미일까? 과연 그 후의 화이관(華夷觀)처럼 신국(申國)을 화(華), 견융을 이(夷)로 보았다면 신국과 견융이 연합군을 조직해 주나라 왕성인 호경을 공격하는 일이 가능했을까? 그렇지 않았을 것이다. 이 시기에는 강성(姜姓)의 신국과 견융이 서로를 이질적인 존재로 보지 않았기 때문에 연합군을 결성할 수 있었던 것이다. 이 시기까지도 주(周)나라가 자신들을 화(華), 사방의 이민족을 이(夷)로 보는 화이관(華夷觀)은 아주 미약했다고 볼 수 있다.

동이족 조국과 진국이 맞붙은 장평대전

사마천은 진국(秦國)을 『사기』「세가」가 아니라 「본기」에 넣었다. 시황(始皇)이 중원을 통일한 최초의 황제이기 때문에 황제들의 사적인 「진본기」에 설정한 것이다. 앞서 설명한 것처럼 『사기』「진본기」는 전형적인 동이족 난생사화다. 제전욱의 후예 여수(女修)가 검은 새인 현조(玄鳥)가 떨어뜨린 알을 받아 삼켜서 진의 시조인 대업(大業)을 낳았다는 사화다. 그래서 응소(應劭)는 "진 양공(襄公)은 서융(西戎)에 거주할 때 소호(少昊)의 신을 주관하고 서치(西畤)를 지어서 백제(白帝)에 제사했다."고 말했다. 소호를 제사하는 동이족의 후예라는 것이다. 사마천이 「정세가」 다음에 설정한 것이 「조(趙)세가」인데, 사마천은 여기서 조(趙)나라와 진나라가 시조가 같다고 말했다.

> 조씨(趙氏)의 선조는 진(秦)나라와 더불어 시조가 같다. 중연(仲衍)에 이르러 제대무(帝大戊)의 어자(御者)[수레를 운전하는 사람]가 되었다. 그의 후세 비렴(蜚廉)이 두 아들을 두었는데 그 한 아들은 악래(惡來)라고 한다. 그는 주(紂)를 섬겨서 주(周)나라에서 죽음을 당한 바가 되었는데 그 후예가 진(秦)나라가 되었다. 악래의 아우를 계승(季勝)이라고 하는데 그 후예가 조(趙)나라가 되었다.
>
> [趙氏之先 與秦共祖 至中衍為帝大戊御 其後世蜚廉有子二人 而命其一子曰惡來 事紂為周所殺 其後為秦 惡來弟曰季勝 其後為趙]

중연의 후세 비렴의 두 아들 중에서 악래의 후예가 진나라를 세우고, 악래의 동생인 계승의 후예가 조나라를 세웠다는 것이다. 진과 조는 모두 영성(嬴姓)인데 그들이 영성을 갖게 된 유래에 대해서 한(漢)의 왕부(王符)는 『잠부론(潛夫論)』「지씨성(志氏姓)」에서 이렇게 말하고 있다.

> 그 후에 고요(皋陶)가 순(舜)을 섬겼는데 …… 그 아들 백예(伯翳)가 백성과 잘 의논해서 순(舜)과 우(禹)를 섬기고, 새와 짐승들을 잘 길들여서 순임금이 영성(嬴姓)을 내려주었다. 그 후손 중에 중연(中衍)이 있었는데 …… 하(夏)나라 제(帝) 대무(大戊)의 마차를 몰았다.

비렴의 장자 악래(惡來)는 영성으로 상나라 주왕(紂王)의 대신인데 용력(勇力)이 있다는 이름이 있었다. 계승 또한 영성으로 중국의 『백도백과』는 소호, 교극, 백익(伯益)의 후예로 상(商)나라 주왕의 대신 비렴의 둘째 아들이라고 말하고 있다. 진나라와 조나라는 모두 소호, 교극, 백익의 후예이자 악래와 계승을 기원으로 삼는 동이족 형제국가이다.

조씨는 조보(造父)를 시조로 삼는데, 그는 소호의 후손으로 순임금에게 영성을 내려 받은 백익의 14대 후손이다. 주 목왕(穆王) 때 가거대부(駕車大夫)가 되어서 목왕에게 지금의 산서성 임분(臨汾)시 산하 홍동(洪洞)현 지역의 조성(趙城)을 내려 받아 조(趙)를 씨로 삼았다.

그러나 조씨는 처음부터 나라를 세운 것이 아니라 진국(晉國)의 재상 집안으로 있었다. 진나라는 조(趙), 한(韓), 위(魏), 지(智), 범(范), 중행(中行)씨의 여섯 집안이 6경(卿)으로 세력을 다투고 있었다. 그러다 조, 위, 한 세 집안이 큰 세력을 갖게 되면서 진(晉) 왕실은 무력화된다. 드디어 서기전 453년 조양자(趙襄子), 위환자(魏桓子), 한강자(韓康子)가 진나라를 셋으로 나누는 '삼가분진(三家分晉)'을 단행했다. 삼가분진 이후에는 진(晉)은 명목상의 군주일뿐 조가(趙家), 위가(魏家), 한가(韓家) 세 집안이 진나라 국정을 좌지우지했다.

그나마 진(晉)은 주 왕실로부터 제후로 인정받았다는 사실 하나로 근근히 유지해왔는데, 서기전 403년인 주 위열왕(威烈王) 23년에 위열왕이 조·한·위 삼가를 정식 제후로 책봉하면서 진(晉) 제후는 명목상의 권위도 사라졌다. 이를 기준으로 수많은 제후국들이 명멸하던 춘추시대가 소수 강국이 주도권을 다투는 전국시대로 접어든다. 급기야 서기전 376년 조 경후(敬侯), 한 애후(哀侯), 위 무후(武侯)는 진(晉) 정공(靜公)을 폐위시켜 지금의 산서성 진성(晉城)시 심수(沁水)현으로 쫓아냈다.

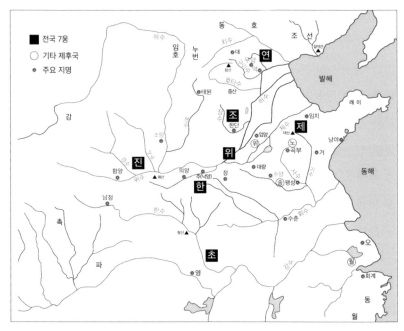

그림57 **전국 7웅**

진(晉)나라는 사라지고 그 자리를 조(趙), 위(魏), 한(韓) 세 나라가 대체한 것이다.

　진나라를 셋으로 나누었지만 한·조·위(韓趙魏) 세 나라가 모두 전국 7웅(戰國七雄)에 포함될 만큼 강력한 나라들이었다. 전국 7웅은 한·조·위 세 나라와 진(秦), 초(楚), 제(齊), 연(燕)을 꼽는다. 물론 이들 7국 외에도 월국(越國), 파국(巴國), 촉국(蜀國), 송국(宋國), 중산국(中山國), 노국(魯國) 등도 꽤 큰 나라로 존속하고 있었고, 이들보다 나라는 작지만 정국(鄭國), 위국(衛國), 등국(滕國), 추국(鄒國), 비국(費國) 등도 존속하고 있었다. 이들 나라들은 대부분 전국 7웅에 의해서 크고 작은 영향을 받을 수밖에 없었다. 나중에는 최종적으로 전국 7웅만 남아서 각축하게 되었는데 서북방의 진국(秦國)이 강국으로 발돋움하면서 나머지 7국과 대립하는 1대 6의 정국이 형성되었다.

진국을 제외한 6국은 효산(崤山)산맥 동쪽에 있었기에 '산동 6국(山東六國)'으로 불렸다. 효산은 옛 효현(崤縣)에 있어서 생긴 이름인데, 효산은 하남성 서부의 낙녕(洛寧)현 서북쪽과 서안과 낙양 사이의 황하유역을 포괄하고 있는데, 그 부근의 함곡관(函谷關)을 효관(崤關)이라고도 할 정도로 전략적 요충지였다.

진나라가 전국을 통일하는 것은 서기전 221년이지만 홀로 산동 6국을 상대로 경쟁할 만큼 강력하게 성장한 계기는 40여 년 전인 서기전 260년 벌어졌던 '장평지전(長平之戰)'이었다. 장평대전이라고 불리는 이 전쟁은 같은 소호씨의 후손이자 같은 영성(嬴姓)의 형제 국가였던 진국(秦國)과 조국(趙國) 사이에 벌어진 큰 전쟁으로 결전 장소는 지금의 산서성 진성(晉城)시 북쪽의 고평(高平)시였다. 이 대전에 조군(趙軍)은 45만여 명, 진군(秦軍)은 60만여 명의 대군사를 동원했는데, 조군은 염파(廉頗)와 조괄(趙括)이 지휘하고, 진군은 왕흘(王齕)과 백기(白起)가 지휘했다.

조나라는 무령왕(武靈王)이 '이민족의 복장으로 말을 타고 활을 쏜다'는 '호복기사(胡服騎射)'의 군사개혁을 단행하면서 국력이 크게 신장되었다. 주(周) 난왕(赧王) 3년(서기전 262) 진국이 한국(韓國)을 공격하자 한의 환혜왕(桓惠王)은 지금의 산서성 동남부 요지인 상당군(上黨君)을 바치는 것으로 진의 군사공격을 막고자 했다. 그러나 상당군 백성들은 조나라를 끌어들여 진나라와 싸우기 위해 상당군의 17개 성지(城池)를 조나라에 바치겠다고 제안했다. 조의 효성왕(孝成王)이 이를 받아들여 상당군을 차지하자 진의 소왕(昭王)이 이에 불만을 품고 대군을 출병시키면서 전쟁이 벌어진 것이었다. 조 효성왕은 명장으로 유명한 염파에게 진군에 맞서 싸우도록 했는데, 염파는 장평에 보루를 쌓고 진군의 진격을 막았다. 몇몇 전투에서 진군이 승리했지만 결정적인 승리는 하지 못하고 있었다. 게다가 진군은 6국이 합종해서 공격할 것이라는 소문에 크게 동요된 상황이었다.

그러나 빠른 종전에 목말랐던 효성왕은 염파의 지구전에 불만을 가졌고, 염파를 병법의 천재라는 조괄로 교체했다. 그러나 조괄은 이론에만 능했을 뿐 실전 경험은 거의 없었다. 반면 진에서 비밀리에 왕흘을 백전노장인 백기로 교체했다. 조괄은 곧바로 진군을 향해 공격했다가 복병의 습격을 받고 보급로도 끊어졌다. 결국 조군은 궤멸적 타격을 받고 패하고 말았다. 장평대전에서 조군은 45만여 명, 진군은 20만여 명이 전사했다고 전해질 정도의 대격전이었다. 장평대전은 같은 동이족 소호의 후예이자 같은 영성의 나라끼리 사생결단하고 싸운 전투였다.

장평대전 때까지는 조(趙)가 진과 1대 1로 맞설 수 있었으나 조군이 패배한 이후 산동 6국 중에서는 진군에 1대 1로 맞설 나라가 사라졌다. 그래서 진나라에 맞서서 합종하자거나 진나라와 사이좋게 지내자는 연횡책 등이 나타나게 된 것이다.

위나라는 필공고의 후예인가

조나라와 함께 삼진(三晉)의 하나를 이루었던 위(魏)나라의 계보는 어떻게 될까? 『사기』 「위세가」는 이렇게 말하고 있다.

위(魏)나라의 선조는 필공고(畢公高)의 후예이다. 필공고는 주(周)나라
와 동성(同姓)이다. 주나라 무왕(武王)이 주(紂)를 토벌할 때 고(高)는 필
(畢)에 봉해졌는데 이때 필(畢)이 성씨가 되었다.

[魏之先 畢公高之後也 畢公高與周同姓 武王之伐紂 而高封於畢 於是為畢姓]

사마천은 위나라의 선조 필공고(畢公高)를 주나라와 동성이라고 말했
다. 주나라와 동성인 희성(姬姓)이라는 것이다. 이 구절에 대해 사마정
은 『사기색은』에서 이렇게 설명했다.

『좌전』에는 부진(富辰)이 문왕(文王) 아들의 16개국에 대해 설명했는데
필(畢), 원(原), 풍(豐), 순(郇) 등이 있으니 필공(畢公)은 이 문왕의 아들
을 말한 것이다. 이곳에서 '여주동성(與周同姓)[주나라와 동성]'이라고 이
른 것은 『좌씨[좌전]』의 설명을 쓰지 않는 듯하다. 마융(馬融) 또한 필(畢)
과 모(毛)는 문왕의 서자라고 했다.

사마정이나 후한의 경학자였던 마융(馬融)[79~166]은 위나라의 선조
필공고를 문왕의 아들로 필(畢) 땅에 봉함을 받은 필공으로 보았다. 그
런데 『사기』「위세가」의 다음 구절은 선뜻 납득이 가지 않는다.

그 뒤에 봉함이 단절되어 그의 후손은 서인(庶人)이 되었다. 어떤 이들은
중국에 있기도 했고 어떤 이들은 이적(夷狄)에 있기도 했다. 그의 먼 후
손을 필만(畢萬)이라고 하는데 그는 진(晉)나라 헌공(獻公)을 섬겼다. 진
(晉)나라 헌공 16년, 조숙(趙夙)이 어(御)가 되고 필만이 우(右)가 되어
곽(霍), 경(耿), 위(魏)를 정벌해 멸망시켰다. 경(耿) 땅에는 조숙을 봉하

고, 위 땅에는 필만을 봉해 대부로 삼았다.」

[其後絶封 爲庶人 或在中國 或在夷狄 其苗裔曰畢萬 事晉獻公 獻公之十六
年 趙夙爲御 畢萬爲右 以伐霍耿魏滅之 以耿封趙夙 以魏封畢萬 爲大夫]

필공고가 문왕의 아들인데 그 후에 봉함이 단절되었다는 것이다. 주
왕조의 기틀을 세운 문왕 아들의 후손이 봉함이 단절되어 때로는 중국
에 있기도 하고, 때로는 이적에 있기도 했다는 것이니 이 역시 정확한
계보인지 의심스럽다. 그 후 먼 후손으로 필만이 등장한다. 진 헌공이
필만을 위(魏)땅에 봉했다는 것이다.

「위세가」의 그다음 구절에는 진나라의 점치는 대부 곽언(郭偃)이 복
언(卜偃)이라는 이름으로 등장해 예언한다.

복언이 말했다.
"필만의 후예가 반드시 크게 되리라. 만(萬)은 수가 가득한 것이다. 위
(魏)는 큰 이름이다. 이로써 처음 상을 받았으니 하늘이 열어준 것이다.
천자는 조민(兆民)이라고 하고 제후는 만민(萬民)이라고 한다. 지금 큰
것으로 명하고 가득한 숫자로써 따르게 했으니 그는 반드시 많은 것을
가질 것이다."
처음 필만이 진(晉)나라를 섬길 것인지 점을 쳤는데 『역(易)』둔괘(屯卦)
에서 비괘(比卦)를 얻었다.
신유(辛廖)가 점을 쳐서 말했다.
"길합니다. 둔괘는 견고하고 비괘(比卦)는 들어가는 것이니 그는 반드시
번창할 것입니다."
[卜偃曰 畢萬之後必大矣 萬滿數也 魏大名也 以是始賞 天開之矣 天子曰兆

民 諸侯曰萬民 今命之大 以從滿數 其必有衆 初 畢萬卜事晉 遇屯之比 辛廖
占之曰吉 屯固比入 吉孰大焉 其必蕃昌]

위(魏)를 큰 명칭이라고 한 것은 위 자에 '높고 크다'는 뜻이 있기 때문이다. 위 자의 뜻을 큰 명칭이라고 한 것은『사기』「진세가」에도 나온다.「위세가」에서는 곽언이 "만(萬)은 수가 가득한 것이다. 위는 큰 명칭이다.[萬滿數也 魏大名也]"라고 말했는데,「진세가」에서는 "위는 수가 가득 찬 것이다. 위는 큰 이름이다.[萬盈數也 魏大名也]"라고 '일만 만(萬)' 자가 '찰 영(盈)' 자로 나온다.「진세가」의 이 구절에 대해서 복건(服虔)은 "수(數)는 1부터 시작해서 만(萬)에 이르면 가득한 것이 된다. 위(魏)는 외(巍)에 비유되는데 외(巍)는 높고 큰 것이다."라고 말했다. 위 자의 뜻에 높고 크다는 의미가 있다는 것이다.

> 필만이 봉함을 받은 지 11년, 진(晉)나라 헌공이 졸하고 4명의 공자가 번갈아 서는 것을 다투어 진(晉)나라는 어지러워졌다. 필만의 세대(世代)는 더욱 커져서 그의 나라 이름을 따라 위씨(魏氏)라고 했다.
> [畢萬封十一年晉獻公卒 四子爭更立 晉亂 而畢萬之世彌大 從其國名為魏氏]

진 헌공이 필만을 위 땅에 봉했는데, 헌공이 죽고 4명의 공자가 서로 제후가 되겠다고 다투는 바람에 필만의 후예들이 더욱 성장해서 나라 이름을 필만이 봉함을 받은 위(魏)라고 했다는 것이다.『사기』「위세가」는 위나라의 선조를 필공고라고 했지만 그가 누구인지 정확하지 않다. 다만 주석자들이 문왕의 아들 중에 필 땅에 봉함을 받은 이를 필공고라고 추측했을 뿐이다. 뿐만 아니라 필공고의 후손들은 봉함이 끊어져서 혹 중국에서도 살고, 혹 이적 땅에서도 살았는데 후손 중에 진 헌공의 대부가 된 필만이 위나라의 시조라는 것이다.

계보가 명확하지는 않지만 진나라 대부로 위 땅에 봉해졌던 필만의 후예들은 진의 혼란을 이용해 더욱 성장했고, 서기전 453년 조양자, 위환자, 한강자가 진을 셋으로 나누는 삼가분진(三家分晉)으로 진(晉)을 무력화시켰고, 서기전 403년에는 주 위열왕(威烈王)이 삼가를 정식으로 제후로 책봉하면서 전국시대가 시작되었다. 서기전 334년에는 위(魏) 혜왕(惠王)이 제(齊) 위왕(威王)과 서주(徐州)에서 회맹했는데, 이것이 서주회맹(徐州會盟)이다. 이 사건이 중요한 것은 이전까지는 서로 공개적으로 왕(王)이라고 칭하지 못했는데, 이때부터 왕이라고 칭하는 것을 서로 승인했기 때문이다. 이를 '서주상왕(徐州相王)'이라고 부르는데 주 왕조의 권위를 공개적으로 무시하고 제후국들이 서로를 왕으로 자칭한 것이다. 이는 군주들이 죽은 후 올리던 시호에서도 나타나는데 그 전에는 공작의 작위를 받은 제후들에게 제환공(齊桓公), 진문공(晉文公) 등의 시호를 올려 공(公)이라고 칭했고, 후작의 작위를 받은 인물들은 위문후(魏文侯), 한소후(韓昭侯) 등 후(侯)의 시호를 올렸는데, 이제 위혜왕(魏惠王), 제위왕(齊威王) 등 왕호(王號)를 올리게 된 것이다. 주 왕조가 저물고 전국 7웅이 시대가 열리기 시작한 것이다.

필공고의 후예 성씨 중에는 필성(畢星), 위성(魏姓), 반성(潘姓), 풍성(馮姓), 방성(龐姓) 등이 있는데, 위나라가 실제 그의 후예인지는 분명하지 않다.

4 「세가」에 감추어진 수수께끼들

한국과 고한국

사마천은 「위세가」의 다음으로 「한세가」를 설정했는데, 한국(韓國)의 국성이 주 왕조와 같다고 썼다.

> 한(韓)나라의 선조는 주(周)나라와 동성(同姓)으로 성은 희씨(姬氏)다. 그 후예는 진(晉)나라를 섬겨서 한원(韓原)에 봉해짐을 얻어서 한무자(韓武子)라고 했다. 한무자의 뒤 3세(三世)에 한궐(韓厥)이 있었는데 봉지(封地)를 따라 성(姓)을 한씨(韓氏)라고 했다.
>
> [韓之先與周同姓 姓姬氏 其後苗裔事晉 得封於韓原 曰韓武子 武子後三世 有韓厥 從封姓爲韓氏]

한국에 대한 사마천의 설명은 석연치 않다. 먼저 한나라 선조는 주 왕조와 동성인 희성(姬姓)이라고 설명했지만 그가 누구인지 특정하지 못

그림58 **섬서성 한성시**

했다. 그러고는 그 후예가 진나라를 섬겨서 한원에 봉해진 한무자(韓武子)라고 설명했다. 주 왕조와 동성인 한국이 선조가 누구인지 말하지 않고, 그 후예가 진나라를 섬긴 한무자라는 것이다.

한무자는 희성(姬姓) 한씨(韓氏)로 이름이 만이어서 한만(韓萬)으로 불린다. 죽은 후 시호가 무(武)였기 때문에 사마천이 한무자(韓武子)라고 표현한 것이다. 한만은 지금의 산서성 임분(臨汾)시 곡옥(曲沃)현이었던 옛 곡옥 출신인데, 서기전 679년 전후로 활동했던 인물이다. 그는 곡옥무공(曲沃武公)이라고도 불리는 진(晉) 무공(武公)이 지금의 산서성 익성(翼城)을 공격할 때 무공과 양홍(梁弘)이 탄 전차를 몬 인물이다. 서기전 679년 곡옥무공이 진의 군주인 진후민(晉侯緡)을 공격해 죽인 후 진후(晉侯)로 등극했고, 이후 한만(韓萬)을 한원(韓原)에 봉한 것이다.

한원의 위치에 대해서는 중국 학계에서 지금의 섬서성 한성시(韓城市) 경내에 있는 옛 한성현 서남쪽이라고 보고 있다.

중국에서는 주 왕조와 동성인 희성이 봉해졌던 한(韓)을 고한국(古韓國)이라고 부른다. 그러면서 고한국의 위치를 한만이 봉해졌던 한원, 즉 지금의 섬서성 한성시 경내라고 보고 있다. 이 고한국이 서기전 757년에 진국(晉國)에 의해 멸망했다는 것이다.

그러나 북한의 리지린은 1961년 북경대 박사학위 논문이었던 『고조선 연구』에서 이에 대해 다른 견해를 제시했다. 한(漢)나라 왕부(王符)를 비롯해서 근세에 이르기까지 중국의 여러 학자들은 서주의 제후국이었던 한국이 동쪽으로 이주해서 삼한이 되었다고 주장했는데 그런 주장들이 억측이라는 것이다. 왕부는 『잠부론(潛夫論)』에서 서주 선왕 시대 [서기전 827~서기전 782] 한후(韓侯)의 후예가 곧 고조선인데 위만에게 쫓겨 바다로 들어가 한에 이르러 삼한을 이루었다고 주장했다. 고한국의 후(侯)인 한무자의 아들 환숙(桓叔)의 후예가 한씨(韓氏)라는 것이다.

이에 대해 리지린은 고조선 왕이 한씨였다는 사료적 근거가 전혀 없다고 반박했다. 위만에게 쫓겨 간 준왕의 성씨는 한씨가 아니라는 것이다. 『삼국지』 「위지 동이열전 한(韓)」 조에는 『위략(魏略)』을 인용한 내용이 기록되어 있다.

> 준왕의 아들과 친척들 중에서 (준왕을 따라 망명하지 않고) 나라에 남아있던 자들은 한씨(韓氏)라는 성을 사칭했다. 준왕은 해중에 있었지만 조선과는 서로 왕래하지 않았다.
>
> [魏略日 其子及親留在國者 因冒姓韓氏 準王海中 不與朝鮮相往來]

준왕을 따라서 망명하지 않았던 이들이 한씨라는 성을 썼고 준왕은 한씨라는 성을 쓰지 않았다는 것이다. 북한 리지린은 고조선은 서주의 후국인 한과 관계가 없다고 보았다. 반면에 남한 국사학계의 태두라는 이병도의 견해는 중국학자들의 주장을 따른 것에 불과하다. 이병도는 위만에게 쫓겨 간 준왕(準王)의 성이 한씨라면서 "준왕 이전에 (한씨라고) 창씨(創氏)했다."고 주장했다. 이병도는 준왕이 거주했던 해중(海中)이 지금의 남한 지방이라면서 위만이 차지했던 지역에 남아 있던 사람들이나 준왕을 따라 남쪽으로 내려갔던 사람들이나 모두 한씨라고 했다는 것이다. 그는 준왕이 남쪽으로 내려가기 이전에는 남쪽에 아직 한(韓)이란 이름이 생기지 않았다가 준왕이 남쪽으로 내려온 후 자기 성에 의해서 나라 이름을 한(韓)이라고 정했다는 것이다(이병도, 『한국사대관』, 1983, 23쪽).

그러나 이병도의 대부분의 주장이 사료적 근거 없이 머릿속에서 미리 만들어둔 결론을 꿰맞추는 억측들인 것처럼 이 주장도 마찬가지다. 첫째 먼저 준왕이 남쪽, 즉 지금의 한반도 남쪽으로 내려왔다는 기술은 어느 사서에도 없다. 『삼국지』 「위지 동이열전 한」 조 "(준왕이) 그 좌우 궁인들을 거느리고 바다로 달려 들어가 한지(韓地)에 거주하면서 한왕(韓王)이라고 했다.[將其左右宮人走入海 居韓地 自號韓王]"고 말하고 있지 남쪽으로 갔다는 말은 없다. 일본인 식민사학자들의 반도사관에 따라서 이때 준왕이 거주한 한지를 한반도 남쪽이라고 우기는 것뿐이다. 또한 원문은 준왕이 바다로 달려 들어가 한지에 거주해서 한왕이라고 했다고 말하고 있다. 순서로 따지면 '바다로 달려 들어갔다. → 한지에 거주했다. → 한왕이라고 했다.'는 것이다. 이병도의 주장은 '남쪽으로 갔다. → 그 전부터 사용하던 자기 성에 의해서 한왕이라고 했다. → 그 지역도 따라서 한이라고 했다.'는 것이니 앞뒤가 맞지 않는 억측이다.

　북한 리지린은 『고조선 연구』에서 서주의 제후국이 한반도 내에 있었다는 중국학자들의 주장을 논박했다. 특히 청나라 말기의 장태염(章太炎)[1869~1936]이 현재의 한반도 내에 한후국(韓侯國)이 있었다고 주장한 것을 강하게 비판하면서도 "그의 설에서 주목하여야 할 점은 서주 시대의 한국 인민이 한족(漢族)이 아니며 고대 조선족이라는 그 점"이라고 평가했다. 『시경(詩經)』 '한혁(韓奕)' 편에 "높은 저 한나라 성이여, 연나라 백성들이 완성했네. …… 왕께서 한후(韓侯)에게 추(追)나라와 맥(貊)나라를 내리셨네.[溥彼韓城, 燕師所完…王錫韓侯 其追其貊]"라는 구절이 나온다. 한나라 성을 연나라 백성들이 쌓았다는 것이다. 또한 한후가 추나라와 맥나라를 관장했다는 노래이다. 리지린은 여기에 나오는 한국(韓國)을 한족(漢族)의 국가로 볼 수 있는 근거가 아주 박약하다고 주장했다.

　　요컨대 '한혁' 편에 보이는 한국은 한족(漢族)의 국가로 주장할 수 있는 근거가 매우 박약하다. 고한국 지역인 오늘의 산서성 북부에는 일찍이 맥족이 거주하였으며, 맥족과 한후 간에 장기간의 투쟁이 있은 사실로 보아서 그 고한국은 맥족의 거주 지역을 차지한 것으로 보인다.(리지린, 『리지린의 고조선 연구』, 2018, 535쪽)

　리지린은 고조선과 부여의 제후국들을 '한국(汗國)'이라고 부르는데, 고한국은 맥국의 한국(汗國)이라는 것이다. 리지린은 이렇게 설명한다.

　　나는 이러한 전제로부터 출발하여 서주(西周)의 고한국(古韓國)은 맥족의 '한국(汗國)'이었거나 그렇지 않으면 그 령지를 정복하고 건립한 서주의 후국이었다고 추측한다. 그런데 그 고한국은 일시 망하였다가 선왕 시대에 재흥하였던 것이다. 이 고한국에 대해서는 아래서 「삼한」조에서 재론하게 된다.

그러면 이렇게 말할 수 있는 근거는 무엇인가?

그것은 첫째로 고한국 지역은 중국 북방에까지 진출했던 맥족의 지역과 호상 출입하고 있는 사실이다. 즉 그 고한국은 맥에게 또 정복되었던 것이다. 둘째로는 한자 중에서 '한(韓)' 자는 '한국'의 '한'이란 의미 외에 다른 어떠한 의미도 없으니 이것은 본래부터 한자인 것이 아니라 맥족의 어휘 '한(汗)'에서 유래되었다고 인정된다. 아래서 서술할 바와 같이 고조선, 부여, 고구려에 모두 '한'이 존재하였던 것이니 맥국에도 '한'이 있었다고 인정하는 것이 타당할 것이다.

자고로 중국의 적지 않은 학자들이 우리 삼한을 중국의 고한국이 동천(東遷)하여 건립한 국가라고 인정하여 왔으며 고한국이 무왕의 후예의 후국이라는 증거가 확실하지 않다고 주장한 설도 있다. 물론 이러한 주장은 대국주의 사상의 표현으로서 믿을 바는 못 되나 '고한국'의 '한'을 '삼한'의 '한'과 동일시하게 되었다는 사정은 고려될 여지가 있지 않겠는가? 즉 그들은 '고한국'을 순전한 한(漢)족의 국가로 인정하지 않았던 것이다.

이러한 근거로부터 출발하여 필자는 서주의 '고한국'은 맥족의 '한국'이거나 혹은 그것을 서주인들이 정복하고 그 명칭을 습용한 것으로 억측할 수도 있다고 본다. 요컨대 맥족에서는 서기전 9세기에 '한'이 출현한 것으로 추단되며 그것이 아직 계급 국가를 형성하지 못하였을지라도 국가 형성 과정에 처해 있었던 것으로 인정할 수 있다고 생각된다. …… 맥족이 은력을 사용했다는 기록과 결부시켜 생각한다면 역시 맥이 은나라와 경제 문화 교류를 밀접히 하고 있었다고 말할 수 있을 것이다. 나는 맥족은 료동 료서에 걸쳐 고조선의 북부에 거주하면서 일찍이 서기전 12세기 이전에 그 일부는 오늘의 중국 북부에까지 진출하였으며 오늘의 중국 북부, 장성 일대와 내몽고 지역에서 청동기 시대를 경과하고 대체로 고조선 및 중국과 동일한 시기에 철기 시대로 이행했을 것이라고 짐작한다.(리지린, 『리지린의 고조선 연구』, 2018, 410~412쪽)

리지린에 따르면 고한국은 맥국의 제후국이었던 한국(汗國)이라는 것이다. 혹은 이 한국을 서주에서 정복한 후 명칭을 그대로 사용한 것으로 볼 수도 있다는 것이다. 서주에게 정복되기 이전의 고한국은 한족(漢族)의 나라가 아니라 맥족의 나라라는 것이다. 리지린의 말과 같이 한(韓)자의 의미는 다른 글자들과 같이 복잡하지 않고 비교적 단순하다. 『설문해자』를 비롯한 중국의 여러 사서(辭書)들은 한(韓)에 세 가지 정도의 뜻을 적어 놓고 있다. 하나는 우물을 둘러싼 담을 뜻하는 정환(井垣)이다. 두 번째는 나라 이름 한(韓)으로 하나는 주나라의 제후국 한국과 전국시대 진나라 대부였던 한(韓)씨가 만든 전국 7웅의 하나인 한이고, 나머지는 성(姓)을 뜻한다.

사마천이 고한국이 서주에서 분봉한 희성(姬姓)의 국가라면서도 전혀 그 내용을 적지 못한 이유는 리지린의 말처럼 맥국의 한국(汗國)이기 때문일 수도 있다. 이 한국에 대해서는 앞으로 다각도의 연구가 필요할 것이지만 북한의 리지린이 1961년 제기한 수준 이상의 연구는 없다는 것이 현재의 현실이다.

진완은 강성인가

사마천은 『사기』에서 「한세가」 다음에 「전경중완세가(田敬仲完世家)」를 설정했다. 전경중완은 진완(陳完)이다. 진완(陳完)은 진(陳)나라 여공(厲公) 타(他)의 아들이다. 진 여공이 제순의 후예인 진 호공(胡公)의 후예이므로 규성(嬀姓) 진씨(陳氏)다. 순을 요성(姚姓)으로도 보니 이 경우 요성 진씨가 될 수도 있다. 경중은 춘추 때 진국(陳國)의 여공의 아들이어서 진경중(陳敬仲)이라고 한다. 그가 나중에 전씨(田氏)를 만들어서 전씨의 시조가 되기 때문에 전경중(田敬仲)이라고도 한다. 『사기』 「전경중완세가」는 그의 혈통과 관련해서 의미심장한 내용을 싣고 있다.

> 진완(陳完)은 진(陳)나라 여공(厲公) 타(他)의 아들이다. 완(完)이 태어나고 주(周) 태사(大史)가 진(陳)나라를 지나가는데 진 여공이 완에 대해 점치게 했다. 점괘에서 관괘(觀卦)에서 비괘(否卦)로 가는 것을 얻고 말했다.
>
> "이것은 나라의 영광을 관찰하는 것인데 왕의 손님 노릇을 하는 것이 이로운 것이다. 이는 그가 진(陳)나라를 대신해서 나라를 가질 것인가? 이곳에서 가지지 못한다면 다른 나라를 가질 것인가? 그 자신에게 있지 않고 그 자손에게 있을 것이다. 만약 다른 나라에 있게 된다면 반드시 강성(姜姓)일 것이다. 강성은 사악(四嶽)의 후손이다. 사물이란 두 가지가 성대함이 없는 것이니 진(陳)나라가 쇠약해지면 이 사람이 창대할 것인가?"
>
> [陳完者 陳厲公他之子也 完生 周太史過陳 陳厲公使卜完 卦得觀之否 是為觀國之光 利用賓于王 此其代陳有國乎 不在此而在異國乎 非此其身也 在其

子孫 若在異國 必姜姓 姜姓 四嶽之後 物莫能兩大 陳衰 此其昌乎]

관괘(觀卦)에서 비괘(否卦)로 갔다는 것은 『주역』 '관괘'의 육사효가 변화해서 '비괘'가 되는 것을 얻었다는 뜻이다. 사악은 요임금 때 사방의 제후들을 통솔하던 직책인데, 강성(姜姓)이 그 후예라는 것이다. 강성은 신농씨의 후예인 강태공에 대해서 살펴본 것처럼 동이족이다.

진완의 아버지 여공은 진 문공(文公)의 막내아들인데, 문공이 세상을 떠난 후 여공의 형인 포(鮑)가 서서 진 환공(桓公)이 되었다. 그런데 환공의 막내아들 임(林)이 아버지와 형인 태자 면(免)에게 불만을 갖고 둘을 살해한 후 스스로 진 장공(莊公)이 되었다. 그래서 진완은 제후가 되지 못하고 진(陳)나라의 대부가 되었다. 서기전 693년 장공이 재위 7년 만에 죽고 아우 저구(杵臼)가 뒤를 이어 선공(宣公)이 되었다. 선공은 총애하던 첩의 아들 관을 세우려고 태자 어구(禦寇)를 죽였다. 『사기』 「전경중완세가」는 진완이 제나라로 달아났다고 말한다.

선공(宣公) 21년, 그의 태자 어구(禦寇)를 죽였다. 어구와 완(完)은 서로 좋아했는데 화가 자신에게 이를까 두려워서 완이 제나라로 달아났다. 제(齊) 환공(桓公)이 완을 경(卿)으로 삼으려고 했는데 사양해서 말했다.
"나그네 신하인데 다행히 부담을 면하게 된 것만도 군주의 은혜인데 감히 높은 자리를 감당할 수 없습니다."
환공이 완을 공정(工正)으로 삼았다.
[宣公十一年 殺其太子禦寇 禦寇與完相愛 恐禍及己 完故奔齊 齊桓公欲使為卿 辭曰 羈旅之臣幸得免負檐 君之惠也 不敢當高位 桓公使為工正]

선공이 태자 어구를 죽이자 달아난 곳이 제나라인데, 강태공(姜太公) 여상(呂尙)이 세운 강성(康姓) 여씨(呂氏)의 나라였다. 진완이 나라를 가진다면 강성의 나라일 것이라는 주 태사의 예언이 실현되어 가는 것이다. 진완은 제나라에 가서는 전(田)을 씨로 삼았는데, 그 이유에 대해서는 삼가주석이 모두 자신들의 견해를 설명하고 있다.

서광은 "응소는 처음으로 전(田) 땅을 채읍으로 삼았고, 이로 말미암아 전씨(田氏)로 성을 고쳤다고 했다."고 했다.(『사기집해』)

이와 같은 것에 의거해 이른다면 경중(敬仲)이 제나라로 달아났는데 진(陳)과 전(田)의 두 자는 소리가 서로 비슷해서 드디어 전씨(田氏)로 삼았다고 했다. 응소는 "처음으로 전(田) 땅을 채읍으로 삼았다."라고 일렀는데 즉 전(田)이 지명이라면 그곳이 어디인지 자세하지 않다. (『사기색은』)

상고해 보니 경중(敬仲)이 이미 제나라로 달아나 본국(本國)의 옛 호칭을 일컫고자 하지 않았다. 그러므로 진(陳) 자를 고쳐서 전씨(田氏)로 했다.(『사기정의』)

진완의 후손들은 제나라에서 점차 권세를 잡다가 진완의 9대 후손 전화(田和) 때 드디어 제나라를 차지하게 되었다. 전화는 전장자(田莊子)의 아들이자 전도자(田悼子)의 동생이다. 그는 서기전 391년 제군(齊君)으로 자립하고는 군주였던 제 강공(康公)을 섬으로 내쫓아 한 성(城)을 주어 강성(姜姓) 조상들의 제사를 받들게 했다. 제 강공 19년(서기전

386) 진화는 주(周) 안왕(安王)으로부터 징식으로 제후의 책봉을 받아 제(齊)국을 차지했다. 주 태사의 말대로 강성의 나라 제를 얻게 된 것이다. 이를 '전씨대제(田氏代齊)'라고 한다. 서기전 379년 제 강공이 죽자 전씨는 그에게 주었던 식읍 한 성마저 병합해서 강태공 여상(呂尙)의 제사가 비로소 끊겼다. 현재 산동성 조장시(棗庄市) 전가만촌(田家灣村)에 시조를 모시는 전완사(田完祠)가 있다. 동이족 강성을 제거하고 제나라를 차지한 전씨(田氏)는 순(舜)의 후손이니 역시 동이족이다.

왕망은 전씨의 후예인가

중국에서는 전한(前漢)을 무너뜨리고 신(新)나라를 세운 왕망(王莽)을 전씨(田氏)의 후예로 본다. 『통지(通志)』「씨족략(氏族略)」은 "순(舜)은 요(姚) 땅에서 태어났으므로 요성(姚姓)인데, 규수(嬀水)에 살았으므로 규성(嬀姓)이 되었다."라고 말했다. 순의 후손인 규성 중에 호공(胡公) 규만(嬀滿)이 진(陳) 땅에 봉해지면서 규성(嬀姓) 진씨(陳氏)가 되었다가 진씨 일부가 전씨(田氏)가 되고, 전씨 일부가 왕씨(王氏)가 되었다는 것이다. 진(陳) 자 안에 전(田) 자가 있고, 전(田) 자 안에 왕(王) 자가 있기 때문에 서로 통한다는 것이다. 즉 진 호공 규만의 후손 진완(陳完)이 제나라에 벼슬하면서 전씨가 된 것이다.

『성씨고략(姓氏考略)』은 이렇게 말한다.

북해(北海) 진류(陳留)의 왕씨는 모두 순(舜)의 후예이다. 그 선조는 제(齊)나라의 여러 전씨(田氏)들인데 제(齊)가 진(秦)에 멸망한 후 제나라 사람들이 왕가(王家)라고 일컬었다. 고찰해 보니 제왕 전건(田建)의 아들 전승(田升), 전환(田桓)이 왕성(王姓)으로 개칭했다.

서기전 368년 전화가 강성의 나라 제를 차지하는 '전씨대제' 이후로 8대까지 제후 자리를 전하다가 진(秦)에게 멸망했다. 제나라 마지막 전건은 전승, 전환, 전진의 세 아들이 있었는데 그중 전승과 전환의 자손들이 왕씨로 창씨했다는 것이다.

이들 왕씨의 후예 중에 중요한 인물이 현재의 하북성 대명(大名)현인 위군(魏郡) 원성(元城)현 출신의 왕정군(王政君)[서기전 71~서기 13]이다. 양평후(陽平侯) 왕금(王禁)의 딸인 왕정군은 한 원제(元帝) 유석(劉奭)의 황후이자 성제(成帝) 유오(劉驁)의 어머니가 된다.

왕정군은 한 애제(哀帝) 유흔(劉欣) 즉위 후 태황태후(太皇太后)에 올랐으나 부씨(傅氏), 정씨(丁氏) 등의 외척들이 기승을 부리면서 점차 궁중세력에서 밀렸다. 그러나 애제가 세상을 떠난 후 조카 왕망(王莽)을 대사마(大司馬), 녹상서사(祿尙書事)로 임명했는데, 수완이 좋은 왕망이 조정의 대권을 잡았다. 왕정군의 의도는 한나라 조정에서 왕씨 친정세력을 키우는 것이었지 한나라 자체를 차지하려는 것은 아니었다. 그러나 왕망은 급기야 한나라를 차지하려 했다. 이때 '전국새(傳國璽)'를 왕정군이 가지고 있었는데, 왕망이 전국새를 내려달라고 요청하자 왕정군은 크게 화를 내면서 전국새를 땅에 던져 일부가 깨졌다고 전한다.

전국새(傳國璽)는 진시황 때부터 대대로 내려오는 국새인데, 『후한서』 「광무제 본기」 '건무(建武) 3년(서기 27)' 조에는 후한 광무제 유수(劉秀)가 유방을 모시는 고묘(高廟)에 제사를 지내고 전국새를 받는 기사가 나온다. 그중 「옥새보(玉璽譜)」를 인용해서 이런 구절이 나온다.

전국새는 진 시황이 처음 천하를 평정한 후 조각한 것으로 그 옥은 남전 산(藍田山)에서 나온 것인데 승상 이사(李斯)의 글씨다. 그 문장은 "하늘의 천명을 받았으니 그 수명이 길이 창성할 것이다.[受命于天 旣壽永昌]"라는 것이다. 고조(유방)가 패상(霸上)에 이르렀을 때 진(秦) 왕자 영(嬰)이 바친 것이다. 왕망이 제위를 찬탈할 때 원후(元后)[왕정군]에게 옥새를 구했으나 주지 않자 위세로써 핍박했는데 이에 내주면서 땅에 옥새를 던져 옥새에 새긴 교룡[螭]의 뿔 하나가 깨졌다.

왕망이 신나라를 세운 후 진완을 제 경왕(敬王)으로 추존하고 묘호를 세조(世祖)라고 올렸다. 왕망의 왕씨를 원성(元城) 왕씨라고 하는데 위진(魏晉) 때와 수당(隋唐) 때는 북해(北海) 왕씨, 진류(陳留) 왕씨라고도 했다.

전건의 손자이자 전승의 아들 중에 전안(田案)이 있는데 서초패왕(西楚霸王) 항우(項羽)가 제북왕(齊北王)으로 봉했다. 전씨가 제나라를 차지했던 과거를 인정했던 것이다. 그러나 항우가 유방에게 패배하고 난 후 왕위를 상실했다. 다만 그의 후손들 중에서 제나라의 왕이었던 것을 기념해서 왕씨(王氏)로 씨를 바꾸었는데, 전건의 둘째 아들 전환의 후예도 왕씨로 씨를 바꾸었다는 것이다.

민족사학자 문정창(文定昌)[1899~1980]은 1978년 출간한 『가야사』에서 흉노 휴도왕(休屠王)[휴저왕]의 태자였던 김일제(金日磾)의 증손이 신(新)의 건국자 왕망이라고 주장했다. 김일제는 부왕이 전사한 후 한나라 조정에 잡혀왔다가 망하라에게 죽임을 당할 뻔한 한 무제의 목숨을 구해준 공으로 투후(秺侯)로 봉함을 받는다. 김일제의 투후 봉호는 아들 김상(金賞)과 그 아들 김국(金國)에게 전해졌다가 김국이 후사가 없는

바람에 김일제의 다른 아들 김건(金建)의 손자 김당(金當)에게 전해진
다. 김당은 김일제의 증손인데, 문정창은 투후 지위를 이어받은 김당의
어머니 남(南)을 또한 왕망(王莽)의 어머니라고 봤다. 왕망도 김당처럼
김일제의 증손이라는 것이다. 그는 그 근거로『한서』「김일제 열전」의
"김당의 어머니 남은 곧 왕망의 어머니 공현군의 같은 형제의 동생이
다.[當母南 即莽母功顯君 國(同의 오기)産弟也]"라는 구절을 들고,『한서』를
쓴 반고(班固)가 "왕망의 출자를 감추기 위해서 왕망의 본가와 생부(生
父)를 밝히지 않고 다만 원제후(元帝后)의 동생의 아들이라고 했다."고
분석했다. 그러나 김당의 어머니 남이 원제후의 동생이 아니라는 명백
한 사료를 제시하지 못하는 한 왕망을 김일제의 증손으로 보는 것은 무
리가 따를 수밖에 없다. 왕망은 비록 김일제의 증손은 아닐지라도 김일
제의 증손 김당과 외사촌이니 아주 가까운 사이임에는 분명하다. 광무
제 유수(劉秀)가 신(新)을 무너뜨리고 후한(後漢)을 세운 후 김일제의
후손들이 이주해서 가야의 건국자가 되었다는 주장은 여전히 경청할 만
한 가치가 있다.

「세가」에 포함된 '성인의 후예' 공자

사마천의『사기』「세가」중에서 「공자세가」는 특이한 설정이다. 「세
가」는 제후들의 사적인데 공자는 제후가 아니었기 때문이다. 그 이유에
대해서는 사마정이『사기색은』과 장수절이『사기정의』에서 잘 설명하고
있다.

공자(孔子)께서는 제후(諸侯)의 지위에 있지 않았으나 또한 계가(系家) [세가로 묶은 것]로 일컬어지는 것은, 이것은 성인(聖人)으로써 교화(敎化) 의 주체가 되었고, 또 (그 집안에서) 대대로 현인(賢人)과 철인(哲人)이 있 었기 때문이다. 그러므로 계가(系家)로 일컬어지는 것이다.(『사기색은』)

공자께서는 후작(侯爵)이나 백작(伯爵)의 지위가 없었는데도 세가(世家) 로 일컬어지는 것은, 태사공[사마천]은 공자께서 포의(布衣)로 10여 세를 전해오면서 학자들이 으뜸으로 여기고 천자(天子) 왕후(王侯)로부터 중 국(中國)에서 육예(六藝)를 말하는 자는 부자(夫子)[공자]를 으뜸으로 여 겨서 지성(至聖)이라고 이를 수 있기에 세가(世家)로 삼았다.(『사기정의』)

공자는 제후가 아니었으나 교화의 주체가 된 성인(聖人)이기에 「세 가」로 높였다는 것이다. 육예(六藝)란 고대 유학자들이 배워야 할 여섯 학문으로서 예(禮), 악(樂)[음악], 사(射)[활쏘기], 어(御)[말 타기], 서(書), 수(數)[수학]를 뜻한다. 공자가 비록 제후가 아닌 포의였지만 10여 세를 지나오면서 천자부터 육예를 말하는 자는 모두 공자를 으뜸으로 여겨서 제후로 삼았다는 것이다.

그러나 공자가 처음부터 포의였던 것은 아니었다. 『사기』「공자세가」 첫 대목을 보자.

공자(孔子)는 노(魯)나라의 창평향(昌平鄕) 추읍(陬邑)에서 태어났다. 그 의 선조는 송(宋)나라 사람이었으며 공방숙(孔防叔)이다. 방숙은 백하(伯 夏)를 낳았고, 백하는 숙량흘(叔梁紇)을 낳았다. 숙량흘은 안씨(顔氏)의 딸과 야합(野合)해 공자를 낳았는데 니구산(尼丘山)에 기도하여 공자를

그림59 공자 초상

얻었다.

[孔子生魯昌平鄕陬邑 其先宋人也 曰孔防叔 防叔生伯夏 伯夏生叔梁紇 紇
與顔氏女野合而生孔子 禱於尼丘得孔子]

추읍은 공자의 아버지 숙량흘이 다스렸던 읍이고, 그의 선조는 송나
라 출신 공방숙이다. 사마정은 『사기색은』에서 공방숙이 "송미자(宋微
子)의 후예"라고 말했다. 상왕조 주왕의 친척인 송미자의 후예이므로 자
성(子姓) 송씨(宋氏)인데 어쩌다가 공씨(孔氏)가 되었을까? 『사기색은』
의 설명을 살펴보자.

> 『가어(家語)』[공자가어]에는 "송미자의 후예이다. 송양공(宋襄公)이 불보
> 하(弗父何)를 낳았는데 송나라를 아우인 여공(厲公)에게 (왕위를) 사양했
> 다. 불보하는 송보주(宋父周)를 낳았다. 송보주는 세자승(世子勝)을 낳았
> 다. 세자승은 정고보(正考父)를 낳았다. 정고보는 공보가(孔父嘉)를 낳았
> 다. 오세(伍世)의 친한 것이 다하면 갈라져 공족(公族)이 되는데 이에 공
> 씨(孔氏)를 성으로 삼았다.

공자의 집안은 송미자의 후예지만 오세를 지나면 공족이 되어 독자적
인 성씨를 쓸 수 있는데 이때 공씨가 되었다는 것이다. 공씨를 사용한
최초의 인물 공보가에 대해서 알아보자. 공보가는 춘추시대 송국(宋國)
사람인데, 송국은 지금의 하남성 상구(商丘)에 있었다. 공보가는 송국
시조 미자(微子)의 동생 미중(微中)의 8세 후손이자 송국 5대 군주인 송
민공(閔公)의 5세 후손으로 자성에 이름은 가(嘉)였고, 자(字)가 공보(孔
父)였다. 이 공보가가 공자의 6세 선조이다. 송(宋) 선공(宣公)은 죽음을

앞두고 동생 목공(穆公)에게 군위(君位)를 양위했는데 공보가는 목공 때 대사마(大司馬)가 되었다. 목공이 세상을 떠나면서 목공의 유촉(遺囑)을 받은 상공(殤公)이 즉위했는데 상공은 10년 재위 동안 열한 차례나 전쟁을 일으켜 백성들을 괴롭게 했다. 그런데 태재(太宰) 화보독(華父督)이 공보가의 아내가 절세미녀인 것을 보고 공보가를 죽이고 아내를 빼앗았다. 상공이 노하자 화독은 상공마저 죽이고 공자 풍(馮)을 정(鄭)나라에서 영입했는데 이이가 송 장공(莊公)이다. 이 사건으로 공보가의 자손들이 화를 피해 노나라로 달아나는 바람에 공자가 노나라에서 태어나게 된 것이다.

공보가의 아들이 목금보(木金父)이고, 목금보의 아들이 기보(祁父)이고, 기보의 아들이 공방숙이고, 공방숙 아들이 백하이고, 백하의 아들이 숙량흘이고 숙량흘의 아들이 공구(孔丘), 곧 공자였다. 공자의 아버지 숙량흘은 송국 율읍(栗邑) 출신인데 율읍은 지금의 하남성 상구시 하읍현(夏邑縣) 유점집향(劉店集鄉) 왕공루촌(王公樓村)으로 비정한다.

숙량흘이 안씨의 딸[안징재]과 '야합(野合)'했다는 것에 대해 여러 의견들이 많았다. 사마정은 『사기색은』에서 "아마도 숙량흘은 늙었고 안징재는 젊어서 건장한 아내로 처음 비녀를 꽂는 예를 하는 것이 마땅하지 않았기 때문에 '야합(野合)'이라고 했는데, 이는 예의에 합당하지 않다는 뜻"이라고 말했다. 장수절은 『사기정의』에서 "남자는 64세가 지나면 양도(陽道)가 단절되고, 여자는 49세가 지나면 음도(陰道)가 단절되는데, 혼인이 이를 지나면 야합이라고 한다."고 말했다. 숙량흘이 64세를 지나서 혼인했기에 '야합'이라고 했다는 것이다.

그러나 이런 모든 설명들은 석연치 않다. 공자가 태어난 후 아버지 숙량흘이 세상을 떠나서 방산(防山)에 장사를 지냈는데, 어머니 안징재는 묘소를 알려주지 않았다. 그리고 죽을 때까지 아들 공자에게 아버지의 묘소를 가르쳐 주지 않았다. 어머니가 죽자 공자는 오보(伍父) 네거리에 빈소를 차렸는데, 추향 사람 만보(輓父)의 어머니가 공자 아버지의 묘지를 가르쳐 주었다. 그래서 공자는 어머니를 방산에 합장할 수 있었다. 이는 숙량흘과 안징재의 혼인이 단지 나이 차이가 많기 때문만은 아니라는 사실을 짐작하게 해준다. 공자가 노나라의 실권자인 계씨(季氏)가 연 잔치에 참여했는데, 양호(陽虎)가 "계씨가 사(士)를 위해 연 잔치이지 감히 그대를 위한 잔치는 아니다."라면서 쫓아냈다는 것도 공자의 신분이 낮았음을 짐작하게 해 준다. 그러나 그의 핏줄 자체는 낮은 것이 아니었다.

『사기』「공자세가」는 공자가 17세 때 노나라 대부 맹희자(孟釐子)가 병이 들어 죽을 무렵 그를 계승할 의자(懿子)에게 공자의 핏줄을 높이는 말을 했다고 전한다.

> 공구(孔丘)는 성인(聖人)의 후예인데 송나라에서 망했다. 그의 선조는 불보하(弗父何)인데 처음 송나라를 가질 수 있었으나 후사를 여공(厲公)에게 사양했다. 정고보(正考父)는 (송나라) 대공(戴公)과 무공(武公)과 선공(宣公)을 보좌했고 세 번의 명을 받았는데, 더욱 공손했다.
>
> [孔丘 聖人之後 滅於宋 其祖弗父何始有宋而嗣讓厲公 及正考父佐戴 武 宣公 三命慈益恭]

'공자가 성인의 후예'라는 말은 상(商)[은]나라 탕(湯)임금의 후예라는 뜻이다. 상왕조 개국군주인 탕왕(湯王)은 자성(子姓)이니 공자 역시 원래는 자성이다. "송나라에서 망했다."는 말은 공자의 6대조인 공보가가 송(宋)에서 화독(華督)에게 죽임을 당한 것을 뜻한다. 이 사건 이후 자식들이 노(魯)나라로 달아나 정착하게 된 것이다.

불보하에 대해서 배인은 『사기집해』에서 이렇게 설명했다.

> 두예는 "불보하는 공보가(孔父嘉)의 고조이고 송민공(宋愍公)의 장자(長子)이며 여공(厲公)의 형이다. 불보하는 적사(嫡嗣)이므로 제후에 오르는 것이 당연하지만 여공에게 사양했다."고 했다.

불보하는 자성으로 이름이 하(何)였고, 자(字)가 불보(弗父)였다. 그는 송(宋) 전민공(前湣公)의 장자였지만 제후 자리를 동생 부사(鮒祀)에게 양보했는데 이이가 송 여공이다. 여공이 불보하를 송국의 상경(上卿)으로 삼고 율땅을 채읍으로 내렸는데, 이곳이 바로 상구시 하읍현이다. 불보하의 3세손이 정고보, 4세손이 공보가, 7세손이 공방숙, 9세손이 숙량흘, 10세손이 공자다.

혈통에 대한 공자의 고민

공자는 어릴 때부터 제기(祭器)인 조두(俎豆)를 진열하고 노는 특이한 아이였다. 자신의 뿌리에 대한 관심이 많았다. 그는 자신의 먼 뿌리가 상(商)의 왕실에 있음을 알았다. 그 상왕조를 무너뜨린 것이 주(周)였다. 주는 서주(西周)[서기전 11세기~서기전 771]와 공자가 살던 동주(東周)[서기전 770~서기전 256]로 나누는데, 동주시대를 춘추시대라고 부른다. 서주의 수도는 주 무왕이 도읍했던 호경(鎬京)[현 서안]이었고 동주의 수

그림60 **공자수학도**

도 낙읍(洛邑)은 지금의 낙양(洛陽)이다.

　자신의 뿌리인 상(商)나라를 무너뜨린 주(周)나라를 어떻게 보아야 할 것인가는 공자의 큰 숙제였다. 『사기』「공자세가」에서는 맹희자가 죽은 후 맹의자와 동생 남궁경숙(南宮敬叔)이 공자를 찾아와 예를 배웠다고 전한다. 이때 남궁경숙이 노(魯) 소공(昭公)에게 "공자와 함께 주나라에 가고 싶다."고 청했다. 주 도읍 낙양에 가고 싶다는 뜻이었다. 남궁경숙이 왜 공자와 낙양에 가고 싶다고 했는지는 알 수 없지만 덕분에 공자는 낙읍을 방문할 수 있게 되었다.

　당시 노 소공(昭公)은 실권이 없었고 국정은 삼환(三桓)이라고도 불렸던 '삼손(三孫)씨'가 장악하고 있었다. 삼환은 계손(季孫)씨, 맹손(孟孫)씨, 숙손(叔孫)씨를 뜻하는데 세 집안의 뿌리는 공자 생시보다 100년도 훨씬 전인 노 환공(桓公)[서기전 731~서기전 694]의 아들 노 장공(莊公)[서기전 693~서기전 662] 때까지 소급된다. 노 환공은 네 아들이 있었는데, 장자인 장공이 뒤를 이어 제후가 되고 세 동생이 장공의 경대부(卿大夫)가 된 것이 시초였다. 첫째 동생 경보(慶父)의 후예들이 맹손씨가 되고, 둘째 동생 숙아(叔牙)의 후예들이 숙손씨가 되고, 막내 계우(季友)의 후예들이 계손씨가 되었다. 주 왕실에 뿌리를 둔 노 왕족들이니 희성 노씨들이다. 삼손씨는 노 희공(僖公)[서기전 659~서기전 627] 때 노나라의 국정을 장악하게 되는데 막내인 계손씨의 세력이 가장 강했다. 맹의자와 남궁경숙은 모두 맹희자(孟僖子)의 아들로 모두 희성 맹씨들이다.

노 소공은 말 두 마리가 끄는 수레 한 대와 심부름 할 동자 한 명까지 제공해서 공자 일행의 낙읍 답사를 도왔다. 각 제후들이 각자 패권 추구에 나서면서 주나라 수도 낙읍은 퇴락한 상태였다. 그러나 공자의 눈은 남달랐다. 퇴락한 낙읍을 답사하고 남긴 공자의 감탄사가 『논어』 「팔일(八佾)」에 나오는 '찬란하게 빛나는구나!'라는 뜻의 '욱욱호문(郁郁乎文)'이었다.

공자 가라사대, "주나라는 이대(二代)[하·은나라]를 귀감으로 삼았으니, 찬란하도다 그 문화여! 나는 주나라를 따르겠노라."

[子曰 周監於二代 郁郁乎文哉 吾從周]

공자의 '나는 주나라를 따르겠노라'라는 말에는 여러 의미가 담겨 있었다. 상나라는 탕왕(湯王)이 하나라 걸왕(桀王)을 무너뜨리고 중원을 장악했다. 주나라는 무왕(武王)이 은나라 주왕(紂王)을 무너뜨리고 중원을 장악했다. 그런데 퇴락한 낙읍에 가보니 은나라뿐만 아니라 하나라 문물들까지 계승하고 있었다는 것이다. 그래서 공자는 "주나라를 따르겠노라."라고 말한 것이다. 은나라 후예 공자가 비로소 주나라를 긍정한 것이었다.

공자는 과연 은나라 후예라는 자신의 뿌리를 잊었을까? 이 점에서 『사기』「공자세가」의 마지막 장면들은 의미심장하다.

은나라 사람이라는 공자의 유언

사마천은 『사기』「공자세가」에서 공자의 말년의 모습과 마지막 장면을 역동적으로 그려놓았다.

공자가 말했다.

"아니다. 아니다. 군자는 세상이 다하도록 이름이 일컬어지지 않는 것을 근심한다. 나의 도가 행해지지 않을 것이다. 내 무엇으로 스스로 후세에 보이겠는가?"

이에 역사 기록[史記]에 따라서 『춘추(春秋)』를 저작했는데 위로는 은공(隱公)에서부터 아래로는 애공(哀公) 14년에 이르러 12공(公)에 끝마쳤다. 노나라에 의거하여 주(周)나라를 친하게 하고 가운데에 하(夏), 은(殷), 주(周)의 3대를 운영했다. 그 문사(文辭)는 간략하게 하고 뜻은 넓게 했다. 그러므로 오(吳)나라와 초나라의 군주가 스스로 왕이라고 칭한 것을 『춘추』에서는 폄하하여 '자(子)'라고 했다. 천토(踐土)에서의 회맹에서는 실제로 주나라의 천자를 부른 것인데 『춘추』에서는 숨겨서 "천왕(天王)이 하양(河陽)에서 사냥했다."라고 했다.

이런 유(類)로 미루어서 당세를 기준했다. 폄하하고 덜어낸 뜻은 뒤에 왕이 된 자가 열어보게 했다. 『춘추』의 의가 행해지면 천하의 난신적자(亂

臣賊子)는 두려워할 것이다.

[子曰 弗乎弗乎 君子病沒世而名不稱焉 吾道不行矣 吾何以自見於後世哉
乃因史記作春秋 上至隱公 下訖哀公十四年 十二公 據魯 親周 故殷 運之三
代 約其文辭而指博 故吳楚之君自稱王 而春秋貶之曰子 踐土之會實召周天
子 而春秋諱之曰 天王狩於河陽 推此類以繩當世 貶損之義 後有王者舉而開
之 春秋之義行 則天下亂臣賊子懼焉]

중원을 주유하면서 자신의 뜻, 곧 성인 현자들의 뜻을 펼치고 싶었지
만 결국 실패하고 공자는 고향에 돌아와 제자들을 기르는 것에 머물 수
밖에 없었다. 「공자세가」는 "세상이 다하도록 이름이 일컬어지지 않은
것"을 근심해서 『춘추』를 지었다고 말한다. 그보다는 성인의 뜻을 계승
하기보다는 패권 추구에 뜻을 둔 춘추시대에 경종을 울리고, 각 제후와
대부들에게 역사의 두려움을 알게 하기 위해서 『춘추』를 지었을 것이다.
신하가 임금을 시해하고, 자식이 부모를 내쫓는 난신적자들에게 역사의
두려움을 알게 하기 위해서 『춘추』를 지었을 것이다. 「공자세가」는 공자
가 『춘추』를 지을 때의 자세는 다른 때와 달랐다고 설명하고 있다.

공자는 벼슬에 있을 때 송사를 듣고 소송을 듣고 문건을 작성할 때는 남
과 더불어 함께하는 것이 있었고 홀로 하지 않았다.
『춘추』를 작성하는 데 이르러서는 기술할 것은 기술하고, 삭제할 것은
삭제했는데 자하(子夏) 무리도 한마디도 더하지 못했다. 제자들이 『춘
추』를 받자 공자가 말했다.
"후세에 구(丘)를 아는 자는 『춘추』로써 할 것이고, 구(丘)를 죄 주는 자
도 또한 『춘추』로써 할 것이다."

[孔子在位聽訟 文辭有可與人共者 弗獨有也 至於為春秋 筆則筆 削則削 子夏之徒不能贊一辭 弟子受春秋 孔子曰 後世知丘者以春秋 而罪丘者亦以春秋]

공자가 편찬한 『춘추』는 노(魯) 은공(隱公) 원년(서기전 722)부터 공자가 살았던 애공(哀公) 14년(서기전 481)까지 12대(代) 242년 동안의 사적(事跡)을 연대순으로 기록한 편년체(編年體) 역사서다. 주나라를 서주, 동주로 나누고 동주시대 전반기를 춘추시대(春秋時代)라고 부르는 것도 이 책에서 비롯되었다.

공자가 『춘추』를 편찬하기 전에 노나라에는 이미 『춘추』라고 불리던 사관(史官)의 기록이 전해지고 있었다. 『맹자(孟子)』 「이루(離婁) 하」에는 여러 제후국에도 각각의 역사서가 있었다고 전한다.

맹자가 말하기를 "왕자(王者)의 사적이 사라지면서 시(詩)가 없어졌고, 시가 없어진 후에 (공자께서) 춘추를 지었다. 진(晉)나라의 『승(乘)』과 초(楚)나라의 『도올(檮杌)』과 노(魯)나라의 『춘추(春秋)』가 모두 역사서인 점에서는 같다."고 하였다.

[孟子曰 王者之迹熄而詩亡 詩亡然後春秋作 晉之乘 楚之檮杌 魯之春秋 一也]

공자의 『춘추』는 노나라의 『춘추』를 공자가 자신의 역사관으로 새롭게 편찬한 것이다. 공자의 역사관이 '춘추필법(春秋筆法)'인데, 그 핵심은 주(周)나라를 적통으로 높이고 그를 기준으로 역사를 서술하는 것이었다. 신하가 군주를 죽이면 '시(弑)'로 표현했고, 다른 나라에 쳐들어갔을 때도 경우에 따라서 '침(侵)', '벌(伐)', '입(入)', '취(取)' 등으로 주체를 명확하게 서술했다. 오(吳)와 초(楚)의 군주가 왕이라고 자칭했지만

『춘추』는 본래 주나라에서 받은 자작(子爵)으로 낮춰 썼다. 『춘추』 경(經)의 첫 구절은 이렇게 시작된다.

경. 노 은공 원년. 봄. 왕력 정월이다.[經 元年 春 王正月]

이 구절에 대해 공자와 동시대 사람인 좌구명(左丘明)은 『춘추좌전(春秋左傳)』의 전(傳)에서 이렇게 해설했다.

전. 노 은공 원년. 봄. 왕력인 주력(周曆)으로 정월이다. 은공이 즉위한 사실을 쓰지 않은 것은 섭정이었기 때문이다.
[傳 元年 春 王周正月 不書即位 攝也]

『춘추』는 간략하면서도 관점과 시비선악을 가리는 포폄(褒貶)이 뚜렷했다. 그래서 『춘추』의 주석서인 '전(傳)'을 짓는 '춘추학(春秋學)'이 생겼다. 반고(班固)[32~92]의 『한서(漢書)』 「예문지(藝文志)」에는 『춘추』에 대한 전(傳)이 모두 23가(家) 948편(篇)이나 되었다고 기록할 정도다. 『춘추좌전』·『춘추공양전(春秋公羊傳)』·『춘추곡량전(春秋穀梁傳)』을 '춘추삼전(春秋三傳)'이라고 해서 가장 저명하고 자세한 해설서로 인정했다. 그중에서도 공자와 동시대 사람인 좌구명의 『춘추좌전』은 공자의 생각을 가장 많이 반영했을 것으로 짐작되어 가장 중시되었다.

천토(踐土)의 회맹(會盟), 즉 천토지맹(踐土之盟)은 서기전 632년 제후인 진(晉) 문공(文公)이 패주(霸主)의 지위를 확립하기 위해서 노(魯), 제(齊), 송(宋), 채(蔡), 정(鄭), 위(衛) 등의 제후들과 주(周) 임금을 부른 것이다. 『춘추』에서는 제후가 천자를 부른 사실을 피해서, "천자가 하양

(河陽)으로 나가 수렵했다.[天王狩于河陽]"고 기록했다. 주 임금을 주체로 서술한 것이었다.

사마천의 『사기』는 『춘추』에 큰 영향을 받아 쓴 것이다. 『춘추』가 주나라를 정통으로 보는 관점에서 쓴 역사서라면 『사기』는 한족의 관점에서 화(華)를 세우고, 이(夷)를 구분한 역사서였다. 사마천은 공자의 춘추 필법을 이어 하화족(華夏族)의 역사서를 써서 역사의 계통을 잡는 것을 자신의 사명으로 생각했다. 그래서 동이족의 역사는 은폐하고 황제(黃帝)부터 하화족의 역사가 시작한 것처럼 구성했다.

그러나 사마천이 전범으로 삼은 「공자세가」의 마지막은 감출 수 없는 동이족의 역사를 드러낼 수밖에 없었다.

다음해에 자로(子路)가 위(衛)나라에서 죽었다. 공자가 괴로워하자 자공이 뵙기를 청했다. 공자는 바야흐로 지팡이를 짚고 문에서 빙빙 돌면서 말했다.

"사(賜)야! 너는 오는 것이 어찌 늦었느냐?"

공자가 따라서 탄식하며 노래했다.

"태산(太山)이 무너졌는가?

대들보 기둥이 꺾였는가?

철인(哲人)이 넘어지는가?"

이에 따라 눈물을 흘렸다. 자공에게 일러 말했다.

"천하에 도가 없어진 지 오래 되어 나를 높임이 없을 것이다."

[明歲 子路死於衛 孔子病 子貢請見 孔子方負杖逍遙於門曰賜 汝來何其晚也 孔子因歎 歌曰 太山壞乎 梁柱摧乎 哲人萎乎 因以涕下 謂子貢曰 天下無道久矣 莫能宗予]

공자는 주나라 왕실을 적통으로 삼는 도의 실행을 주장했으나 무위에 그치고 말았다. 그래서 그런지 『사기』「공자세가」에서 말하는 공자의 마지막 말은 주나라에 관한 것이 아니라 은나라에 관한 것이다. 공자는 뒤이어서 이렇게 말했다.

> "하나라 사람은 동쪽 계단에 빈소를 차렸고, 주나라 사람은 서쪽 계단에 빈소를 차렸고, 은(殷)나라 사람은 양쪽의 기둥 사이에 빈소를 차렸다. 지난밤에 나는 꿈에 양쪽의 기둥 사이에 좌전(坐奠)을 했는데, 나는 은나라 사람에서 비롯했다."
> (공자는) 7일 후에 세상을 떠났다.
>
> [夏人殯於東階 周人於西階 殷人兩柱間 昨暮予夢坐奠兩柱之間 予始殷人也 後七日卒]

이것이 『사기』「공자세가」에서 전하는 공자의 마지막 말이다. 천하를 주유하며 주나라의 왕천하(王天下)를 설파했던 공자는 자신이 추구하던 도가 세상에서 받아들여지지 못했다는 사실을 알았다. 은나라 후예가 주나라 천하를 설파했음에도 무위에 그친 것이다. 공자는 자공에게 자신의 꿈 이야기를 전했다.

하나라 사람들은 동쪽 계단에 빈소를 차리고, 주나라 사람들은 서쪽 계단에 빈소를 차리고, 은나라 사람들은 두 기둥 사이에 빈소를 차리는데, 공자가 지난 밤 꿈에 양 기둥 사이에서 좌전, 즉 제사를 받는 꿈을 꾸었다는 것이다. 그러면서 자신은 은나라 사람의 후예라고 덧붙인 것이다. 자신은 동이족 국가 상왕조의 후예라는 것이 공자의 마지막 말이었다.

그림61 공자 묘

『예기(禮記)』「단궁(檀弓) 상」에는 이 일화가 조금 더 자세하게 나온
다. 공자가 자공에게 "왜 이렇게 늦었느냐?"고 질책한 후 이렇게 말했다
는 것이다.

하(夏)나라는 동쪽 계단 위에 빈(殯)하였으니 주인의 자리인 조계(阼階)
에 둔 것이고, 은(殷)나라는 두 기둥 사이에 빈하였으니 손님과 주인의
자리 사이에 둔 것이고, 주(周)나라는 서쪽 계단 위에 빈하였으니 손님으
로 대한 것과 같다. 나는 은나라 사람인데, 지난밤에 두 기둥 사이에 제
사 받는 꿈을 꾸었다. 밝은 임금이 나오지 않았는데, 천하에서 누가 나를

종주로 삼겠는가? 내가 아마 곧 죽으려나 보다."

[夏后氏殯於東階之上 則猶在阼也 殷人殯於兩楹之間 則與賓主夾之也 周人

殯於西階之上 則猶賓之也 而丘也殷人也 予疇昔之夜 夢坐奠於兩楹之間 夫

明王不興 而天下其孰能宗予 予始將死也]

공자는 자신이 은나라 사람의 후예라는 사실, 곧 동이족이라는 사실
을 마지막 말로 남기고 7일 후에 세상을 떠났다. 춘추필법으로 화이관
(華夷觀)을 만든 공자 자신이 이(夷)라는 것이 그의 마지막 말이었다. 중
국사는 이(夷)의 역사라는 역설의 반증을 화이관의 창시자인 공자가 유
언으로 남긴 것이다. 사마천이 굳이 이를 공자의 유언으로 기록한 것은
의도된 것이었을까, 우연일까? 이 질문에 대한 답은 이 책을 읽거나 『사
기』를 연구하는 각자의 몫일 수밖에 없을 것이다.

나가는 글

　역사를 볼 때 가장 중요한 것은 관점의 문제다. 누구의 눈으로 역사를 보는가의 문제이다. 우리는 지금껏 남의 눈으로 우리를 보아왔다. 남의 눈이란 크게 둘인데 하나는 조선조 주자학자들의 중화 사대주의 사관이고, 다른 하나는 일제 식민사학자들의 친일 식민사관이다.

　조선의 주자학자들, 특히 주자학의 도그마에서 벗어나고자 했던 실학자들까지 끝내 중화 사대주의 사관에서 벗어나지 못했다. 조선의 실학자들마저 주자학의 미몽(迷夢)에서 헤어나지 못한 것을 보면 구각(舊殼)을 깨고 새 생명을 탄생시키는 것이 얼마나 어려운 일인가를 실감하게 된다.

　조선조 유학자들이 끝내 깨지 못한 주자학의 도그마는 국망(國亡) 직전의 충격 속에서 나철, 김교헌, 박은식, 신채호 같은 유학자들이 국조(國祖) 단군을 재발견하면서 깰 수 있었다. 대한민국 임시정부 제2대 대통령이었던 백암 박은식 선생은 만주족의 역사까지도 우리 역사의 범주로 포괄시키는 역사관의 혁명을 주창했다. 이는 곧 동이족이란 관점으로 우리 역사를 바라본 것으로 발해는 물론이고 금(金)[1115~1234]과 청(淸)[1616~1911]까지도 우리 역사의 범주에 포괄시킨 것이었다. 그래서 조선과 청의 멸망을 두고 "우리 역사에서 남국과 북국이 동시에 망한 것은 처음"이라고 갈파했다. 그러나 그의 방대한 역사관을 계승한 역사학자를 지금 이 땅에서는 찾을 수 없는 것이 우리의 현실이기도 하다.

관점을 가지고 공부하다 보면 중국사를 연구하는 중국인 학자들의 가장 큰 고민은 하화족(夏華族)의 실체를 찾는 것이라는 사실을 깨닫게 된다. 중국의 『백도백과』는 소호 김천씨까지도 하화족이라고 써 놨는데 소호 김천씨가 동이족이라는 사실을 몰라서 그렇게 작성하지는 않았을 것이다. 이는 역사왜곡이 얼마나 어려운 것인가를 보여주는 사례의 하나다.

그런데 사실 중국에서 학문적 진실을 찾았던 여러 학자들은 이미 중국사의 시작과 뿌리가 동이족이라는 사실을 여기저기에서 언급했다. 그중 한 명이 중국 전야(田野)고고학의 선구자라고 불리는 양사영(梁思永)[1904~1954]이었다. 양사영은 앙소(仰韶)문화와 용산(龍山)문화 그리고 상(商)[은]문화가 서로 계승관계에 있다는 '삼첩층(三疊層)문화' 이론을 내세웠는데, 상(商)은 누구도 부인하지 못하는 동이족의 역사이니 양사영의 삼첩층문화이론은 중국상고사가 동이족의 역사라는 선언이었다. 양사영은 「후강발굴소기(後岡發掘小記)」에서 "상층에는 백도(白陶)문화(즉 소둔문화)적 유물을 포함하고 있고, 중층에는 흑도(黑陶)문화(즉 용산문화)적 유물을 포함하고 있고, 하층에는 채도(彩陶)문화(즉 앙소문화)적 유물을 포함하고 있다"고 말했는데, 소둔(小屯)문화란 곧 상나라 수도 은허(殷墟)문화를 뜻한다. 중국 전야고고학의 선구자인 양사영이 삼첩층 문화이론을 정립해 중국 상고사는 동이족의 역사임을 천명했지만 한국의 역사학계는 아직도 일본인 식민사학자들이 만든 반도사관의 틀에 빠져 "동이족 역사는 우리 역사가 아니다"라고 부인하는 중이다.

중국 상고사가 동이족의 역사라는 사실은 중국의 문학가이자 금문학자(金文學者)인 낙빈기(駱賓基)[1917~1994]가 1987년『금문신고(金文新考)』(상·하)에서 제창한 사실이기도 했다. 낙빈기는 문화대혁명 당시 북경시 문사관(文史館)에 하방되었다가 그곳에 비치된 청동기의 금문(金文)을 연구하고『금문신고』를 발간했는데, 사마천의『사기』보다 이른 시기에 제작된 금문에 쓰여진 내용은 사마천의「오제본기」기록과는 달랐다. 오제 앞의 신농(神農)씨로부터 금문의 기록이 나타나므로 신농이 중국 역사의 시초라는 것이고, 신농씨 이후의 오제는 모두 한족(漢族)이 아니라 동이(東夷)족이며, 이후 하(夏)·상(商)·주(周) 3대의 시조들도 모두 오제의 후손으로 같은 동이족이라는 것이다. 이런 내용의『금문신고』는 지금 중국에서는 물론 한국에서도 일부 민족사학자들을 제외하면 연구하는 이가 없으니 이 또한 한탄할 일이 아닐 수 없다.

양사영이 삼첩층문화이론을 발표했던 시기와 비슷한 1933년에 부사년(傅斯年)[1896~1950]은『이하동서설(夷夏東西說)』을 발표했다. 국공내전 때 중화민국을 선택해 국립 대만대 총장을 지내는 부사년은『이하동서설』에서 중국의 지형을 크게 동쪽은 평평한 동평원구(東平原區)와 서쪽은 지세가 높은 서고지계(西高地系)로 나누었다. 동평원구에서 이(夷)와 은(殷)이 성립되고, 서고지계에서 하(夏)와 주(周)가 성립되어 동쪽은 이(夷), 서쪽은 하(夏)라는 이하동서(夷夏東西)의 개념을 제창한 것이다. 이 책은『이하동서설』(우리역사연구재단, 2011)로 국내에서 번역되었는데 이를 번역한 정재서 선생은 역자 서문에서 부사년의 제자였던 하버드 대학교의 장광직(張光直) 교수의 강의를 청강했을 때 "장 교수가 한국 학생들을 향하여 은(殷) 문명이 여러분들 조상의 문명이라고 웃으면서 말했던 정경이 떠오른다"고 회고하고 있다.

부사년의 이하동서설은 당시만 해도 획기적인 이론이었지만 지금은 과연 서쪽은 하(夏)의 역사가 맞는가를 질문해야 할 때다. 이런 이론들은 상(商)은 동이족 국가지만 하(夏)와 주(周)는 하화족 국가라는 전제에서 출발하는데 과연 그런가 하는 의문이 생기기 때문이다.

『이하동서설』의 뒤를 이은 이화(易華)의 『이하선후설(夷夏先後說)』(2012)도 마찬가지다. 『이하선후설』은 하(夏)왕조 이전에 동아시아는 이족(夷族)과 만족(蠻族)의 땅이었다고 인정한다. 하나라 이전에는 유목과 농경의 구분이 없었는데, 이족이 동아시아 신석기 농경 정착문화를 만들었다는 것이다. 우(禹)는 동이와 서이 사이에 하왕조를 세웠는데, 하족(夏族)은 청동기 유목문화를 들여와 이(夷)와 화(華)가 결합해서 중국 역사를 창조했다는 것이다. 이하선후설은 선주민인 이족(夷族)이 먼저 중국 문명을 이룩하고, 뒤에 하족(夏族)이 청동기를 가지고 와서 중국 문명을 이었다는 것이다. 그러나 과연 하(夏)가 하화족의 역사인가에 대한 설명이 흔쾌하지 않다.

엽문헌(葉文憲)의 『신이하동서설(新夷夏東西說)』(2013)도 마찬가지다. 『신이하동서설』은 대문구문화나 용산문화는 산동지역의 동이족이 만든 문화라는 것은 인정한다. 그리고 하(夏)왕조 때 기(冀), 노(魯), 예(豫), 환(皖)[완] 지구 즉 지금의 하북(河北), 산동(山東), 하남(河南), 안휘(安徽) 등의 서쪽은 하족(夏族)이 차지했고, 동쪽은 동이, 북쪽은 상족(商族), 남쪽은 회이(淮夷)가 거주했는데 동이와 상족은 밀접한 관계였고, 하족은 회이와 혼인연맹 관계였다는 것이다. 이후 하화족이 대거 동쪽으로 진입하면서 동이족은 축출되거나 하화족과 융합되면서 동이문화는 사라졌다는 것이다.

산동성 임기(臨沂)시에 세워진 동이문화박물관의 설명은 동이족이 하화족에 융합되면서 사라졌다는 것으로 결말을 맺는데 앞의 여러 이론들을 현재의 중국 중심으로 합리화시킨 것이다. 이런 이론들의 가장 큰 문제는 하(夏)와 주(周)가 과연 하화족 국가인가 라는 의문에서 출발한다. 이런 이론들은 대부분 하(夏)가 하화족의 나라라는 전제에서 출발하는데 하를 과연 하화족의 나라라고 볼 근거가 있느냐는 것이다. 중국에서 하·상·주(夏商周) 단대공정(斷代工程)이라는 역사공정을 수행한 근본 이유도 전설상의 왕조였던 하(夏)를 실존왕조로 만들려는 것이었다. 그래야 동이족 국가임이 명확한 상(商)[은]나라로부터 중국사가 시작하는 것이 아니게 되기 때문이다.

그러나 『사기, 2천 년의 비밀』에서 말하고 있는 것처럼 사마천의 『사기』에서 서술한 계보에 따라도 하(夏)와 주(周)는 모두 이족(夷族)의 국가이다. 남조(南朝) 유송(劉宋)의 유의경(劉義慶)이 5세기에 편찬한 『세설신어(世說新語)』에도 "우(禹)는 동이족이고 주 문왕은 서강(西羌)족이다."라는 구절이 있는 것처럼 하·상·주(夏商周)는 모두 이족의 국가였다. 하(夏)나 주(周)가 하화족의 국가라는 개념이야 말로 후대에 만들어진 개념이다. 이족의 실체는 중원에 널려 있지만 하족의 실체는 모호하다. 즉 하화족의 중국사는 사마천을 비롯한 여러 역사가들이 만든 개념인데, 이제 그런 만들어진 역사의 실체를 찾는 연구가 필요한 시점이 된 것이다. 『사기, 2천 년의 비밀』은 지난 2천여 년 간 감추어 왔던 이런 역사의 실체를 찾으려는 시도이자 시작이다. 그 문은 비록 작지만 문을 열고 마주하는 세상은 아주 크다는 사실은 명백하다. 그런 미지의 길이 우리 앞에 놓여 있다.

참고문헌

문헌 자료

『고사고(古史考)』

『고사변(古史辯)』

『국어(國語)』

『대대례(大戴禮)』

『사기색은(史記索隱)』

『사기정의(史記正義)』

『사기집해(史記集解)』

『삼국사기(三國史記)』

『서경(書經)』

『설문해자(說文解字)』

『제왕세기(帝王世紀)』

『조선왕조실록(朝鮮王朝實錄)』

『죽서기년(竹書紀年)』

『진서(晉書)』

『춘추(春秋)』

『한비자(韓非子)』

『한서(漢書)』

단행본

낙빈기, 『금문신고』, 산서인민출판사, 1987

리지린, 『리지린의 고조선 연구』, 도서출판 말, 2018

부사년, 『이하동서설』, 우리역사연구재단, 2011

롯데학술총서 003

사기, 2천 년의 비밀

초판 2쇄 펴낸 날 2022. 4. 29.

지은이   이덕일
발행인   양진호
책임편집   오선이
디자인   김민정
발행처   도서출판 |만권당▐

등 록   2014년 6월 27일(제2014-000189호)
주 소   (07207) 서울시 영등포구 양평로21가길 19, 우림라이온스밸리
          B동 512호
전 화   (02) 338-5951~2
팩 스   (02) 338-5953
이메일   mangwonbooks@hanmail.net

ISBN   979-11-88992-15-7 (94910)
         979-11-88992-07-2 (세트)